복 있는 사람

오직 여호와의 율법을 즐거워하여 그 율법을 주야로 묵상하는 자로다.
저는 시냇가에 심은 나무가 시절을 좇아 과실을 맺으며 그 잎사귀가 마르지 아니함 같으니
그 행사가 다 형통하리로다. (시편 1:2-3)

좋은 책을 만나는 것은 인생에서 가장 즐거운 경험 중 하나다. 그런 점에서 영적 선생이신 로이드 존스의 책을 추천하는 일은 가장 행복하고 즐거운 일임에 틀림없다. 거기다 구주의 영광과 복음의 위대한 정수가 담긴 그의 히브리서 강해집을 추천하니, 무엇으로도 표현할 수 없는 행복을 느낀다. 목회자나 성도, 누구 할 것 없이 즐겨 집어 들어 읽기를 권한다. 이 귀한 책이 우리 구주를 더욱 사랑하고 닮아가는 일에 크나큰 유익을 끼칠 것이기 때문이다.
화종부 남서울교회 담임목사

대학에 입학하던 즈음, 교회 선배의 소개로 로이드 존스의 『산상설교』를 처음 접했다. 그 내용이 설교라는 사실에 놀랐고, 복음의 진리가 그토록 선명하게 선포될 수 있다는 사실에 또 한 번 놀랐다. 이후 그의 많은 설교들은 그리스도인으로서 내 삶에, 그리고 목회자로서 내 설교와 목회에 지대한 영향을 미쳐 왔다. 여기 히브리서 강해에서 나는 다시 한 번 복음의 영광스러움과 선명성이 어떻게 선포될 수 있는지를 들으며 감격한다.
김형익 광주벧살롬교회 담임목사

나는 로이드 존스의 설교를 들으며 그에게 깊은 존경심과 애정을 느꼈다. 그의 책을 통해 탁월한 그의 설교가 보다 널리 알려지기를 바란다.
존 스토트 런던 올 소울즈 교회 명예사제

로이드 존스의 설교는 깊이 있는 독서와 학문에 기반을 두면서도 모든 사람에게 다가간다. 감정을 흔들 뿐 아니라 마음을 변화시키는 위력이 있다.
팀 켈러 뉴욕 리디머 장로교회 목사

의문의 여지 없는 20세기 최고의 성경 강해 설교자. 실제로 교회사 마지막 장을 쓴다면, 모든 시대를 통틀어 가장 위대한 설교자 중 한 사람으로 우뚝 서리라 믿는다.
존 맥아더 캘리포니아 선밸리 그레이스 커뮤니티 교회 목사

마틴 로이드 존스는 하나님이 20세기 교회에 주신 특별한 선물이다.
마크 디버 워싱턴 캐피톨 힐 침례교회 담임목사

로이드 존스는 기독교 사역의 거장으로서, 오늘날 그의 영향이 가속화되며 전 세계 교회에 유익을 끼치는 모습을 설레는 마음으로 지켜보고 있다.
로버트 찰스 스프라울 리고니어 선교회 회장, 플로리다 샌포드 세인트 앤드류스 교회 동사목사

내가 로이드 존스의 설교 듣길 사랑한 것은 불순물 없이 순전한 성경 강해와 복음주의적인 태도 때문이었다.
하워드 마셜 스코틀랜드 애버딘 대학 명예교수

로이드 존스의 설교와 설교집은 나 자신의 삶과 목회에 큰 영감의 원천이 되어 왔고, 앞으로도 그럴 것이다.
알리스테어 베그 오하이오 클리블랜드 파크사이드 교회 담임목사

마틴 로이드 존스 히브리서 강해

마틴 로이드 존스 히브리서 강해

2018년 7월 24일 초판 1쇄 발행
2022년 11월 21일 초판 5쇄 발행

지은이 마틴 로이드 존스
옮긴이 정상윤
펴낸이 박종현

(주) 복 있는 사람
주소 서울특별시 마포구 연남동 246-21(성미산로23길 26-6)
전화 02-723-7183(편집), 7734(영업·마케팅)
팩스 02-723-7184
이메일 hismessage@naver.com
등록 1998년 1월 19일 제1-2280호

ISBN 978-89-6360-258-5 03230

이 도서의 국립중앙도서관 출판예정도서목록(CIP)은
서지정보유통지원시스템 홈페이지(http://seoji.nl.go.kr)와 국가자료공동목록시스템(http://www.nl.go.
kr/kolisnet)에서 이용하실 수 있습니다. (CIP 제어번호: 2018021892)

A Merciful and Faithful High Priest
by Martyn Lloyd-Jones

히브리서 강해

마틴 로이드 존스

정상윤 옮김

복 있는 사람

차례

1. 구원, 가장 큰 필요 (히 2:1-4)   9

2. 유일한 피할 길 (히 2:1-4)   27

3. 복음의 권위 (히 2:1-4)   43

4. 이 구원이 큰 이유 (히 2:1-4)   59

5. 그가 오신 목적 (히 2:1-4)   81

6. 우리를 위한 죽음 (히 2:8하-9)   97

7. 두 관점, 두 운명 (히 2:8하-9상)   113

8. 형제를 부끄러워하지 않으심 (히 2:9)   129

9. 이같이 큰 구원 (히 2:10)   143

10. 형제 (히 2:11)   161

11. 온전한 하나님, 온전한 사람 (히 2:14상)   171

12. 신실하고 불변하신 대제사장 (히 2:17-18)   185

13. 온전한 성숙 (히 6:1-3)   203

14. 본 (히 8:1-5)   221

15. 하나님의 친백성 (히 9:1-4)   247

16. 장차 올 심판을 피하라 (히 11:7)   263

17. 하나님이 우리를 위하시면 (히 11:8)   279

18. 두 가지 인생관 (히 11:13)   297

19. 그들의 하나님 됨을 부끄러워하지 않으심 (히 11:16하)   309

1

구원, 가장 큰 필요

그러므로 우리는 들은 것에 더욱 유념함으로 우리가 흘러 떠내려가지 않도록 함이 마땅하니라. 천사들을 통하여 하신 말씀이 견고하게 되어 모든 범죄함과 순종하지 아니함이 공정한 보응을 받았거든 우리가 이같이 큰 구원을 등한히 여기면 어찌 그 보응을 피하리요? 이 구원은 처음에 주로 말씀하신 바요 들은 자들이 우리에게 확증한 바니 하나님도 표적들과 기사들과 여러 가지 능력과 및 자기의 뜻을 따라 성령이 나누어 주신 것으로써 그들과 함께 증언하셨느니라.   히 2:1-4

이 네 구절은 성경이 우리에게 말을 걸고 다가오는 방식을 전형적으로 보여줍니다. 성경 전체에 특징적으로 나타나는바, 매우 심각하고도 엄숙하며 긴박한 어조를 띠고 있는 것입니다. 예컨대 복음서에도 이런 어조가 나오고, 사도들을 비롯한 초대교회 설교자들의 설교가 기록된 사도행전과 신약성경의 모든 다양한 서신에도 같은 어조가 나옵니다. 성경이 이런 어조를 통해 전달하려는 생각은 이것입니다. "임박한 진노를 피하라"(마 3:7, 눅 3:7). 신약성경 최초의 설교자인 세례 요한도 처음부터 이런 어조로 경고했고, 우리 주와 구주 되신 예수 그리스도께서도 같은 어조로 경고하셨습니다. "하나님의 나라가 가까이 왔으니 회개하고"(막 1:15). "귀 있는 자는 들을지어다"(마 11:15, 막 4:9, 눅 8:8). 이것은 다 주님이 친히 하신 말씀으로서, 주님의 메시지에 담긴 정신이 무엇인지 보여줍니다. 주님의 어조는 심히 긴급하고, 매우 심각하며, 심지어 엄숙하기까지 합니다. 사도행전으로 넘어가면 베드로의 오순절 설교—어떤 의미에서 우리가 아는바 기독교회의 지원 하에 이루어진 최초의 설교—가 나오는데, 사도는 그 설교에서 "너희가 이 패역한 세대에서 구원을 받으라"라고 촉구합니다(행 2:40). 그리고 이후에도 계속 같은 어조로 설교합니다.

사도 바울의 설교도 마찬가지입니다. 예컨대 저 유명한 아덴 설교를

마틴 로이드 존스 히브리서 강해

보십시오. "어디든지 사람에게 다 명하사 회개하라 하셨으니 이는 정하신 사람으로 하여금 천하를 공의로 심판할 날을 작정하시고"(행 17:30-31). 그는 사역하는 내내 같은 어조로 설교했습니다. 그뿐 아니라 모든 서신 서에도 같은 어조가 나오는데, 히브리서 2:1-4에 특히 강력하게 나옵니다. 히브리서 기자는 복음의 사실들에 주의를 집중하고 유념할 것을 촉구하고 간청하며 권면합니다.

그는 지금 그리스도인들을 향해—모든 서신은 교회의 일원인 그리스도 인들을 위한 것입니다—들은 것에 유념하길 촉구하고 있습니다. 그들은 분명 복음을 믿었지만, 여전히 힘든 세상에서 살아가야 하는 문제를 안고 있었습니다. 박해와 기근을 비롯한 온갖 어려움 속에서 일부 흔들리는 자들까지 생겨났습니다. 믿음을 아주 잃은 것은 아니었지만 이처럼 동요하는 자들이 있었기에, 그들이 듣고 믿은 사실들을 등한히 여기지 말고 떠내려가지 말길 권면한 것입니다. 반복하건대, 그의 메시지는 일차적으로 히브리 그리스도인들을 위한 것이었습니다. 이처럼 그의 메시지가 복음의 사실들을 이미 붙잡고 있는 신자들에게 중요한 것이라면, 불신자들에게는 그보다 훨씬 더 중요하리라 추론하는 것이 합당하다고 생각합니다. 이미 믿은 자들도 잊기 쉽고 잊을 가능성이 있는데, 전혀 믿지 않는 자들은 얼마나 더하겠습니까? 히브리서 기자가 신자들에게 촉구하는 모든 내용은 아직 그리스도인이 되지 못한 불신자들에게 훨씬 더 중요합니다.

그리스도의 복음과 히브리서의 메시지는 자신에게 유념할 것을 세상에 요구합니다. 복음을 슬쩍 쳐다보거나, 그에 관한 가벼운 글을 읽거나, 그에 대해 가끔 토론하거나, 특별한 날과 행사 때 교회에서 하는 말을 듣는 것만으로는 부족합니다. 유념하라는 것은 전적으로 집중하라는 뜻입니다. 사도 바울의 첫 유럽 전도 이야기가 기록된 사도행전 16장에 아주 좋은 예가 나옵니다. "루디아라 하는 한 여자가 말을 듣고 있을 때 주께서 그 마음을 열어 바울의 말을 따르게[유념하게] 하신지라"(14절). 루디아는 바울의 말에 주의를 기울였습니다. 잘 살펴보고 생각해 보았다고 해도 좋습니다. 앉아 있는 동안에만 듣다가 자리를 털고 일어나며 다 잊어버린 것이 아니었습니다. 루디아는 복음 메시지의 절대적인 중요성을 깨닫고 그 메시지에 유념했습니다.

히브리서 기자가 권면에 사용한 또 다른 표현은 흘러 떠내려가지 않도록 조심하라는 것입니다. 아마 항구 바로 바깥에 정박한 배를 염두에 두었을 것입니다. 배가 목적지인 항구에 이르지 못한 채 조류에 떠밀려 자신도 모르게 떠내려가는 것은 아주 안타깝고도 심각한 일입니다. 성경에 따르면 예수 그리스도의 복음에서도 그렇게 떠내려갈 수 있고, 실제로 많은 이들이 그렇게 떠내려갔습니다. 복음을 접하고 관심을 보이는 사람들이 있습니다. 이를테면 항구 입구까지는 오는 것입니다. 조금만 더 들어가면 항구에 이를 수 있습니다. 그런데 안타깝게도 이런저런 이유로 어정쩡하게 있다가 복음을 받아들이지 못하고 떠내려가 버립니다. 항구가 뻔히 보이는데도 이렇게 지나쳐 버리는 것은 얼마나 무서운 일입니까! 히브리서 기자는 이 같은 위험에 처한 자들을 향해 경고하는데, 이것은 성경 전체에 나오는 복음의 경고이기도 합니다. 주님도 저 유명한 '씨 뿌리는 자의 비유'에서 동일한 경고를 하셨습니다. 복음을 듣지만 마치 길가에 떨어진 씨처럼 새가 채 가서 아무 일도 일어나지 않는 사람, 그대로 떠내려가는 사람이 있다는 것입니다. 한 영혼이 그리스도의 복음을 접하고 그 능력을 일부 느끼고서도 그대로 떠내려가 되돌아오지 못하는 것보다 무서운 일을 저는 상상할 수가 없습니다. 히브리서 기자는 이 같은 위험을 경고하며, 편지를 쓰는 내내 같은 경고를 반복합니다.

그가 사용한 세 번째 표현은 이것입니다. "우리가 이같이 큰 구원을 등한히 여기면 어찌 그 보응을 피하리요?" 다른 일에 정신을 파느라 구원에 주의를 기울이지 못하고 떠내려가는 사람들이 있습니다. 구원이 앞에 있음을 알면서도 "등한히 여기"다가 떠내려가는 것입니다. 복음을 일부 아는 사람들은 세상에 많습니다. 마음으로는 복음이 옳고 참되다는 사실을 알며, 언젠가는 주의를 기울여 복음이 하는 말을 진지하게 듣고 살펴보겠노라 생각하기도 합니다. 천국과 지옥과 하나님과 죄에 대해서도 일부 알고, 진리의 명제와 진술도 몇 가지 압니다. 그러나 그 모든 것을 등한시하며, 다른 일에 빠져 복음에 관심과 시간을 투자하지 못합니다. 진리를 등한시합니다.

성경은 도처에서 이 세 가지 위험을 피할 것을 권면하며, 복음에 귀를 귀울이고 유념할 것을 호소합니다. 그러나 세상은 정확히 반대로 하고 있습니다. 다른 많은 일에는 큰 관심을 쏟으면서도 복음을 들어야 하는 이유는 깨닫지 못하는 것입니다. 생각 없는 자들만 그런 것이 아니라 생각 있는 자들도 그렇습니다. 물론 세상의 현 상태를 놓고 절박하고 심각하게 염려하기는 합니다. 이미 어떤 일들이 일어났는지 알기에, 장차 일어날 일들의 조짐과 징후를 보며 미래를 두려워합니다. 철학자와 사색가와 선도적 사상가들이 이런 문제들을 붙잡고 씨름합니다. 그러면서도 복음을 가지고 다가가면 "그런 말은 듣지 않겠습니다. 그건 이 문제와 무관해요"라고 합니다. 복음에는 들을 만한 말이 없다고 생각하며, 자신들이 복음을 들어야 하는 이유를 전혀 깨닫지 못합니다. 이처럼 대다수 사람들이 망해 가는 세상에 살면서도 히브리서 기자의 간곡한 권면을 듣지 않습니다.

그렇다면 우리는 왜 복음을 들어야 하는 것일까요? 왜 모든 교회의 문을 닫으면 안 되는 것일까요? 왜 기독교회를 폐지하면 안 되는 것일까요? 현대 세계에서 오직 우리만 인간 문제의 유일한 해답을 가지고 있다는 독특한 주장을 인류 앞에 내세워도 되는 이유가 무엇일까요? 모든 사람이 이 복음을 들어야 하는 이유가 무엇일까요? 저는 이 네 구절을 통해 히브리서 기자가 제시하는 이유, 우리가 복음을 들어야 하는 일반적이고 주된 이유 세 가지를 밝히고자 합니다. 이 세 가지 이유는 곧 히브리서의 세 가지 주제이기도 합니다. 그러니까 이 네 구절 자체가 히브리서 전체의 요약이라고도 할 수 있습니다.

우리가 복음을 들어야 하는 이유가 무엇입니까? 첫 번째 이유는 복음의 원천 내지 권위에 있습니다. 복음 메시지는 권위 있게 우리를 찾아오는데, 그 권위는 메시지의 원천에서 비롯된 것입니다. 두 번째 이유는 복음을 믿지 않고 유념치 않는 자들의 위험하고 우려스러운 상태와 위치에 있습니다. 세 번째이자 마지막 이유는 복음의 본질 내지 특징에 있습니다.

모든 사람이 복음을 주의 깊게 숙고해야 하는 이 세 가지 이유를 살펴보기 전에, 지금 다루는 복음의 내용에 모두 동의하는지부터 확실히 짚고 넘어가도록 합시다. 복음의 **내용**에 동의하지 않는 사람에게 복음에 유념하라고 권하는 것은 무익한 짓입니다. 복음을 등한시하거나 복

마틴 로이드 존스 히브리서 강해

음에서 떠내려가면 안 된다는 엄청난 주장을 다루기 전에, 지금 살펴보는 복음의 내용 자체를 알고 있는지부터 분명히 확인해야 합니다. 불행히도 오늘날은 그렇다고 단정할 수가 없습니다. 익히 알다시피, 사탄이 한 사람을 완전히 확보하는 데 실패한 후에 취하는 다음 단계의 방책과 계략은 복음을 오해하도록 부추기는 것입니다. 대다수 사람들은 복음에 대해 한 번도 생각해 보지 않으며, 그럴 마음조차 먹지 않습니다. 그럴 필요가 전혀 없다고 말하며 복음을 자기 삶 밖으로 완전히 밀어내 버립니다. 마귀는 이런 식으로 사람들을 자기 통제 아래 가둡니다.

그런데 개중에는 인생에서 실패했거나 실망한 자들이 있습니다. 세상에서 큰 외로움을 느끼거나 어려움에 빠진 자들이 있습니다. 그럴 경우 하나님과 예수 그리스도의 복음 및 교회 쪽으로 생각이 기울 수 있습니다. 실제로 그런 생각은 바른 복음에 근거한 것이 아님에도, 마귀는 마치 바른 복음에 근거한 것처럼 착각하게 만들고자 온갖 수를 쓰며 잘못된 종교적 관심을 갖도록 부추깁니다. 세상에서 어렵고 힘들고 곤란한 위기에 처한 사람이 늘 빠지기 쉬운 위험이 이것입니다. 자기 문제를 해결해 주거나 희망을 주는 것이라면 무엇이든 필사적으로 붙잡으려 들다가 이런 위험에 빠지곤 합니다. 그래서 제가 요즘 같은 때일수록 이 점을 매우 조심해야 한다고 말하는 것입니다. 감사하게도 신약성경 자체가 이에 대해 경고하며 그 대처법을 가르쳐 주고 있습니다. 하나님과 그리스도에 대한 사실들은 믿지만, 히브리서 기자가 말하는 "들은 것"은 믿지 않는 자들이 세상에 많습니다. 본인들은 하나님과 그리스도를 진정으로 믿는다고 생각하나, 신약성경에 비추어 볼 때 그 믿음은 무가치한 것이라고 아주 분명히 말할 수 있습니다. 이것은 영혼이 빠질 수 있는 가장 큰 위험 중 하나입니다.

이런 자들처럼 완전히 오해하는 것은 아니지만, 자신에게 특별히 와 닿는 일부 측면을 진리의 전부로 여기며 붙잡는 자들도 있습니다. 그들은 기독교의 한 측면이나 견해를 기독교 전체와 쉽게 동일시합니다. 복음과 관련된 자신의 가정(假定)이나 개념을 내세우며, 복음에서 추출해 낸 일부 측면을 전부라고 주장합니다.

몇 가지 예를 들어 보겠습니다. 세상에는 행복을 찾는 이들이 많습니다. 저마다 다양한 이유로 불행하기에, 자신을 행복하게 해줄 다양한 해결책을 알아봅니다. 그러다가 성경과 교회와 예수 그리스도의 복음을 접하고, 거기에서 행복을 찾으려 할 수 있습니다. 그런 사람들은 한 가지 목표나 소원에 초점을 맞추어 복음을 들으며, 자신을 행복하게 해줄 것 같은 구절들을 성경에서 찾아냅니다. 오직 그 구절들만 붙잡고 다른 내용은 듣지 않습니다. 그 구절들에서 행복을 느끼며, 그렇기 때문에 자신은 그리스도인이 되었다고 멋대로 착각합니다. 그러나 그런 사람은 그리스도인이 아닙니다. 이 말의 의미를 설명해 보겠습니다. 세상에는 행복을 약속하는 사교(邪敎)나 단체들이 많습니다. 예컨대 크리스천 사이언스(Christian Science)도 기독교를 자처하며 성경에 따라 행한다고 주장합니다. 그들의 신앙을 조사해서 복음과 비교해 보면 완전히 딴판인데도 기독교를 자처하는 것입니다. 알다시피 행복을 장담하는 심리학의 한 형태, 한 철학, 한 이론을 고수하면서도 성경구절을 몇 가지 사용한다는 이유로 자신들의 체험이야말로 진정 기독교적인 것이라고 믿습니다.

거의 완벽한 심리학적 방식을 쓰면서 동일한 착각을 하는 이들도 있습니다. 세상에는 기독교 용어를 사용하는 심리치료법이 많지만, 그렇다고 그런 치료를 하는 사람들이 다 기독교 복음을 전하는 것은 아닙니다. 자기 이론을 갖춘 심리학자가 신약성경에서 환자에게 맞는 구절들을 뽑아낸 다음, 기독교 용어를 사용하되 신약성경의 가르침과는 다른 자기 가르침을 제시하는 경우들이 있습니다. 그러면서 스스로 그리스도인이라고 착각합니다. 이른바 사고의 과학 비슷한 것도 있는데, 그들 역시 자신들에게 맞는 기독교 용어를 사용하되 히브리서 기자가 신자들에게 전했던 복음의 기본원리는 무시합니다.

이것이 제가 설명하는 종류의 위험입니다. 이처럼 행복을 추구하다가 참된 기독교 복음에서 일부만 뽑아낸 후 나머지는 무시해 버릴 수 있습니다.

걱정에서 벗어나길 바라는 많은 이들에게도 같은 일이 일어납니다. 근심과 부담에 짓눌려 거의 신경쇠약이나 정신병에 걸릴 지경에 이른 자들이 있습니다. 그들의 소원은 이런 상태에서 벗어나는 것입니다. 그런데 벗어나게 해주겠다는 가르침을 만납니다. 그 가르침이 기독교 용어를 사용하면, 그냥 기독교려니 하고 받아들입니다. 그러나 그 가르침을 받아들였다고 정말 그리스도인이 된 것일까요? 이것이 문제입니다. 거듭 상기시키는바, 세상의 여러 단체를 통해 걱정에서 벗어나 더 행복해졌다 해도 여전히 비그리스도인의 자리에 머물 수 있습니다.

위안과 위로를 추구하는 다수의 사람들도 보십시오. 세상에는 상심한 자들이 많습니다. 그들은 살아야 할 이유를 전부 잃었다고 느끼며, 위로와 행복과 교제를 갈망합니다. 그래서 많은 사람이 분리주의자들이나 그 밖의 여러 집단을 찾습니다. 그런 사람들에게 그리스도의 복음을 단순한 위로의 메시지로만 전하는 자들이 있습니다. 그들은 위로라는 특정 필요만 직접 다룰 뿐, 복음의 다른 내용은 언급하지 않습니다.

그런가 하면 인도引導의 문제에 관심을 보이는 자들도 많습니다. 삶이 당혹스럽고 난감한 오늘날, 모든 사람이 당면한 중대 문제는 "무엇을 할까? 둘 중 어느 길로 갈까? 내 인생을 어떻게 할까?" 하는 것입니다. 바른 인도를 받는 것이 세상 모든 사람의 실제적인 문제가 되고 있습니다. 그래서 성경을 펼쳐 인도와 관련된 구절들을 전부 찾아낸 다음, "내가 원하는 게 이거야"라고 하며 기독교적인 삶과 인도의 방식을 찾았다고 생각합니다. 그러나 그런 자들의 말을 듣거나 책을 읽어 보면, 마치 복음 전체가 인도의 문제만 다루는 것처럼 여기는 경우가 많습니다. 다른 내용은 하나도 언급하지 않습니다. 십자가의 희생제사에 대해서는 한마디도 하지 않습니다. 자신들이 보기에는 불필요하기 때문입니다. 그들에게 기독교는 삶의 인도를 받는 한 가지 방편에 불과합니다.

육신의 치료에 지대한 관심을 갖는 자들도 있습니다. 세상의 죄로 인해 우리는 다 아프고 병에 걸립니다. 죄가 몰고 온 질병에 모두 노출되어 있습니다. 치유와 육신의 건강을 향한 갈망과 열망보다 더 보편적인 삶의 특징은 없을 것입니다. 그런데 다른 모든 경우처럼 여기에도 위험이 따릅니다. 복음을 한낱 치료의 방편으로 축소시킬 수 있는 것입니다. 이런 자들은 오로지 건강만 이야기하기 때문에 예수 그리스도의 복음이 단순한 치료의 방편이나 기제가 되어 버립니다. 이 관점 역시 기독교 용어로 포장한 심리학이자 복음을 가장한 심리학에 불과할 뿐, 예수 그리스도의 복음이 아닙니다.

"초월자와 조화를 이루고 싶다"라고 말하는 자들도 있습니다. 그들은 우주의 중심과 일체감을 느끼길 원하고, 그런 암시가 있다는 이유로 성경을 찾으며, 오직 그 부분만 뽑아냅니다. 제가 하고 싶은 말은 이들이 실제로 하나님을 믿는 일에 관심을 쏟으며 그 일을 인생의 가장 큰 염원으로 삼는다는 것입니다. 그들은 하나님을 알고 싶다고 말합니다. 그중 다수가 신비주의를 신봉하며, 그런 성향을 장려하는 듯한 성경구절이 보이면 무엇이든 붙잡습니다. 이처럼 신비주의의 길을 힘겹게 걸어가며 하나님을 찾으려 하면서도, 정작 예수 그리스도 복음의 기본요소는 무시해 버립니다. 가장 위대한 신비주의자이자 종교 사상계의 선구자로 가끔 예수를 언급하는 것이 고작입니다.

마지막으로, 선한 삶을 인생의 중대 관심사로 삼는 자들도 있습니다. 그들은 아주 도덕적인 사람들로서, 도덕적이고 윤리적인 문제에 진지한 관심을 기울입니다. 세상을 떠난 이후 영혼의 운명에는 관심이 없다고 말합니다. 자신들의 관심은 세상에서 어떻게 살까, 어떻게 인간의 이름에 부끄럽지 않게 살며 인류를 향상시킬까, 어떻게 도덕적이고 윤리적인 삶을 살까 하는 데 있다는 것입니다. 물론 성경에는 도덕에 관한 이야기가 많이 나오기에 그 내용만 취하고 나머지는 무시해 버립니다.

제가 이 모든 문제를 길게 살펴본 것은 현실을 다루기 위해서이기도 하지만, 타고난 제 심성과 성향 또한 그와 같았음을 아는 탓이기도 합니다. 제 지인들 중에도 이런 식으로 잠시 만족을 얻었다가 결국 얻은 게 하나도 없음을 발견한 이들이 많습니다. 이제껏 우리가 논한 위험들에 빠져 그리스도의 복음으로 나아가지 못한 것입니다. 만족을 얻었다고 생각하는 사람은 더 이상 추구하지 않을 것이 분명합니다. 이미 도착했다고 느끼는 사람은 더 이상 여행하지 않을 것입니다.

지금부터는 이 모든 것이 어떻게 그 자체로 잘못된 접근법이 되는지 밝혀 보겠습니다. 예수 그리스도의 복음은 행복을 주고, 걱정에서 벗어나게 해주며, 위로해 주고, 인도해 줍니다. 기적적인 몸의 치유가 가능하다고 가르치며, 무한한 존재와 만나게 해주고, 하나님을 알도록 도와줄 뿐 아니라 경건하고 도덕적이며 윤리적인 삶을 살게 해줍니다. 그러나 이 모든 것에 **선행하는 일**이 있습니다. 그 일이 먼저 일어나야 다른 모든 축복이 그리스도인의 삶에 따라옵니다. 제가 최대한 독단적으로 주장하고 싶은 점이 이것입니다. 이 일 없이 그리스도인의 축복을 얻으려 하는 사람은 스스로 속고 있는 것이며, 광명의 천사로 가장한 이 세상의 신 사탄에게 속고 있는 것입니다. 복음의 중심 메시지를 먼저 믿어야 복음의 축복이 따라옵니다.

히브리서 기자는 말합니다. "그러므로 우리는 들은 것에 더욱 유념함으로." 무엇에 유념해야 합니까? 다름 아닌 "들은 것"에 유념해야 합니다. 이 서신을 받는 자들은 들은 것에 더욱 유념해야 했습니다. 떠내려가지 않도록, 자신들이 이미 들은 특정한 사실들을 등한시하지 않도록 주의해야 했습니다. 예수 그리스도의 복음은 더할 나위 없이 명확한 것입니다. 모호하거나 희미하거나 막연하지 않습니다. 복음은 그리스도께서 가장 먼저 전하시고 사도들이 이어 전한 메시지입니다. 이후 모든 시대에 전해진 특정한 메시지이자 성경에 기록된 구체적인 메시지입니다.

복음을 전하는 자는 전체를 다 전해야 합니다. 일부만 취하고 나머지를 무시할 권리가 없습니다. 복음 전체를 전하지 않으려면 아예 전하지 말아야 합니다. 사도 바울은 에베소 교회 장로들에게 작별을 고하면서 자신이 "하나님의 뜻을 다" 전했다는 사실과 그렇게 하지 않는 자는 거짓 선지자라는 사실을 상기시켰습니다(행 20:27). 히브리서 기자

마틴 로이드 존스 히브리서 강해

가 말하는 "들은 것"은 예수 그리스도의 복음 전체, 단순한 치유나 윤리나 위로가 아닌 메시지 전체, 신약성경이 말하는 특정 메시지의 핵심을 가리킵니다.

이 메시지의 내용은 의문의 여지 없이 분명합니다. 고린도 교회에 보내는 편지에서 자신의 메시지가 어떤 것인지 규명해야 했던 사도 바울은, 다른 사도들이 전하는 메시지를 자신도 똑같이 전한다고 했습니다. 요컨대 "내가 너희에게 전한 것은 사적인 메시지가 아니다. 주님께 받은 메시지요 성경의 메시지요 다른 형제들이 전하는 메시지다"라는 것입니다. 다른 사도들과 바울의 메시지 사이에는 서로 충돌하는 부분이 없었습니다. 긴가민가하는 부분이나 불확실한 부분 또한 없었습니다. 사도행전을 읽어 보십시오. 동일한 중심 메시지, 핵심 메시지가 보일 것입니다. 그 메시지가 무엇입니까? 본질적으로 **구원**에 대한 것입니다. 히브리서 기자는 말합니다. "우리가 이같이 큰 구원을 등한히 여기면 어찌 그 보응을 피하리요?"

그러므로 우리가 살펴볼 첫 번째 질문은 "이생과 영원한 세상에서 어떻게 하나님과 바른 관계를 맺을 것이며 맺을 수 있는가" 하는 것입니다. 지금 이 자리에는 무겁고 아픈 마음으로 앉아 계신 분들이 있을 것입니다. 처음 전쟁(1차 대전)과 지난 전쟁(2차 대전) 때 사랑하는 이를 잃거나 또는 전쟁과 무관하게 사랑하는 이를 잃고 가슴에서 피를 흘리는 분들이 있을 것입니다. 그럼에도 불구하고 그것이 여러분의 첫 번째 문제나 가장 큰 문제는 아닙니다. 가장 중요한 문제는 여러분에게 불멸하는 영혼이 있다는 것, 그런데 여러분은 죽어야 하고 죽은 후 심판대 앞에 서서 하나님을 대면해야 한다는 것, 여러분의 영원한 운명에 대한 선고를 들어야 한다는 것입니다. 그러므로 말씀드리건대, 여러분에게 가장 시급한 문제는 하나님 앞에서 자기 상태를 점검하는 것입니다.

몸이 병들어 건강을 갈망하는 분들도 육신의 건강 문제에 앞서 영혼의 문제, 영혼의 건강부터 점검해야 합니다. 우리는 이 지점에서 잘못을 범합니다. 마귀는 부차적 문제를 일차적 문제와 맞바꿈으로써 결국 일차적 문제를 다루지 못하게 만듭니다. 사실은 사별과 슬픔을 통해 인생의 가장 큰 축복이 찾아오는 경우가 적지 않습니다. 소중한 사람의 죽음을 통해 그리스도 안에서 하나님을 알게 되는 이들이 있습니다. 소중한 사람이 살아 있을 때는 자기 영혼에 대해 생각하지 않았습니다. 서로를 위해 살고 서로를 즐겁게 하느라 하나님을 등한시했고 하나님 생각은 하지도 않았습니다. 많은 사람이 그렇게 살아갑니다. 그런데 소중한 사람이 떠나면서 남은 이의 영혼이 깨어나고, 결국 그리스도 안에서 하나님을 발견하는 경우가 있습니다. 사별과 슬픔이 남은 이의 영혼을 깨우는 경우가 있습니다.

토머스 차머즈Thomas Chalmers는 19세기 스코틀랜드의 가장 위대한 설교자였습니다. 매우 유능한 인물이자 위대한 설교자로 내내 활동했으며, 과학적 사고의 소유자로 훌륭한 과학적 설교를 했습니다. 그렇게 10년간 스코틀랜드에서 대단한 사역을 하다가, 어느 날 덜컥 병에 걸려 거의 12개월 동안이나 병실에 갇혀 지내는 신세가 되었습니다. 그러면서 자신이 그리스도의 복음을 참으로 설교한 적이 없을 뿐 아니라 참으로 믿은 적 또한 없다는 사실을 깨달았습니다. 물론 전에도 하나님과 그리스도에 대해 설교했던 것은 맞습니다. 그런데 막상 무력한 처지가 되어 보니, 사실은 그리스도를 개인의 구주로 알지 못하는 자기 모습이 보인 것입니다. 이처럼 하나님은 질병을 도구로 사용하여 토머스 차머즈를 빛으로 이끄셨으며, 온전한 진리를 알려 주셨습니다. 그는 자신의 와병을 감사드렸고, 이후 세상에 나가 새로운 방식과 능력으로 복음을 설교하며 하나님께 크게 쓰임받았습니다.

부차적 문제를 일차적 문제와 맞바꾸는 것보다 더 큰 위험은 없습니다. 여러분 자신이 이런 위험에 빠진 것은 아닌지 점검해 볼 아주 쉬운 방법을 알려 드리겠습니다. 사탄에게 속고 있는 것은 아닌지, 기독교 용어를 사용하지만 사실은 복음 아닌 무언가를 고수하는 것은 아닌지 알아볼 간단한 방법이 있습니다. 여러분은 자신이 아무 소망도 없고 힘도 없는 죄인이라는 사실, 길을 잃은 절망적인 죄인이라는 사실을 진정으로 알고 있습니까? 아무리 성경의 인도를 받고 비범한 체험을 했더라도 자신이 하나님 앞에서 유죄선고를 받은 죄인임을 모르는 사람은 그리스도인이 아닙니다.

또 다른 질문을 던져 보겠습니다. 여러분 삶의 체계에서 주 예수 그리스도께서 절대적인 중심과 핵심을 차지하고 계십니까? 그와 무관한 체계는 하나도 없다고 말할 수 있습니까? 단순히 위대한 스승으로, 완벽한 삶을 산 위대하고 영광스러운 본보기로 따르는지 묻는 것이 아닙니다. 예수와 무관하게 하는 일이 하나도 없다는 의미에서 그가 중심에 계신지 묻는 것입니다. 히브리 신자들이 "들은 것"에 따르면 그리스도는 중심을 차지하시는 분입니다.

다시 말하지만, 아무리 놀라운 인도를 받고 비범한 체험을 했더라도 그리스도인이라고 할 수 없는 이들이 많습니다. 전에 한 유명한 영국 배우의 자서전을 읽은 적이 있습니다. 그는 그리스도인을 자처하지 않는 사람임에도 어느 날 오후 놀라운 인도를 받았으며, 그것이 자기 인생의 전환점이 되었다고 했습니다. 이처럼 세상에는 이상한 일들이 일어나곤 합니다. 셰익스피어William Shakespeare의 희곡 주인공 햄릿의 말이 맞습니다. "세상에는 사람의 철학으로 상상할 수 있는 일보다 더 많은 일이 일어난다네."* 마찬가지로 육신의 놀라운 치유를 경험할 수도 있습니다. 류머티즘성 관절염으로 움직이지도 못하던 사람이 걷고 뛰고 달리는 일이 생길 수 있습니다. 그러나 자신이 참 그리스도인인지 알려면, 자신의 치유가 진정 예수 그리스도를 알게 된 결과인지 알려면, 다음과 같은 두 질문에 대답해야 합니다. 자신이 거룩하신 하나님 앞에서 아무 소망도 품을 수 없는 길 잃은 죄인임을 알고 있습니까? 하나님의 진노를 면하고 그와 화목케 되기 위해 주 예수 그리스도가 반드시 필요함을 알고 있습니까?

훨씬 더 구체적인 세 번째 질문을 드리겠습니다. 여러분에게는 십자가 죽음이 절대적으로 중요한 사건입니까? 바울은 고린도 교인들에게 "내가 너희 중에서 예수 그리스도와 그가 십자가에 못 박히신 것 외에는 아무것도 알지 아니하기로 작정"했다고 말했습니다(고전 2:2). "들은 것", 즉 진리 안에 들어가려 하는 자에게 그리스도의 십자가 죽음은 중심적이고 긴요하며 절대적인 사건이 됩니다. 그 입에서 다음과 같은 고백이 나오게 됩니다. "그리스도의 십자가 죽음이 없으면 내가 죄 사함을 받을 소망이나 하나님을 뵐 소망이나 천국에 이를 소망이 다 사라져 버림을 안다. 지옥에 떨어져 영원히 비참하게 살 운명을 피할 수 없음을 안다." 복음 메시지의 중심적이고 긴요하며 핵심적인 사실이 바로 이것입니다. 사도행전도 이 사실을 전하고 있습니다. 베드로의 오순

* 셰익스피어, 『햄릿』Hamlet, 1막 5장

마틴 로이드 존스 히브리서 강해

절 설교를 보십시오. 그가 전한 진리와 바울이 전한 진리, 신약 모든 서신서의 주장이 이것 아닙니까? 유대인에게는 거리끼는 것이요 헬라인에게는 미련한 것인 그리스도의 십자가 죽음과 그의 피 아닙니까? 그들은 어떤 상황에서도 이 메시지를 전면에 내세웠습니다. 왜 그랬을까요? 이와 무관한 복음은 없기 때문입니다. 여러분은 이 죽음에 관심이 있습니까?

다시 한 번 엄숙하게 말씀드립니다. 자기 행복을 생각하기 전에, 걱정에서 벗어나길 바라기 전에, 마음의 위로를 갈망하기 전에, 인도를 구하기 전에, 몸의 치료를 구하기 전에, 초월자와 조화를 이루길 바라기 전에 자신의 영적 상태부터 직시하십시오. 우리는 다 덧없고 무상한 세상에 살고 있습니다. 아이작 와츠^{Isaac Watts}는 「예부터 도움 되시고」라는 찬송에서 이 점을 다음과 같이 표현했습니다. "시간은 유수처럼 흐르며 제 자식들을 데려가네. 동이 트면 사라지는 꿈처럼 그들도 날아가 잊혀져 버리네." 지금 여러분은 살아 있는 영으로서 마지막 날을 향해 피할 수 없는 길을 가고 있습니다. 그러므로 여러분에게 첫 번째로 필요한 것은 구원입니다. 여러분은 하나님을 알아야 합니다. 그가 여러분의 죄를 사해 주신 것과 주 예수 그리스도 안에서 아버지 되어 주신 것을 알아야 합니다. 자신의 종말을 준비하십시오. 자신이 죽을 준비가 되어 있는지, 하나님을 만날 준비가 되어 있는지, 세상에 오셔서 내 죄를 위해 죽으시고 날 의롭다 하기 위해 다시 살아나신 하나님의 아들 예수 그리스도를 알고 있는지 확인하십시오. 장담하건대, 하나님을 그처럼 아는 사람은 다른 문제들도 하나씩 담대히 그 앞에 가져갈 것이요 하나님은 그를 거절하지 않으실 것입니다. 십자가에 못 박히신 예수 그리스도를 알아야 하는 이 영혼의 필요를 가장 먼저 채우지 않은 채, 작은 필요들을 일시적으로 채우는 분이 아무도 없길 바랍니다.

2

유일한 피할 길

그러므로 우리는 들은 것에 더욱 유념함으로 우리가 흘러 떠내려가지 않도록 함이 마땅하니라. 천사들을 통하여 하신 말씀이 견고하게 되어 모든 범죄함과 순종하지 아니함이 공정한 보응을 받았거든 우리가 이같이 큰 구원을 등한히 여기면 어찌 그 보응을 피하리요? 이 구원은 처음에 주로 말씀하신 바요 들은 자들이 우리에게 확증한 바니 하나님도 표적들과 기사들과 여러 가지 능력과 및 자기의 뜻을 따라 성령이 나누어 주신 것으로써 그들과 함께 증언하셨느니라.   히 2:1-4

우리는 함께 모여 복음을 고찰하는 것이 조금은 특이한 일이 된 시대에 살고 있습니다. 기독교 메시지에 대한 설교를 듣기 위해 주일마다 모이는 광경을 백 년 전만큼 흔히 볼 수 없습니다. 많은 사람이 그것을 시대착오적인 관습으로 여깁니다. 거의 무의미하고 쓸데없는 일로 여기며, 그렇게 모이는 우리를 다소 이상하게 쳐다봅니다. 그렇다면 우리가 이렇게 모이는 정확한 이유는 무엇일까요? 묻는 자들에게 대답하기 위해서일 뿐 아니라 우리 자신의 유익을 위해서도 그 이유를 알 필요가 있습니다.

요즘은 교회에 오는 사람들의 수도 상대적으로 적지만, 그나마 일부는 자신들이 왜 교회에 오는지 한 번도 살펴보지 않은 채 잘못된 이유로 오는 것 같습니다. 우리가 복음의 사실들에 유념해야 하는 정확한 이유를 알아야 합니다. 히브리서의 일차적 대상은 이런 사실들을 놓치고 등한시할 위험이 있는 그리스도인들이지만, 이 권면은 불신자들에게도 똑같이 유효합니다. 히브리서 기자는 복음의 사실들에 유념하며 주의를 집중하라고, 말하자면 삶의 조류에 떠밀려 항구를 지나쳐 가다가 결국 난파하지 않도록 극히 조심하라고 간절하고도 엄숙하게 호소합니다. 의도치 않더라도 다른 문제에 매몰된 나머지 복음의 사실들을 등한시할 무서운 가능성이 있음을 경고합니다. 삶이 너무 풍족하고 매력적이고 유혹적이어서, 할 일이 너무 많아서, 일정표가 꽉 차서 복음의 사실들을 생각지 못하는 이들이 많습니다. 그렇기 때문에 히브리서 기자가 이 모든 경고를 하는 것이며, 단순히 경고하는 데서 더 나아가 복음을 고찰해야 하는 이유를 알려 주는 것입니다.

이미 살펴보았듯이 그는 우리가 고찰하는 내용이 진짜 복음인지, 혹시 복음 아닌 다른 것은 아닌지 먼저 확인해 보라고 말합니다. 우리는 "들은 것", 즉 처음부터 전파된 복음의 사실들에 유념해야 합니다. 모든 사람이 이 복음을 들어야 하는 중대한 이유는 이 메시지의 원천, 즉 배후의 권위에 있습니다. 자기 문제를 해결하고 싶은 것은 당연하지만, 그보다 앞서—그 문제가 아무리 정당한 것이라 해도—인류 전체에 해당되는 문제부터 직시해야 한다는 사실, 즉 인간이 처한 곤경과 처지부터 직시해야 한다는 사실을 우리는 알았습니다. 복음이 과연 무엇인지 진지하게 고찰해야 하며, 역사적 사건의 기록을 고찰해야 합니다. 복음은 하나님이 주신 메시지로서, 주 예수 그리스도라는 분과 관련하여 세상에 일어난 역사적 사건을 직시할 것을 요구합니다.

히브리서 기자가 다음으로 제시하는 이유, 복음의 사실들에 유념해야 할 중대한 이유는 복음을 믿지 않는 모든 사람의 위험한 처지, 절망적이라고까지 해야 할 형편과 처지에 있습니다. "우리가 이같이 큰 구원을 등한히 여기면 어찌 그 보응을 피하리요?" 하나님을 모르는 비그리스도인들의 처지가 얼마나 위험한지 강조하는 것은 성경에 늘 나타나는 큰 특징입니다. 그리스도의 복음을 주로 고상하고 훌륭한 인생관 내지 인생에 대한 가르침으로 여기는 이들이 많습니다. 여러 가지 다양한 인생철학과 인생관을 살펴볼 때 함께 참작할 만한 하나의 관점으로 여기는 것입니다. 그들은 세상에 무언가 기여해야 한다고 여기며, 가능한 최선의 방식으로 살고 싶어 합니다. 다른 관점이나 가르침들처럼 복음도 한 가지 삶의 방식으로 고찰하면서, 자신들이 그것을 채택하여 삶에 적용하고 실천해야 한다고 생각합니다. 이것이 그들의 복음관으로서, 이처럼 복음을 채택했기에 자신들은 그리스도인이라고 말합니다. 그러나 직접 자신들에게 말을 걸어오는 메시지인 복음에 대해서는 아는 바가 전혀 없습니다. 큰 결핍감이나 절박감도 느껴 본 적이 없습니다. "임박한 진노를 피하라"라고 복음이 경고해야만 했던 문제가 자신들에게 있다고 느껴 본 적이 없습니다(마 3:7, 눅 3:7). 복음을 그런 식으로 생각해 본 적이 한 번도 없습니다. 정신을 고양시키는 아주 고상한 인생의 가르침, 점잖은 사람이 채택하여 실천할 만한 가르침으로만 여길 뿐입니다.

그런 자들의 진정한 문제는 자기 자신과 자신의 삶을 한 번도 제대로 바라본 적이 없다는 것입니다. 그들의 인생관이 때로 '방관자 관점'이라는 말로 묘사되는 것은 인류의 질병을 외부에서 객관적으로만 바라보기 때문입니다. 실상은 자신들도 환자지만, 이처럼 다른 측면만 바라보는 탓에 정작 자신들에게 대책이 필요하다는 사실을 전혀 깨닫지 못합니다. 그런 자들이 "어찌 그 보응을 피하리요?" 같은 구절을 읽을 때 실제 의미를 이해하지 못하는 이유가 여기 있습니다. 물론 본인들은 안다고 말하지만 실상은 모릅니다. 아주 방탕한 삶을 사는 이들조차 그런 삶에서 벗어나야 한다는 생각은 하면서도 자신들이 위험한 상태에 있다는 사실은 모르며, 보응을 피해야 한다는 개념을 이해하지 못합니다. 그런 자들의 진정한 문제는 하나님과 자신의 관계라는 측면에서 자신을 바라본 적이 한 번도 없다는 것입니다.

어떤 이들은 이런 종류의 가르침과 설교에 적극적으로 반발하기도

합니다. "'어찌 그 보응을 피하리요?'라는 건 모욕적이고 이기적인 개념이에요"라고 합니다. "그런 걸 강조하는 복음은 필요 없습니다. 자기 영혼의 구원을 확인하라는 건 너무 자기중심적인 말이에요"라고도 합니다. 이런 가르침 자체를 불쾌히 여깁니다. "스스로 지옥이 아닌 천국에 갈 거라고 자부하다니, 참 이기적이고 교만하네요"라고 합니다.

문제는 개인의 구원에는 이처럼 반발하면서도 자신들이 인생에서 지속적으로 기꺼이 추구하는 다양한 일―먹고 마시는 일이나 미래의 안전장치를 마련하는 일―에는 반발하지 않는다는 것입니다. 그런 일은 이기적이거나 자기중심적인 것으로 여기지 않습니다. 옆구리가 아파 죽을 지경이라 의사를 찾아갔는데, 의사가 그렇게 자기 걱정만 하면 어떡하느냐고, 왜 통증을 그냥 넘기지 못하느냐고, 왜 그렇게 자기한테만 집중하느냐고 말한다면 어이가 없을 것입니다. 이런 자들의 생각대로라면 몸의 구원을 위해서는 몇 년씩 신경을 쓰는 것이 당연해도, 불멸하는 영혼의 영원한 운명 때문에 신경을 쓰는 것은 심히 이기적인 행동이 되는 셈입니다. 사람이 얼마나 어리석은지요! 이들은 자신에 관한 진실을 한 번도 깨닫지 못한 자들입니다. 불난 집에 갇히면 어떻게 구조받을까 계속 궁리하며 창밖으로 뛰어내려서라도 목숨을 구하려 드는 법입니다. 영원한 운명과 관련하여 자신들이 어떤 곤경에 처해 있는지 안다면 이런 어리석은 말은 하지 못할 것입니다.

또 다른 반론을 살펴봅시다. 두려움과 경고라는 개념 자체가 현대인과 현대의 정신에 모욕이 된다고 느끼는 자들이 있습니다. 그들은 과거와 달리 오늘날에는 지옥과 심판과 형벌을 설교하지 않는 것에 자부심을 느낍니다. 현대인과 이전 사람들을 비교하면서 더없이 행복해 합니다. 우리는 그만큼 발전했고 우월하다는 것입니다! 물론 인류를 전멸시킬 원자폭탄이나 세계대전 같은 위험은 크게 신경 쓰지 않습니다. 그저 이전 세대보다 우리가 낫다고, 각 시대는 이전 시대보다 나을 수밖에 없으므로 우리가 제일 낫다고 말합니다. 현대인이 이런 이상한 우월감을 표현하는 방식 중 한 가지가 바로 지옥과 하나님의 진노 및 심판의 무서움을 더 이상 설교하지 않는 것입니다. 이제는 "어찌 그 보응을 피하리요?" 같은 질문을 하지 않습니다. 현대인은 그런 질문에서 벗어날 만큼 성장했다는 것입니다!

곧장 다른 문제로 나아가 봅시다. 이 질문과 20세기는 무슨 상관관계가 있을까요? 과학 지식이 늘었다고 해서 과연 달라진 점이 있을까요? 지금 우리가 논하는 대상은 볼 수 있고 만질 수 있고 다룰 수 있는 것들이 아닙니다. 영과 혼과 하나님—불변하시며 영원히 동일하신 하나님, 성경을 떠나서는 알 수 없는 하나님—의 영역에 속한 보이지 않는 것들입니다. 현대인이어서 이런 교리를 믿을 수 없다는 것은 어리석은 생각입니다.

저는 사람을 겁주거나 두렵게 하는 일에 전혀 관심이 없습니다. 사실 요즘 같은 때는 군이 겁줄 필요도 없습니다. 현실 자체가 이미 두렵기 때문입니다. 그런데 환자의 수술이나 휴식이나 일정한 치료를 위해 의사가 어느 정도 겁을 주어야 하는 경우가 있습니다. 환자에게 병의 실상을 알려 주어도 듣지 않을 때 그렇습니다. 사태의 심각성을 깊이 파악한 의사가 거듭 의견을 밝혀도 고개를 내저으며 거부합니다. 그 병을 치료할 수 있음을 아는 의사는 결국 환자를 구하기 위해 압력을 가할 수밖에 없습니다. 환자를 두렵게 하고 싶어서가 아니라 병의 실상을 알고 환자의 안녕

마틴 로이드 존스 히브리서 강해

을 염려하기 때문입니다. 저의 창조주시요 재판장 되시는 하나님 앞에서 다시 한 번 밝히건대, 저는 오직 이 경우 외에 사람들을 겁주는 일에 전혀 관심이 없습니다. 우리 조상들이나 세상에서 가장 위대한 성도들, 찰스 헤든 스펄전Charles Haddon Spurgeon이나 조나단 에드워즈Johnathan Edwards를 비롯한 과거의 거인들이 두려움을 조장하길 즐겼다고 생각하는 사람은 그들이 남긴 이름을 모욕하는 것입니다. 그들이 그런 설교를 했던 것은 진리를 알았기 때문이며 영혼을 염려했기 때문입니다. 오늘날 설교자들이 사람들에게 실제로 닥칠 일을 한 번도 전하지 않은 것 때문에 정죄받을 것을 생각하면 두렵습니다. 그들은 불쾌하다거나 시대에 뒤떨어졌다거나 지옥 불로 사람들을 겁주려 한다는 비난을 받을 것이 무서워 진리를 전하지 않습니다. 그러나 사도 바울의 말대로 "주의 두려우심을" 안다면 권면해야 합니다(고후 5:11).

이것은 마지막으로 살펴볼 이유와 연결됩니다. 이 가르침이 하나님의 사랑에 대한 교리와 완전히 상반된다고 생각하는 이들이 있습니다. 영벌 및 하나님의 진노라는 개념과 하나님의 사랑은 서로 어울릴 수 없다는 것입니다. 이 두 개념은 확실히 공존할 수 없다는 것입니다. 하나님은 사랑이시기에 어떤 식으로든 모든 사람을 구원하신다는 것입니다. 그리고 여기에서 두 가지 의견으로 갈라집니다. 한쪽은 모든 사람이 죽을 때 보편적인 구원이 이루어진다고 믿습니다. 이들의 관점은 세상에서 어떻게 살든 상관없다는 것입니다. 믿든 믿지 않든 상관없다는 것입니다. 사랑이신 하나님이 모든 사람을 바로잡아 천국으로 데려가신다는 것입니다. 감히 그렇게 말하지 못하는 또 다른 이들은 결국 모든 사람에게 두 번째 기회를 주실 것이라고 말합니다. 하나님은 사랑이시기에 두 번째 기회를 주실 수밖에 없다고, 회개치 않고 그리스도 밖에서 죽은 자들에게도 또 한 번의 기회를 주실 것이라고, 결국에는 사랑으로 모든 사람을 구원하실 것이라고 믿습니다.

그렇다면 성경은 뭐라고 가르칠까요? 우리가 답해야 할 첫 질문이 있다는 것만 알아도 이 토론에 들일 많은 시간과 에너지가 절약될 것입니다. 그 질문은 "내 주장의 근거는 무엇인가? 내 관점의 권위는 어디에서 왔는가?"라는 것입니다. 이 부분에서 서로 동의가 이루어지지 않으면 아무리 토론해 봐야 소용이 없습니다. 요점은 '성경을 믿을 것이냐? 사람의 생각을 믿을 것이냐?' 하는 것입니다. 다른 선택은 없습니다. 하나님의 책에서 인생과 영원한 운명을 비롯한 모든 문제에 대한 관점을 얻든지, "나는 이렇게 믿는다" 또는 "내 모든 입장의 근거는 아무개 교수의 이런저런 견해에 있다"라고 하든지 둘 중에 하나입니다. 저는 이 특정 주제에 대해 성경이 하는 말을 상기시키고 싶습니다. 굳이 깊이 파고들 필요도 없습니다. 표면에 바로 나와 있습니다. 서슴없이 말하건대, 성경 전체에서 이보다 더 눈에 띄는 메시지는 없습니다. "어찌 그 보응을 피하리요?" 성경은 경고의 책입니다. 이제부터 그 가르침을 일깨워 보겠습니다.

어떤 의미에서 우리가 출발점으로 삼아야 할 것은 인간관입니다. 히브리서의 이 진술은 복음 및 피할 길과 관련하여 두 가지 인간관 중 하나를 취하도록 유도하기 때문입니다. 첫 번째는 인간은 책임 있는 존재라는 성경의 관점입니다. 이 책은 인간이 하나님의 특별한 피조물이며 하나님의 형상에 따라 지어진 존재라고 말합니다. 하나님을 본떠 지어진 존재라고 해도 좋습니다. 하나님은 자신에게 속한 특징을 인간 안에 두심으로 나머지 피조물과 크게 구별하셨습니다. 자신이 말을 걸고 대화를 나누시며 교류하실 수 있는 존재로 남자와 여자를 만드셨습니다. 남자와 여자는 하나님 앞에 책임 있는 존재로서, 그의 다스림을 받으며 그를 위해 살도록 지어졌습니다. 이것이 성경의 인간관입니다.

물론 오늘날 널리 퍼져 있는 관점은 사뭇 다릅니다. 우리가 자주 듣는 말은 인간이 원시 점액질로부터 이러저러하게 발전해 왔다는 것입니다. 인간은 특별한 피조물이 아니라 다른 동물보다 좀 더 진화한 동물일 뿐이라는 것입니다. 본질적으로는 존재의 이유도 없고 목표도 없으며 궁극적 목적도 없는 동물일 뿐이라는 것입니다. 꽃이나 동물이 죽듯이 인간도 세상에 태어나 잠깐 살다가 죽습니다. 어떤 점에서 더 진화했기 때문에 일정한 책임은 져야 하지만, 그 책임은 세상에 사는 동안의 삶과 사회에 한정됩니다. 죽으면 그것으로 끝입니다. 영원한 의미에서 책임을 지는 것이 아닙니다. 마지막 때 심판대 앞에 서서 설명할 필요가 없습니다. 현대인의 관점에는 그런 개념 자체가 아예 없습니다.

그러나 성경의 관점은 아주 다릅니다. 성경에 따르면 인간은 동물과 완전히 다른 중대한 인격체, 중대한 피조물입니다. 인간은 피조세계의 주관자라는 점에서 다른 피조물보다 우월합니다. 히브리서 2장 좀 더 뒷부분에 그 말이 나옵니다. "사람이 무엇이기에 주께서 그를 생각하시며 인자가 무엇이기에 주께서 그를 돌보시나이까?"(6절) 이것이 인간에 관한 성경의 진술입니다. 인간은 일종의 진화된 짐승으로 인생의 무대에서 어슬렁거리다가 퇴장하는 존재가 아닙니다. 결코 아닙니다! 인간에게는 운명이 있습니다. 인간은 하나님의 손에서 나왔고, 하나님께로 돌아갈 것입니다.

이것은 아주 중요한 문제임이 분명합니다. 아주 엄숙하게 묻건대, 여러분은 자기 자신과 세상의 삶을 어떻게 바라보고 있습니까? 성경은 이 질문에 유념할 것을 요구합니다. 우리에 관한 진실을 깨달을 것을 요구합니다. 두 관점 중 어느 것이 인간에게 찬사가 되고 어느 것이 모욕이 되는지 굳이 설명할 생각은 없습니다. 현대인들이 어떻게 모순된 말을 하는지, 한편으로는 인간의 위대한 우월성을 자랑하며 거의 신으로까지 격상시키면서 다른 한편으로는 세상에 왔다가 죽으면 그만인 짐승으로 묘사하는지 설명할 생각 또한 없습니다. 다만 성경이 여러분에 대해 어떤 관점을 가지고 있는지 진지하게 숙고해 보길 요청할 뿐입니다. 여러분은 모를 수도 있지만, 인간은 설명할 의무와 책임을 가진 존재입니다. 하나님은 여러분이 세상에 살면서 행한 모든 일을 아시며 기록하신다고, 여러분은 그 모든 행동에 대해 설명을 해야 한다고 성경은 말합니다. 지금 여러분에게 말을 걸고 계시는 분, 이제껏 말씀하셨고 아들까지 보내서 말씀하신 절대자 앞에 서서 대답해야 한다는 것입니다. 그의 질문에 응해야 한다는 것입니다.

그뿐만이 아닙니다. 성경은 인간뿐 아니라 하나님에 대해서도 알려줍니다. 하나님은 성경을 통해 자신을 계시해 주셨습니다. 우리가 아는 하나님의 성품과 본질은 전부 이 책에 기록된 것입니다. 여러분은 하나님에 대해 무엇을 알고 있습니까? 그 지식을 어디에서 얻었습니까? 그 모든 지식의 권위가 어디에서 왔습니까? 하나님은 오직 성경의 계시를 통해서만 알 수 있습니다. 구약성경을 보십시오. 하나님이 사람을 만드시고 그들에게 말씀하시기 시작한 태초로 돌아가, 성경이 그의 성품과 본질에 대해 무슨 말을 하는지 보십시오. 하나님은 자신이 거룩한 분임을 알려 주셨습니다. 자신에게 복종하며 살 것을 인간에게 명하셨고, 계명을 주시면서 순종치 않으면 형벌이 따름을 알려 주셨습니다. 죽음이 찾아올 것이요 동산에서 쫓겨날 것이라고 경고하셨습니다. 그런데 어리석은 인간은 순종치 않았고, 하나님은 자신의 말씀이 헛되지 않음을 보여주셨습니다. **정말로** 인간을 벌하신 것입니다. 죽음이 인간과 인류 전체를 찾아왔고, 인간은 동산에서 쫓겨났습니다. 가시덤불과 엉겅퀴가 생겨났고, 땅은 저주받았으며, 삶은 우리가 아는 이런 모습이 되었습니다. 이것은 하나님의 행동인 동시에 계시였습니다.

홍수 이야기도 보십시오. 그때도 하나님은 자기 성품을 계시해 주셨으며, 인간이 의무와 책임을 가진 존재임을 보여주셨습니다. 인간은 하나님께 돌아오라는 간곡한 권고를 무시했습니다. 하나님이 부르신 노아가 120년간 의의 교리를 전하면서 회개하고 하나님의 진노를 피하도록 경고했지만, 귀를 기울이기는커녕 비웃었습니다. 하나님은 홍수를 보내심으로 노아의 말이 옳고 참된 것이었음을 입증하셨습니다.

또한 그는 율법을 주셨습니다. 율법에는 하나님이 최고로 잘 계시되어 있습니다. 그는 스스로 질투하는 거룩한 하나님이라고 하시면서 "너는 나 외에는 다른 신들을 네게 두지 말라"라고 하셨습니다(출 20:3). 그리고 이스라엘 민족이 거듭 불순종할 때 어떤 형벌이 따를지 알려 주셨습니다.

구약성경은 말씀의 계시일 뿐 아니라 행동의 계시이기도 합니다. 하나님의 특별한 은총을 입은 자요 율법을 받은 자인 모세 역시 순종치 않았을 때 벌을 받았습니다. 이스라엘 백성을 애굽에서 끌어내고 홍해를 건너게 했던 위대한 지도자조차 가나안에 들어가지 못했습니다. 왜 들어가지 못했습니까? 거룩하신 하나님을 거역했기 때문입니다. 다윗처럼 하늘의 은총을 입은 인물들의 이야기를 읽어 보아도 똑같은 사실을 발견하게 됩니다.

하나님의 백성 개개인이 받은 형벌뿐 아니라 택함받은 민족이었던 이스라엘 전체가 받은 무서운 형벌도 보십시오. 그들은 하나님이 아브라함이라는 한 사람을 통해 자신의 특별한 소유로 세우신 친백성이었습니다. 그런데 그들에게 무슨 일이 일어났습니까? 포로가 되어 앗수르와 바벨론에 잡혀갔습니다. 하나님이 친히 택하신 백성이었는데도 이런 일이 일어났습니다. 그 이유가 무엇입니까? 하나님이 거룩하신 분이라는 사실과 그의 말씀이 참되다는 사실을 잊었기 때문입니다. 이스라엘 민족은 하나님이 거룩하시고 공평하시며 의로우신 분으로서, 설사 자기 백성이라도 그 죄와 허물을 반드시 벌하신다는 진리를 선포하는 영원한 기념물입니다.

"아, 그건 구약성경이잖아요. 구약성경에는 별 관심이 없습니다. 신약성경에 관심이 있지요"라고 말하는 이가 있을지 모르겠습니다. 그렇다면 죄 사함을 받는 회개의 세례를 전한 세례 요한을 보기 바랍니다. 그도 "임박한 진노를 피하라"라고 경고했습니다(마 3:7). 그의 긴박한 메시지는 "피하라, 피하라"라는 것이었고, 그와 함께 전한 또 다른 중대한 메시지는 "보라, 세상 죄를 지고 가는 하나님의 어린양이로다"라는 것이었습니다(요 1:29). 그는 그리스도를 가리키며 그에게 나아갈 것을 촉구했습니다. 자기 제자들까지 예수 그리스도께 보냈습니다.

주님의 가르침도 살펴보아야 합니다. 주님이 가장 먼저 전하신 메시지 또한 회개에 관한 것이었습니다. 복음서를 읽어 보십시오. 여러분은 오직 하나님의 사랑만 믿는다고 말합니다. 그러나 주 예수 그리스도보다 더 하나님의 사랑을 잘 아는 사람이 있습니까? 예수만큼 하나님의 사랑을 잘 아는 사람은 아무도 없습니다. 그런데 그런 분이 회개를 전하셨습니다. "이때부터 예수께서 비로소 전파하여 이르시되 회개하라, 천국이 가까이 왔느니라 하시더라"(마 4:17). 주님은 또한 율법을 설명하시면서 기계적인 율법관을 폐기하셨습니다. 율법은 영적인 법입니다. 예컨대 신체적 간음의 문제만 다루지 않습니다. 음욕을 품고 여자를 쳐다보기만 해도 마음으로 이미 간음했다고 간주합니다. 이것이 주님께서 율법을 해석하신 방식입니다. 주님은 율법을 이전보다 무한히 더 지킬 수 없는 법으로 만드셨습니다. 산상설교를 읽어 보면 알 수 있습니다.

요한복음 3:16은 모두가 좋아하는 구절입니다. "하나님이 이처럼 세상을 사랑하사." 사람들은 "아, 그건 믿어요"라고 합니다. "하나님이 세상을 이처럼 사랑하사 독생자를 주셨으니." 맞습니다. 세상을 사랑해서 독생자를 주셨습니다. 그러나 그 목적은 "그를 믿는 자마다 멸망하지 않고 영생을 얻게" 하시려는 데 있었습니다. 주님은 연이어 말씀하셨습니다. "믿지 아니하는 자는 하나님의 독생자의 이름을 믿지 아니하므로 벌써 심판을 받은 것이니라"(요 3:18). 더 뒤에서는 "하나님의 진노가 그 위에 머물러 있느니라"라고도 하셨습니다(요 3:36). 자기 전제를 내세우며 논쟁을 벌이기는 어렵지 않습니다. 그러나 성경을 믿는 자라면, 예수 그리스도께서 하나님의 아들이심을 믿는 자라면, 그가 이렇게 가르치신 것을 알고 믿어야 합니다.

온 인류가 하나님 앞에 서게 될 마지막 때, 땅의 모든 나라가 그 앞에 나아갈 마지막 때, 모든 사람이 양과 염소로 분류될 마지막 심판의 때에 대해 주님이 하신 말씀도 읽어 보십시오. 그가 지옥에 대해 하신 말씀을 읽어 보았습니까? 주 예수 그리스도 자신이 부자와 나사로 이야기를 해 주셨습니다. 영원한 고통의 불꽃에 대해 알려 주셨고, 음부의 부자와 아 브라함의 품에 안긴 나사로 사이에 "큰 구렁텅이"가 있어 서로 왕래할 수 없다고 말씀하셨습니다(눅 16:26). 두 번째, 세 번째 기회를 준다거나 모든 사람을 바로잡아 주겠다고 하시기는커녕 그 사이에 큰 구렁텅이가 있어 건너갈 수가 없다고 하신 것입니다. 이것은 제 사견이 아니며, 일부 철학자의 생각 또한 아닙니다. 하나님의 아들이 직접 하신 말씀입니다.

하늘 구름을 타고 거룩한 천사들과 함께 세상에 다시 오셔서 추수하 시고 심판하신다는 말씀도 보십시오. 무엇보다 자신이 세상에 오신 목 적을 밝히신 말씀, 자신의 죽음에 대해 가르치신 말씀을 보십시오. "인 자가 온 것은 섬김을 받으려 함이 아니라 도리어 섬기려 하고 자기 목숨 을 많은 사람의 대속물로 주려 함이니라"(막 10:45). 십자가 죽음을 앞두 고 자신을 막으려 드는 제자들에게 주님이 말씀하신 요지는 "너희는 이 해하지 못하고 있다. 내가 천사 열두 군단에 명령하여 이 일을 피할 수 있음을 모르느냐? 하지만 그렇게 하면 내가 세상에 온 목적을 이룰 수 없다"라는 것이었습니다. "모세가 광야에서 뱀을 든 것같이 인자도 들 려야 하리니"(요 3:14). 주님은 이것만이 유일한 길이라고 하셨습니다. 히 브리서 기자가 촉구하듯이, 이런 사실들로부터 출발해야 합니다. 요컨대 "이것이야말로 주 예수 그리스도께서 처음부터 친히 전하신 복음이다. 그 는 거룩함에 대해, 사람들의 현 위치와 다가올 심판과 건널 수 없는 구렁 텅이에 대해 가르치셨다. 이것은 주님이 친히 주신 메시지다"라는 것입니 다. "인자가 온 것은 잃어버린 자를 찾아 구원하려 함이니라"(눅 19:10).

마틴 로이드 존스 히브리서 강해

주님의 말씀을 직접 듣고 그와 함께 지냈던 사도들의 글을 보아도 전부 다가올 심판에 대해 경고하는 것을 알 수 있습니다. 베드로도 오순절 날 심판을 전했고, 바울도 아덴에서 심판을 전했습니다. 모든 사도가 모든 곳에서 회개의 메시지를 전했습니다. 하늘의 진노를 피하라고 권면했고, 유일한 피할 길을 알려 주었습니다. 이들은 하나님이 하늘의 기름부음으로 자신들의 설교를 승인하셨다고 했으며, 자신들에게 임한 능력은 성령이 주신 것이라고 했습니다. 아나니아와 삽비라는 이를 믿지 않았던 것이 분명합니다. 베드로는 그들에게 "사람에게 거짓말한 것이 아니요 하나님께로다"라고 했고(행 5:4), 그들은 바로 엎드러져 죽었습니다. 하나님은 표적과 기사와 이적으로 그들의 메시지를 입증하셨습니다. 심판의 메시지는 오늘날에도 여전히 유효합니다. 서신서 곳곳에도 똑같이 엄숙한 메시지가 나오는데, 특히 히브리서에 가장 많이 나옵니다. "살아계신 하나님의 손에 빠져 들어가는 것이 무서울진저"(히 10:31). "경건함과 두려움으로 하나님을 기쁘시게 섬길지니 우리 하나님은 소멸하는 불이심이라"(히 12:28-29). 이런 말씀은 저도 나누기가 두렵지만, 성경의 일부이기에 직면해야 합니다. 살아계신 하나님, 온전히 거룩하시고 공평하시며 의로우시고 능하신 하나님, 자신을 이렇게 계시하시는 하나님 앞에서 저와 여러분은 대답을 해야 합니다. 계시록도 읽어 보십시오. 이 모든 경고와 마지막 심판이 다가오고 있다는 선포가 아주 비상한 방식으로 기록된 것을 볼 수 있습니다.

그러나 우리를 사랑하심으로 이 모든 것에서 구원받을 길 또한 영광스럽게 계시해 주신 하나님께 감사드리십시오. 그는 우리를 진노와 심판에서 구하기 위해 독생자를 보내 주셨습니다. 우리는 다 죄를 지었습니다. 하나님을 잊었고, 그를 모욕했습니다. 하나님보다 다른 것을 더 앞세웠습니다. 하나님께 이보다 큰 모욕은 없습니다. 우리는 다 곤경에 처해 있습니다. 정죄 아래 놓여 있습니다. 이런 상태에서 우리가 할 수 있는 일이 무엇이 있습니까? 하나도 없습니다. 그런데 하나님이 전부 해 주셨습니다. 아들을 보내 주셨습니다. 부정한 자에게 뿌리는 염소와 황소의 피나 암송아지의 재는 우리를 구원하기에 부족하지만, 감사하게도 그리스도의 피만 있으면 충분합니다. "그러므로 형제들아, 우리가 예수의 피를 힘입어 성소에 들어갈 담력을 얻었나니"(히 10:19). 이 피야말로 하나님이 마련해 주신 피할 길이요 유일한 속죄제물입니다. 하나님은 아들을 보내셨고, 아들은 우리 죄를 지고 우리 형벌을 받으셨습니다. 이 제사를 거부하면 "다시 죄를 속하는 제사가 없"습니다(히 10:26). 그리스도의 피를 외면할 때 남는 것은 장래의 고통과 번민뿐입니다. 이것이 불신자의 영원한 운명입니다.

여러분, 결론은 간단합니다. 성경이 이 문제에 대해 처음부터 끝까지 하는 말을 믿든지 믿지 않든지 둘 중에 하나입니다. 이 책은 이것만이 유일한 피할 길이라고 가르칩니다. 히브리서 기자는 이 사실을 알았기에 "이같이 큰 구원을 우리가 등한히 여기면 어찌 그 보응을 피하리요?"라고 했습니다. 피할 수 없습니다. 피하기가 불가능합니다. 주께서 우리를 불쌍히 여기사, 이처럼 주를 만날 길을 친히 마련해 주셨다는 사실과 그 길을 거부하면 다른 길은 없다는 사실을 성령으로 깨우쳐 주시길 원합니다.

3

복음의 권위

그러므로 우리는 들은 것에 더욱 유념함으로 우리가 흘러 떠내려가지 않도록 함이 마땅하니라. 천사들을 통하여 하신 말씀이 견고하게 되어 모든 범죄함과 순종하지 아니함이 공정한 보응을 받았거든 우리가 이같이 큰 구원을 등한히 여기면 어찌 그 보응을 피하리요? 이 구원은 처음에 주로 말씀하신 바요 들은 자들이 우리에게 확증한 바니 하나님도 표적들과 기사들과 여러 가지 능력과 및 자기의 뜻을 따라 성령이 나누어 주신 것으로써 그들과 함께 증언하셨느니라.   히 2:1-4

제가 이 네 구절에 다시 주의를 환기시키는 것은 결정적인 질문들에 대한 참된 대답을 우리 모두 알기 위해서이며, 히브리서 기자가 이 서신을 받는 히브리 그리스도인들에게 권하는 바가 바로 그 대답을 알라는 것이기 때문입니다. 그는 복음의 사실들에 유념하고 주의하며 전심으로 주목할 것을 호소합니다. 이런 진리들에서 떠내려가지 않도록 극히 주의하라고, 그리스도의 얼굴을 보고서도 사실상 알지 못하며 영원히 구원받지 못할 무서운 위험을 피하라고 말합니다. 다른 일에 빠져 복음의 사실들을 등한시할 위험, 세상이나 세상일이나 염려나 그 밖의 문제들로 분주하여 어떤 식으로든 그 사실들을 생각지 못할 무서운 위험을 조심하라고 경고합니다. 일부러 거부하며 상관치 않는 것이 아닙니다. 많은 사람이 그저 다른 일에 바쁜 나머지 주 예수 그리스도를 소홀히 하다가, 평생 그를 알지도 못하고 만나지도 못한 채 죽음을 맞이합니다. 히브리서 기자가 히브리 그리스도인들에게 경고한 바로 그 위험에 빠지는 것입니다. 이것은 오늘날 우리와 다른 모든 이들에게도 경고가 됩니다.

히브리서 기자는 "들은 것"에 더욱 유념하라고 말하며, 오직 여기에 주의를 집중시킵니다. 복음 아닌 것을 복음으로 크게 착각하는 경우가 종종 있습니다. 복음 전체가 아닌 일부 측면에 눈을 돌릴 위험, 일부 축복을 그리스도의 복음 전체로 여길 무서운 위험이 있습니다. 앞서 보았듯이, 히브리서 기자는 오직 복음 메시지 자체, 복음 메시지 전체에 주의를 기울이라고 권면합니다. 이 메시지는 우리 주와 구주 되신 예수 그리스도 및 그 안에 있는 "이렇게 큰 구원"에 관한 것으로서, 우리는 이 메시지를 반드시 고찰해야 합니다.

"왜 그렇게 오래된 복음을 들어야 합니까?"라고 묻는 이들이 오늘날 많습니다. "그렇게 오래된 메시지 듣는 걸 합당히 여기는 이유가 뭡니까?"라고 누군가 찾아와 묻는다면 뭐라고 대답하겠습니까?

이미 밝혔듯이, 히브리서 기자는 이 네 구절을 통해 그 질문의 대답 세 가지를 제시하는 동시에 이 서신의 주요 주제 세 가지를 소개하고 있습니다. 우리가 "들은 것"에 더욱 유념해야 하는 주된 이유가 세 가지 있는데, 히브리서는 그 이유에 대한 설명이라고 할 수 있습니다. 첫 번째 이유는 복음 메시지의 원천과 권위에 있습니다. 두 번째 이유는 메시지를 듣는 모든 사람의 위태롭고 위험한 처지와 상태에 있으며, 세 번째이자 마지막 이유는 이 메시지의 중대성과 놀라운 축복에 있습니다. 이것이 히브리서의 세 가지 주요 주제이자 누구나 복음을 들어야 하는 세 가지 주된 이유입니다. 우리는 복음을 들을 뿐 아니라 생각하고 묵상하는 일에 시간을 들여야 합니다. 복음을 받아들이고 붙잡아야 하며, 복음에서 떠내려가지 말아야 합니다.

이제 첫 번째 이유인 복음 메시지의 원천 내지 복음 메시지에 수반되는 권위에 대해 살펴봅시다. "왜 이게 첫 번째입니까?"라고 묻는 이가 있을 것입니다. 많은 사람이 이 질문을 던지고픈 유혹을 느끼는 것은 오직 **이 메시지가 유효한지** 알고 싶기 때문입니다. 흔히 말하듯 실용성을 검증하고 싶은 것입니다. 세상에는 실용주의자들이 많습니다. 사람들은 갖가지 형태의 문제를 가지고 있습니다. 순전히 신체적인 문제나 정신적인 문제를 가지고 있기도 하고, 마음과 감정의 문제나 영의 문제를 가지고 있기도 합니다. 실망스러운 일이나 인생의 큰 상실을 겪은 경우도 있습니다. 모두 경험해서 알듯이, 수없이 많은 문제가 사방에서 우리를 덮쳐 옵니다. 다들 이런저런 방식으로 삶이 어렵다는 것을 발견하고, 결국 자신의 패배를 깨닫습니다. 그래서 해결책을 찾으려 합니다. 세상은 이렇게 답을 찾는 우리에게 그 나름의 치료책들을 내놓습니다. 책이나 광고나 신문이나 단체들을 보십시오. 우리가 처한 자리에서 우리를 만나 주고 어려운 처지에서 구해 주겠노라 제안하는 곳이 무수히 많음을 알 것입니다. 그런데 그 모든 제안에 대해 다수가 던지는 질문은 오직 한 가지, "저 제안은 유효한가?" 하는 것입니다. 이것이 사람들의 유일한 시금석으로서, 그들은 다른 시금석을 고집하는 우리를 현학적이고 까다로운 자들로 여깁니다.

그러나 거듭 말씀드리건대, 무엇보다 먼저 검증해야 할 것은 메시지의 원천과 권위입니다. 그 이유는 여러 가지가 있습니다. 첫째로, 순전히 실용성만 따지는 것은 부족할 뿐 아니라 잘못된 시금석이기 때문입니다. 삶에는 기준이 있어야 합니다. 진리가 확실히 첫 자리에 와야 합니다. 최신 지식을 아노라 주장하는 사람, 특히 순수하게 과학적인 사고를 하노라 주장하는 사람이라면 누구나 두뇌와 이해력과 추론 능력과 증거 감별력과 분별력과 선별 능력이야말로 인간의 최고 자산이라는 말에 동의할 것이 틀림없습니다. 그리고 이것이 인간의 가장 큰 고도의 능력이라면 사용해야 하는 것이 분명합니다. 정신은 인간의 가장 큰 자산입니다. 결국 인간이 동물과 다른 이유이자 인간을 인간답게 하는 특징입니

마틴 로이드 존스 히브리서 강해

다. 동물은 본능으로 움직이지만, 인간은 본능보다 고등한 정신 능력을 가지고 있습니다. 인간은 확실히 이 능력을 사용하고 작동시켜야 합니다. 정신과 이성과 분별력을 사용하지 않는 사람은 삶의 시금석과 기준이 없는 것입니다. 그런 사람은 어떤 평가나 판단도 내릴 수 없습니다.

예수 그리스도의 복음과 오늘날 인간에게 제시되는 여러 가지 무효한 치료책들의 차이가 여기 있습니다. 예수 그리스도의 복음은 우리에게 생각할 것을 요구합니다. 예수 그리스도의 복음을 감정적인 것이나 최루제로만 여기는 사람보다 더 무지한 자는 없습니다. 물론 하나님의 교회가 그런 인상을 줄 때가 있다는 것, 사람들이 그저 앉아서 노래만 하며 그 노래에 취해 생각하지 않는 경우가 있다는 것은 저도 분명히 압니다. 감정이 격앙된 나머지 아무 말이나 듣고 받아들이는 경우가 있습니다. 그러나 신약성경에 나오는 복음은 그런 것이 아닙니다. 복음은 "더욱 유념"하라고 말하며, "오라, 우리가 서로 변론하자"라고 말합니다(사 1:18). 복음은 스스로 진리라고 주장하는데, 진리는 항상 정신에 먼저 찾아와 생각할 것을 요구합니다.

도움을 주겠다는 세상의 제안을 실용적으로 검증하는 것에 반대하는 두 번째 이유는, 증상만 살피고 원인은 무시할 위험이 있기 때문입니다. 질병과 증상은 엄연히 다른 것입니다. 증상은 질병에서 유발된 현상으로, 증상이 곧 질병은 아닙니다. 질병의 발현일 뿐입니다. 그런데 저와 여러분은 아플 때 질병보다 증상에 관심을 갖는 경우가 많습니다. 숨이 가쁘거나 열이 오르는 등의 증상을 금세 감지합니다. 물론 환자가 늘 바라는 바는 그 증상에서 벗어나는 것입니다. 증상을 진정시키는 것은 지극히 옳고 좋은 일이지만, 한 가지 조건이 따릅니다. 그 증상을 일으킨 질병을 알아내야 하는 것입니다.

심한 복통만 진정시켜 주길 바라는 환자가 있다고 생각해 보십시오. 통증 자체는 의사가 주사만 놓으면 사라질 것입니다. 그러나 의사는 통증의 원인을 찾기도 전에 주사를 놓는 것이 범죄임을 잘 압니다. 혹시라도 환자가 죽으면 책임을 지게 될 수도 있습니다. 증상의 원래 목적은 원인이 되는 질병에 주목하게 하는 것입니다. 원인을 찾으면—이를테면 환자가 맹장염이라는 진단이 나오면—수술을 해야 목숨을 구한다는 사실을 알게 됩니다. 질병의 원인을 모른 채 증상만 진정시키는 주사를 놓는 것은 무서운 잘못입니다.

문제가 해결되지도 않았는데 편안해지는 것보다 위험한 일은 없습니다. 명백한 실례를 또 한 가지 들어 보겠습니다. 걱정을 떨치고자 술에 의존하는 사람들이 많은 이유가 무엇입니까? 걱정에 짓눌린 나머지 그렇게라도 긴장을 풀고 싶기 때문이며, 술을 마시면 잠시나마 걱정을 잊고 행복해질 수 있기 때문입니다. 그러나 문제는 여전히 남아 있습니다. 술에 취해 잠시 잊는다고 해서 문제나 질병 자체가 사라지는 것은 아닙니다. 이것은 심히 위험한 일입니다.

그뿐만이 아닙니다. 우리가 알아차리든 알아차리지 못하든, 이 세상과 삶 속에서 우리를 에워싸고 있는 보이지 않는 영들이 존재합니다. 성경이 성령을 **거룩한** 영이라고 부르는 것은 이 영들과 구별하기 위해서입니다. 인간 죄인들만 문제를 일으키는 것이 아닙니다. "이 세상의 신"이 존재합니다(고후 4:4). 세상에서 위력을 떨치는 악한 영들이 존재합니다. 이렇게 말하는 가장 큰 근거는 하나님의 아들께 있습니다. 그는 마태복음 24:24에서 악한 세력이 "택하신 자들"조차 미혹될 만큼 교묘한 역사와 이적과 기사를 행할 날이 올 것이라고 하셨습니다. 악한 세력도 선한 행실을 위조해 낼 수 있습니다. 병을 고치고 우리를 인도하시며 이적을 행하시는 성령의 일을 똑같이 행할 수 있습니다. 그래서 신약성경이 "영들이 하나님께 속하였나 분별하라"라고 권하며(요일 4:1), "범사에 헤아려 좋은 것을 취하"라고 권하는 것입니다(살전 5:21). 단순히 "이러이러한 일이 일어났으니 좋은 것임이 틀림없다"라고 속단하면 안 됩니다. 성령이 일하시듯 악한 영들도 일하기 때문에, 시험하고 검증해서 좋은 것만 취해야 합니다.

제가 실용주의적 관점을 거부하는 마지막 이유를 말씀드리겠습니다. 지난 분석에서 우리는 자신의 감정이나 행복에만 관심을 가질 것이 아니라 하나님과 자신의 관계, 하나님 앞에서 자신의 상태에 관심을 가져야 한다고 했습니다. 내가 정말 관심을 기울여야 할 것은 일시적 안도감이나 특정 문제의 해결이 아닙니다. 그 모든 것에 앞서 내가 어떤 상태로 하나님을 대면하게 될지, 특히 죽은 후 어떤 상태로 하나님의 심판대 앞에 서게 될지 살펴보아야 합니다. 세상과 이생의 많은 것이 일시적 안도감을 줄 수 있습니다. 실제로 많은 단체가 도움을 주기도 합니다. 심리학도 도움을 주고, 많은 사교邪教들도 도움을 줍니다. 기분이 나아지게 해줍니다. 그러나 이런 안도감을 얻었다고 해서 이제는 괜찮다고 생각하며 "난 아무 문제 없다"라고 한다면, 하나님에 대해 생각하지 않고 그를 만날 준비를 하지 않은 채 살아간다면, 일시적 안도감을 주는 그것이 곧 지옥의 사자가 되는 것입니다. 하나님을 만날 준비를 하지 못하도록 가로막는 장애물이 되는 것입니다.

이런 것들이 무서운 이유가 여기 있습니다. 사람들은 일시적 안도감에 만족한 나머지 영원한 사안들을 무시한 채 오직 이런 것들에서 위로와 위안을 찾습니다. 사랑하는 여러분, 물론 이런 것들을 통해서도 치료받고 행복해질 수 있으며 걱정을 떨칠 수 있습니다. 몸이 건강해졌다고 느낄 수 있으며 인생의 놀라운 인도를 받았다고 여길 수 있습니다. 그러나 죽음과 영원한 운명은 어찌할 생각입니까? 여러분과 하나님 사이를 가로막는 이런 것들은 결코 좋은 것이 아닙니다. 일시적 만족을 주는 그것이 오히려 가장 큰 원수가 될 수 있습니다.

복음이 자신의 말을 들으라고 요구하는 것은 무엇보다 먼저 그 원천과 권위 때문이며, 그것이 주어진 방식 때문입니다. 이 말이 무슨 뜻일까요? 요약해서 설명해 보겠습니다. 복음을 들어야 할 진정한 이유, 지난 분석에서 살펴본 유일한 이유는 하나님이 주신 메시지이기 때문이라는 것입니다. 히브리서 기자는 이렇게 지적합니다. "옛적에 선지자들을 통하여 여러 [다양한] 부분과 여러 모양으로 우리 조상들에게 말씀하신 하나님이 이 모든 날 마지막에는 아들을 통하여 우리에게 말씀하셨으니"(히 1:1-2). 이 하나님이 지금도 우리에게 말씀하고 계십니다. 히브리서 기자는 2:4에서 하나님이 친히 이 메시지를 증언하셨다고 말합니다. 성경이 시종일관 주장하는 바가 이것입니다. 우리는 세상 모든 사람이 치유되고 안도감을 얻으며 행복해질 방법을 알려 주는 인간의 사상 및 이론을 고찰하고자 교회에 모이는 것이 아닙니다. 심리학이나 그 비슷한 분야를 공부하는 것은 전혀 잘못이 아니지만, 이 메시지는 완전히 다른 차원에서 출발합니다. 성경은 스스로 인간의 책이라고 말하지 않습니다. 신성한 책이라고 주장합니다. 자신을 통해 하나님이 말씀하시며 메시지를 주신다고 시종일관 주장합니다. 성경은 인간이 하나님을 찾아가는 책이 아니라, 하나님이 자신을 계시하시는 책입니다. 인간이 자기 문제를 풀어 나가는 책이 아니라, 하나님이 해결책을 알려 주시는 책입니다.

복음 메시지는 이처럼 유일무이한 것으로서, 우리가 복음을 들어야 하는 최고의 이유가 바로 이것입니다. 우리는 사람들의 말을 듣고 있고, 그들의 실패를 보고 있으며, 세상이 심한 곤경에 처한 모습을 목도하고 있습니다. 이제야말로 하나님의 말씀을 들어야 할 때 아닙니까? 이스라엘 자손의 역사를 보십시오. 그들도 다른 백성들의 말을 듣다가 어려움을 겪었습니다. 그러나 하나님께 돌아오면 그때마다 다시 말씀해 주시고 구원해 주셨습니다. 이런 일이 얼마나 자주 일어났는지 모릅니다! 제가 전하는 메시지가 하나님의 메시지라는 확신이 없다면 이처럼 강단에서 설교하지 못할 것입니다. 제가 아는 내용은 전부 하나님의 책에 있는 것입니다. 저도 예전에 인생에 대한 여러 이론과 사상을 가지고 실천해 보려 했지만 실패했습니다. 그와 달리 성경은 하나님의 메시지입니다. 이것이 이 메시지를 들어야 하는 첫 번째 중대한 이유입니다.

두 번째 이유는 복음이 하나님의 메시지일 뿐 아니라 특별한 방식으로 주신 메시지이기 때문이라는 것입니다. 예수 그리스도의 복음은 하나님이 자기 아들을 통해 주신 메시지입니다. 우리 그리스도인들이 이렇게 모여서 고찰하는 것은 한낱 이론과 사상이 아닙니다. 사실과 역사입니다. 인간이 여러분의 문제와 어려움들을 해결할 방법으로 제시하는 것들은 다 이론이요 사상이지만, 복음은 다릅니다. 어떻게 다릅니까? 역사적 사실에 근거하고 있다는 점에서 다릅니다. 예수 그리스도의 복음은 한낱 이론과 사상이 아닙니다. 세상에 실제로 일어난 사건들과 그 의미에 대한 기록입니다.

복음이 첫째로 권하는 바는 명백한 사실들을 살펴보라는 것입니다. 여러분의 특정 문제는 그만 잊으십시오. 세상에 똑같은 사람은 없으며 똑같은 문제 또한 없습니다. 어떤 이는 행복을 구하고, 어떤 이는 걱정에서 벗어나길 바랍니다. 어떤 이는 건강이 회복되길 구하고, 어떤 이는 인도받길 바랍니다. 죄와 유혹에 빠져 심한 수치심을 느끼는 사람은 깨끗하게 씻음받고 도덕적인 힘을 얻길 바랍니다. 애정을 다해 권하건대, 그런 문제들은 그만 잊고 확실한 사실들에 귀를 기울이십시오. 사실들을 직시해야 합니다. 살펴보길 거부하며 무시하면 안 됩니다. 세상에 분명히 일어났던 그 일들을 마치 처음 살펴보듯 함께 살펴봅시다.

우리가 고찰해야 할 복음 메시지의 내용이 무엇입니까? 히브리서 기자가 "주"라고 부르는 분이 세상에 오셨다는 것입니다. "우리가 이같이 큰 구원을 등한히 여기면 어찌 그 보응을 피하리요? 이 구원은 처음에 주로 말씀하신 바요 들은 자들이 우리에게 확증한 바니." 하나님은 옛적에도 사람들을 통해 말씀하셨습니다. 선지자들을 연달아 세워서 메시지를 주셨습니다. 다양한 방식으로 자신이 하실 일을 계시해 주셨습니다. 아브라함과 모세 같은 사람들을 취하여 그들을 통해 말씀하셨습니다. 그런데 그와 본질적으로 다른 일이 일어났고, 교회는 그것을 전할 소명을 받았습니다. 제가 "주"라고 부르는 분, 나사렛 예수께서 친히 비유로 이에 대해 말씀해 주셨습니다. 포도원 주인이 자기 포도원에 계속 종을 보냈는데 일꾼들이 냉대했다는 것입니다. 그래서 주인이 결국 자기 아들을 보내며 "그들이 내 아들은 존대하리라"라고 했다는 것입니다(마 21:37). 그 자리에 있던 바리새인과 다른 이들은 이것이 자신들을 가리켜 하신 말씀임을 알았습니다.

신약성경에는 2천 년 전 일어난 한 비상한 사건에 대한 놀라운 이야기가 나옵니다. 어느 날 오후, 천사가 한 어린 처녀를 찾아와 아이를 낳을 것이라고 했습니다. 그 말을 이해하지 못한 처녀는 당황해서 물었습니다. "나는 남자를 알지 못하니 어찌 이 일이 있으리이까?"(눅 1:34) 천사는 "대저 하나님의 모든 말씀은 능하지 못하심이 없느니라"라고 하면서(눅 1:37), 성령이 처녀에게 임하실 것이라고 했습니다. "지극히 높으신 이의 능력이 너를 덮으시리니 이러므로 나실 바 거룩한 이는 하나님의 아들이라 일컬어지리라"(눅 1:35). 처녀는 그 말을 믿었습니다. 그리고 놀라운 일이 일어났습니다. 처녀는 다윗 가문과 계보에 속한 약혼자 요셉을 따라 베들레헴으로 호적 신고를 하러 갔습니다. 그런데 여관은 만원이었고, 해산할 여인에게 방을 내주는 사람 하나 없었습니다. 인생의 이기심이란 그런 것입니다. 처녀는 짐승들이 사는 마구간을 찾았고, 거기서 아이를 낳았습니다. 그때 또 다른 비상한 일이 일어났습니다. 목자 여러 명이 찾아와 말하기를, 밤에 들에서 양떼를 지키는데 천사들이 나타나 구유에 누운 아기가 있다고 했다는 것입니다. 그래서 와보니 정말 천사의 말대로 아기가 있더라는 것입니다. 박사들도 동방에서 찾아왔습니다. 하늘에 나타난 특별한 별의 인도를 받고 찾아왔습니다.

주님이 열두 살 때 성전에서 율법 박사들을 당혹케 하신 일도 기억하기 바랍니다. 서른 살 청년으로 세상에 나와 사람들이 한 번도 들어보지 못한 설교, 헤롯의 군사들이 "그 사람이 말하는 것처럼 말한 사람은 이때까지 없었나이다"라고 했던 설교를 시작하신 일과 세상에 없던 놀라운 가르침을 주신 일도 기억하기 바랍니다(요 7:46). 그는 기적을 행하셨습니다. 나병 환자를 고치시고, 귀머거리를 듣게 하시고, 죽은 자를 살리셨습니다. 물결에 명하여 광풍도 잠재우셨습니다. 사람들은 실제로 그를 보았고, 그와 함께 살았으며, 그가 하시는 말씀을 들었습니다. 그는 내내 엄청난 주장을 하셨습니다. "나를 따르라"라는 그의 부르심을 받고 곧장 일어나 따른 사람도 있었습니다(마 9:9). 사복음서를 직접 읽어 보십시오. 결국 그는 체포당하여 누가 보아도 연약한 무방비 상태로 무참히 나무에 못 박히셨습니다. 거기에 달려 무서운 고통을 겪다가 평소 처형에 소요되는 시간에 훨씬 못 미쳐 숨을 거두셨습니다. 사람들은 그의 시신을 내려 무덤에 두었습니다. 그런데 셋째 날 아침에 가 보니 시신이 없었습니다. 감쪽같이 사라져 버렸습니다. 그는 다시 살아나 제자들에게 나타나셨습니다. 문을 전부 닫아걸고 숨어 있던 그들을 찾아오셨습니다. 그들과 함께 이야기를 나누시고 음식을 드셨습니다.

이것은 전부 사실입니다. 예수 그리스도의 복음은 일차적으로 이런 사실들에 귀 기울일 것을 요청합니다. 이분이 바로 하나님의 외아들이라고 말합니다. 하나님이 독생자를 세상에 보내셨다고 말합니다. 그렇기 때문에 여러분의 통증이나 아픔이나 불행함이나 비참함이나 삶의 인도에 골몰할 것이 아니라 이분을 대면해야 하는 것입니다. 하나님의 아들이 이처럼 세상에 오신 것은 우리와 긴밀히 상관된 일로서, 성경은 이 일의 정확한 의미를 알 때까지 쉬거나 마음을 놓지 말라고 권면합니다. 그가 오신 이유가 무엇입니까? 이 일이 나와 무슨 상관이 있습니까? 이 일에 담긴 의미가 무엇입니까? 제가 지금 이야기하는 것은 전부 사실입니다. 히브리서 기자는 이 일을 자세히 설명해 줍니다. 인류에게 계속 말씀해 오신 하나님이 영원 전부터 하나님 품속에 계셨던 독생자, 그 본체의 형상을 보내 주셨다고 합니다. 세상에 보내신 이 아들을 통해 우리에게 말씀해 주셨다고 합니다. 그래서 우리가 복음을 들어야 하는 것입니다.

아들은 선지자들보다 뛰어나신 분이요 천사들보다 뛰어나신 분입니다. 전에는 천사들을 통해 인간에게 말씀하시고 세상에 메시지를 주셨던 하나님이 가장 높은 천사보다 뛰어나신 독생자를 통해 말씀하셨습니다. 이 일의 중요성을 모르겠습니까? 전능하신 하나님이 이처럼 자신의 독생자를 세상에 보내서 말씀하셨다면 마땅히 귀를 기울여 들어야 합니다. 복음 메시지는 이런 원천에서 나왔고 이런 권위를 가진 것이기에 주목해야 합니다. 외아들을 통해 주신 말씀에도 유념치 않는 자는 제정신이 아닌 것이 분명합니다. 복음 메시지는 이런 것입니다. 유대인들은 이 메시지를 들었어야 했습니다. 그들에게 이 메시지가 전파되었습니다. 나사렛 예수께서 바로 하나님의 아들이시라는 메시지가 전파되었습니다. 예수께서 그리스도시라는 사실은 그의 출생과 그가 행한 기적과 그의 가르침과 그 자신의 주장으로 입증되었을 뿐 아니라 특히 죽은 자 가운데서 부활하심으로 입증되었습니다. "죽은 자 가운데서 부활하사 능력으로 하나님의 아들로 선포되셨으니"(롬 1:4). 이 사실을 직시해야 합니다.

"이 모든 사실이 진실임을 어떻게 알지요? 어떻게 확신할 수 있습니까?"라고 묻는 이가 있으리라 생각합니다. 히브리서 기자의 대답은 이것입니다. "이것은 처음에 주로 말씀하신 바요 들은 자들이 우리에게 확증한 바니 하나님도 표적들과 기사들과 여러 가지 [다양한] 능력과 및 자기의 뜻을 따라 성령이 나누어 주신 것으로써 그들과 함께 증언하셨느니라." 사도들이 우리에게 이 사실들을 알려 주었습니다. 첫 전달자들, 우리와 다름없는 사람들, 기독교회를 만들고 세운 사람들, 이후 모든 시대에 전할 메시지를 물려준 사람들이 이 사실들을 알려 주었습니다. 그들이 처음부터 설교하고 증언했기에 우리가 이 사실들을 알게 된 것입니다. 그들은 3년간 주님과 함께 지냈습니다. 그중 많은 이들이 그가 행하신 기적을 목격했습니다. 그가 십자가에 못 박히신 장면을 보았고, 부활하신 모습을 보았습니다. 그들은 증인으로서 이 모든 사실을 널리 전파했습니다. "하지만 왜 그들의 말을 들어야 하지요?"라고 물을 수도 있습니다. 그들의 성품을 조사해 보면 전부 믿을 만한 증인임을 알 수 있을 것입니다. 그뿐만이 아닙니다. 그들은 자신들이 사랑하는 이 사실들을 증언하기 위해 죽음까지 불사했습니다. 잔혹한 독재자들이 원형경기장 사자에게 내던질 때도 "마음대로 하라. 우리는 보고 들은 것을 전하지 않을 수 없다"라고 했습니다.

이처럼 복음 메시지를 위해 고난을 감수한 그들의 태도나 성품만 우리에게 확신을 주는 것은 아닙니다. "표적들과 기사들과 여러 가지 [다양한] 능력", 즉 사도들의 메시지를 입증하시고 친히 증언하시기 위해 하나님이 주신 성령의 은사들도 확신을 줍니다. 이들이 능력 있게 복음을 전하지 않았다면 기독교회는 생겨나지 않았을 것입니다. 오순절 날 3천 명이 회심한 이래 교회는 계속 확산되었습니다. 사도들은 기사를 행했고, 아무도 설명할 수 없는 비범한 은사를 받았습니다. 이런 일들을 통해 교회가 세워지고 시작되었습니다. 하나님이 친히 그들의 메시지를 입증하셨습니다. 예루살렘의 똑똑한 지도자들은 베드로와 야고보와 요한을 보며 "저런 자들이 이런 소란을 일으켰다고?" 하면서 이상히 여겼습니다. 그들은 평범한 어부에 불과했기 때문입니다. 그러나 지도자들이 곧 기억해 낸 사실은 그들이 "예수와 함께" 있었다는 것입니다(행 4:13). 그렇습니다! 하나님이 주신 표적과 성령의 나타남이 없었다면 그들은 무시당했을 것이고, 수백 년 전에 벌써 잊혔을 것이며, 우리는 그들의 말을 듣지 못했을 것이고, 기독교회와 기독교 메시지는 존재하지 못했을 것입니다.

복음의 사실들에 더욱 유념해야 하는 마지막 이유는 이것이 복되신 삼위일체—성부, 성자, 성령—하나님이 주신 메시지이기 때문입니다. 다른 이유 없이 **이 이유 하나만으로도** 우리는 복음에 유념해야 합니다. 전능하신 하나님이 여러분에게 말씀하고 계십니다. 아들을 통해, 성령으로 자신의 메시지를 주고 계십니다. 그 메시지가 전부 성경에 기록되어 있습니다. 그러므로 다시 요청합니다. 이 사실들을 직시하십시오. 이 사실들이 여러분에게 의미하는 바를 정확히 알 때까지 한 순간도 쉬거나 마음을 놓지 마십시오. 하나님의 아들이 하늘 궁전을 떠나 세상에 오셨다는 이 사실을 직시해야 합니다. 그가 오신 이유가 무엇입니까? 십자가 죽음의 자리로 나아가신 이유가 무엇입니까? 그는 굳이 죽으실 필요가 없었습니다. 주님 자신도 피할 수 있다고 하셨습니다. 천사 열두 군단에 명령을 내려 빠져나갈 수 있다고 하셨습니다. 그런데도 한사코 예루살렘으로 올라가셨고, 거기에서 죽기를 고집하셨습니다. "이를 내게서 빼앗는 자가 있는 것이 아니라 내가 스스로 버리노라"(요 10:18). 그 이유가 무엇입니까? 단순히 과시하시기 위해서였습니까? 부활 사건의 의미가 무엇입니까? 성령을 보내신 이유가 무엇입니까? 다시 한 번 간청하건대, 여러분이 매달리고 있는 고민거리와 걱정거리, 몸의 건강, 인도의 필요성을 비롯한 모든 문제는 그만 잊으십시오. 중요한 문제는 오직 이것입니다.

하나님의 아들이 세상에 오셔서 제가 말한 이런 일들을 하신 것이 여러분과 무관하다고, 아무 상관이 없다고 하겠습니까? 그럴 수 없습니다! 그가 세상에 와서 죽으시고 다시 살아나신 이유가 무엇입니까? 오직 그것만이 저와 여러분을 구원하실 수 있는 유일한 길이요, 용서하실 수 있는 유일한 길이요, 하나님과 화목케 하실 수 있는 유일한 길이요, 지옥에서 구해 내 영원한 지복을 누리게 하실 수 있는 유일한 길이기 때문입니다. 바로 이것이 우리가 이런 사실들에 "더욱 유념"해야 하는 이유입니다.

주 예수 그리스도에 대해 한마디도 하지 않는 방책들, 그의 오심과 죽으심과 다시 살아나심에 대해 한마디도 하지 않는 방책들을 통해 일시적 위안과 만족을 얻지 않도록 조심하십시오. 향정신성 약물이나 진통제나 술처럼 이런 방책들도 여러분을 더 행복하게 해줄 수 있습니다. 그러나 중요한 것은 하나님과 여러분을 분리시키는 죄의 문제이며 여러분의 영혼입니다. 여러분과 하나님의 관계이며 여러분의 영원한 운명입니다. 그리고 그 해결책은 오직 복음뿐입니다. 그러므로 복음의 사실들에서 떠내려가지 않도록, 복음의 사실들을 등한시하지 않도록 조심합시다. 하나님의 아들이 세상에 오셔서 우리 각 사람과 우리 죄를 위해 죽으셨다는 것, 우리를 하나님과 화목케 하시며 이 유한한 세상과 영원한 세상에서 오직 자신만 줄 수 있는 축복을 주기 위해 죽으셨다는 것을 확실히 알 때까지 복음의 사실들에 유념합시다.

4

이 구원이 큰 이유

그러므로 우리는 들은 것에 더욱 유념함으로 우리가 흘러 떠내려가지 않도록 함이 마땅하니라. 천사들을 통하여 하신 말씀이 견고하게 되어 모든 범죄함과 순종하지 아니함이 공정한 보응을 받았거든 우리가 이같이 큰 구원을 등한히 여기면 어찌 그 보응을 피하리요? 이 구원은 처음에 주로 말씀하신 바요 들은 자들이 우리에게 확증한 바니 하나님도 표적들과 기사들과 여러 가지 능력과 및 자기의 뜻을 따라 성령이 나누어 주신 것으로써 그들과 함께 증언하셨느니라.   히 2:1-4

히브리서 기자는 이미 믿는 그리스도인들에게 이 말을 하고 있는데, 그들은 딱하고도 안타까운 상태에 빠져 있었습니다. 박해에 시달리다 보니 자신들이 받은 큰 구원에 대한 기쁨보다 두려움과 불안이 더 커졌고, 그 때문에 옛 유대교를 돌아보며 그것을 등지고 새로운 신앙과 가르침을 믿은 것이 조금은 어리석은 일이 아니었을까 의심하는 이들까지 생겨났습니다.

히브리서 기자는 이처럼 낙심하며 불행해 하는 신자들의 문제를 다루기 위해 이 위대한 편지를 썼습니다. 그는 이런 상태에 빠지는 주된 원인이 "들은 것"을 놓치고 떠내려간 데 있다고 말합니다. 이처럼 확신을 잃고 반신반의하는 영적 침체 상태를 치료하려면 "들은 것"에 더욱 유념해야 한다고, 배가 계류장에서 떠내려가듯 "들은 것"에서 떠내려간 것은 아닌지 확인해야 한다고 말합니다. 또한 여기에서 그치지 않고 더 나아가 아주 심각하고 엄중한 경고를 합니다. "천사들을 통하여 하신 말씀─구약성경에 나오는바, 하나님이 천사를 통해 모세에게 주시고 모세가 이스라엘 자손에게 준 율법─이 견고하게 되어 모든 범죄함과 순종하지 아니함이 공정한 보응을 받았거든─율법도 그렇거든 하물며─우리가 이같이 큰 구원을 등한히 여기면 어찌 그 보응을 피하리요?"

제가 그리스도인들, 기독교회 교인들, 특히 히브리 그리스도인들과 비슷한 상태에 빠진 이들에게 하고 싶은 말이 이것입니다. 자기 구원을 기뻐하지 못하는 신자들뿐 아니라 아직 그리스도인이 되지 못한 불신자들에게 하고 싶은 말 또한 이것입니다. 기독교회가 이처럼 계속 설교하는 이유가 무엇입니까? 교회가 아직도 존속하는 타당한 이유가 무엇입니까? 교회는 입을 다물어야 한다고, 교회의 메시지는 낡았다고 여기는 이들이 많습니다. 그런 이들에게 해줄 수 있는 말이 무엇입니까? 이번에 제가 특별히 다루고 싶은 구절은 "이같이 큰 구원을 등한히 여기면 어찌 그 보응을 피하리요?"라는 것입니다. "이같이 큰 구원!" 이것이 우리가 가진 메시지입니다. 우리가 온 관심을 쏟는 성경의 메시지입니다. 이제부터 이 말을 분석해 봅시다.

첫 번째로 주목할 점은, 성경의 메시지는 곧 구원의 메시지라는 것입니다. 구원한다는 것은 구해 주고 해방시킨다는 뜻이며, 병들고 아픈 데를 고쳐 건강하게 한다는 뜻입니다. 영적으로 건강해지는 것이 곧 구원받는 것입니다. 기독교회의 메시지는 단순히 더 나은 삶을 살라는 것이 아닙니다. 기독교는 그런 것이 아닙니다. 그런 권면은 다른 여러 단체도 할 수 있으며 실제로 하고 있습니다. 기독교 메시지의 핵심은 좋은 소식을 전하는 데 있습니다('복음' 자체가 '좋은 소식'이라는 뜻으로서, 복음은 구원과 해방에 대한 좋은 소식입니다). 저는 이 점을 강조하고 싶습니다. 신문을 통해 기독교에 대한 인상印象을 형성한 사람은 당연히 수소폭탄이나 전쟁 같은 여러 문제에 항의하는 것이 곧 기독교 메시지라는 결론을 내릴 것입니다. 그러나 그런 것은 좋은 소식이 아닙니다. 거기에는 구원에 대한 이야기가 없습니다. 복음 메시지는 **구원**에 대한 좋은 소식입니다. 첫 번째로 강조할 점이 이것입니다. 복음은 세상에 전해진 소식 중에 가장 크고 좋고 놀라운 소식입니다. 히브리서 기자는 복음을 "이같이 큰 구원"이라고 부르는데, 모든 신약성경 기자의 특징이 이것입니다. 복음 메시지를 말할 때마다 최상급 표현을 사용하는 것입니다. 특히 바울이 그렇습니다. 사도는 "그[하나님의] 은혜의 지극히 풍성함"을 이야기하며 (엡 2:7), "측량할 수 없는 그리스도의 풍성함"을 이야기합니다(엡 3:8). "크도다, 경건의 비밀이여, 그렇지 않다 하는 이 없도다. 그는 육신으로 나타난 바 되시고"(딤전 3:16).

성경만 구원에 "큰"이라는 형용사를 붙이는 것은 아닙니다. 영국과 유럽 대륙의 대성당들을 보십시오. 그 장엄한 건축물들을 설명할 만한 말이 있습니까? 대성당에 대한 견해는 각기 다를 수 있지만, 지금은 그 건축물들을 세운 사람들에게 주목해 봅시다. 그들은 기독교회가 전하는 중대한 메시지, 구원 메시지의 위대함과 광대함과 장엄함을 석조물로 표현하고자 했습니다. 미술작품도 마찬가지입니다. 가장 위대한 화가들이 이 큰 구원에 관한 교리를 그림에 담아냈습니다(다빈치Leonardo da Vinci의 「최후의 만찬」을 보십시오). 가장 위대한 명연설과 웅변도 기독교 강단에서 흘러나왔습니다.

마지막 예를 들어 보겠습니다. 강렬하고 장엄한 합창들로 이루어진 헨델Georg Friedrich Händel의 「메시아」야말로 가장 위대한 음악 작품이리라는 말에 다들 동의하리라 생각합니다. 헨델은 기이할 만큼 짧은 기간에 「메시아」를 작곡했다고 말합니다. 마치 하늘로 들려 올라가는 듯한 느낌이 들면서 하나님의 영광과 웅장한 십자가가 일부 보였다는 것입니다. 합창 '할렐루야'는 "이같이 큰 구원"에 대한 헨델만의 표현방식이었습니다. 얼마나 거대하고 방대하며 거침없는지 모릅니다.

찬송시인 아이작 와츠의 위대한 찬송 「주 달려 죽은 십자가 우리가 생각할 때에」도 보십시오. 그는 십자가를 슬쩍 보는 데서 그치지 않습니다. 마치 높은 산꼭대기에 올라 끝없이 펼쳐지는 엄청난 전경을 바라보듯 바라봅니다. 찰스 웨슬리^{Charles Wesley}의 찬송 「오, 만 입이 내게 있으면」도 보십시오.

오, 만 입이 내게 있으면
내 크신 구주와
내 하나님 내 왕의 영광과
그 은혜의 승리를 찬송하겠네.*

여러분도 복음 메시지에 대해 이런 생각을 가지고 있습니까? 기독신앙에 대해 이렇게 고유한 개념을 가지고 있습니까? 구원의 위대함과 광대함과 강력함에 감동하고 있습니까? 구원을 기뻐하며 자랑하고 있습니까? 사도 바울처럼 "내가 이 복음을 부끄러워하지" 않는다고 말하고 있습니까?(롬 1:16) 히브리서 기자가 그리스도인들에게 말하는 요지는 이것입니다. "너희는 이 메시지가 부끄러우냐? 너희 문제는 이 구원이 얼마나 큰 것인지 깨닫지 못하는 데 있다. 그리스도의 뛰어나심과 십자가의 영광만 깨달아도 옛 유대교를 돌아보지 않을 것이다." 그리스도인을 자처하는 우리가 과연 십자가를 자랑해야 할 만큼 자랑하고 있는지 모르겠습니다. 여러분은 이 강력한 구원을 받은 것이 너무 기뻐 뛰고 있습니까? 이 점을 생각할 필요가 있습니다. 우리는 복음이 마치 사소한 것

* 통일찬송가 23장 1절 다시 옮김.

인 듯한 인상—그리스도인이 되는 일이 몇 가지 행동은 하고 몇 가지 행동은 하지 않는 것에 불과한 듯한 인상—을 주곤 합니다. 그러나 사실상 우리는 "이같이 큰 구원"을 믿는 자들로서, 이처럼 악한 때에 사람들이 얼마나 중대한 것을 잃고 있으며 놓치고 있는지 보여줄 책임이 있습니다.

히브리서 기자가 "이같이 큰 구원"이라고 말하는 이유가 무엇입니까? 구원이 이같이 큰 이유가 무엇입니까? 첫째로, 구원을 시작하신 이author가 크시고 그 기원이 크며 개념이 크기 때문입니다. 어떤 대상이든 크기를 검증하기에 좋은 방법이 이것입니다. 누가 만들었는지 보면 되는 것입니다. 예컨대 책을 찾을 때 으레 검증하는 방법도 이것 아닙니까? 공공도서관에 가서 읽을 만한 소설을 찾는 방법이 무엇입니까? 제목을 보는 것입니까? 현명한 사람이라면 제목이 아닌 저자명을 볼 것이며, 위대한 작가의 책을 읽으려 할 것입니다. 저도 소년 시절에 월터 스코트Walter Scott 경을 가장 위대한 작가로 생각해서 항상 그의 책을 찾아 읽곤 했습니다. 이처럼 우리는 위대한 작가를 찾습니다. 이것은 모든 삶의 영역에 적용되는 건전한 원칙이요 방침입니다. 소더비 경매에서 한 그림이 136,000파운드에 팔리는 일대사건이 벌어졌다는 기사가 나온 적이 있습니다. 몇 년 전까지만 해도 100기니가 안 되는 값에 팔렸던 그림이 무려 136,000파운드에 팔렸다는 것입니다! 왜 그런 일이 벌어졌을까요? 그 그림을 조사하고 살펴본 한 유명한 전문가가 스페인의 거장 엘 그레코El Greco의 작품이라는 판정을 내렸고, 다른 전문가들이 그 판정에 동의했기 때문입니다. 전과 다를 바 없는 똑같은 그림이었음에도 엘 그레코의 작품으로 판명된 즉시 136,000파운드로 값이 뛰어오른 것입니다. 실제로 그림의 위대함을 결정짓는 것은 화가의 위대함입니다.

"이같이 큰 구원!" 우리가 성경의 메시지를 세상에 전하는 이유가 무엇입니까? 이 메시지를 크다고 말하는 이유가 무엇입니까? 인간의 메시지가 아니기 때문입니다. 인간의 정신에서 나온 메시지가 아니기 때문입니다. 인간의 이론이나 사상이 아니기 때문입니다. 그렇다고 인간의 가르침은 위대하지 않다고 폄하하는 것이 아닙니다. 성경의 메시지는 본질적으로나 근본적으로 인간의 메시지와 다르다는 것입니다. 어떻게 다를까요? "옛적에 선지자들을 통하여 여러 부분과 여러 모양으로 우리 조상들에게 말씀하신 하나님이 이 모든 날 마지막에는 아들을 통하여 우리에게 말씀하셨으니 이 아들을 만유의 상속자로 세우시고"(히 1:1-2). 2장에 나오는 구절도 보십시오. "천사들을 통하여 하신 말씀이 견고하게 되어 모든 범죄함과 순종하지 아니함이 공정한 보응을 받았거든 우리가 이같이 큰 구원을 등한히 여기면 어찌 그 보응을 피하리요?"

이 때문에 기독교회가 존속하는 것입니다. 이 때문에 세상을 향해 우리 말을 들으라고 하는 것입니다. 우리가 전하는 바는 인간의 생각이 아닌 하나님의 생각입니다. 세상이 이토록 흉흉한 이유가 무엇입니까? 성경에 그 대답이 나옵니다. 하나님은 이런 세상을 위해 친히 "큰 구원"을 계획하고 설계하셨습니다. 그리고 아들이 그 계획을 실행하는 일에 자원하셨습니다. "내가 여기 있나이다. 나를 보내소서"라고 하셨고, 마침내 세상에 오셨습니다. 그리고 성령도 친히 우리 삶에 찾아오셨습니다. 하나님의 구원은 이런 것입니다. 하나님이 친히 시작하신 일입니다. 우리가 구원을 자랑해야 하는 한 가지 이유가 여기 있습니다. 세상은 미쳤습니다. 분쟁과 시련으로 가득 차 있습니다. 영적이지 못합니다. 이제는 더 이상 서로의 말을 들을 것이 아니라 하나님께 귀를 기울여야 합니다.

하나님의 말씀을 들으십시오. 이 구원이 큰 것은 이처럼 시작하신 이가 크시기 때문이며 그 구성構成 자체가 크기 때문입니다.

두 번째로, 이 구원이 큰 것은 우리를 붙잡고 있는 원수가 크기 때문입니다. "이같이 큰 구원을 등한히 여기면 어찌 그 보응을 피하리요?" 이것이 구원의 가치를 평가하는 두 번째 방법입니다. 구원은 병든 우리를 고쳐 건강하게 합니다. 구원의 크기를 검증하려면 그 병의 심각성을 알아야 합니다. "이같이 큰 구원을 등한히 여기면 어찌 그 보응을 피하리요?" 이 구원을 등한히 여기면 무슨 일이 일어날까요? 이에 대해 생각해 본 적이 있습니까? 이번에도 간단한 예를 들어 설명해 보겠습니다. 신문을 보면 의사들이 병을 고치기 위해 사용하는 다양한 약에 관한 기사들이 자주 나옵니다. 보건성에서 약에 너무 많은 비용을 쓴다는 기사도 나옵니다. 약의 중대성과 가치를 평가하고 검증하는 방법이 무엇입니까? 아스피린은 훌륭한 약이요 진통제임에도 아주 저렴합니다. 그런데 이른바 치명적인 병을 치료하는 약들을 보십시오. 그런 약들이 훌륭한 이유가 무엇입니까? 단순히 두통이나 통증이나 아픔만 고쳐 주는 것이 아니라, 과거에 항상 목숨을 앗아가던 병을 고쳐 주기 때문입니다. 이처럼 약의 중대성과 가치를 평가하는 기준은 그 약으로 완화시키거나 치료할 수 있는 병의 심각성에 있습니다.

"이같이 큰 구원을 등한히 여기면 어찌 그 보응을 피하리요?" "천사들을 통하여 하신 말씀"은 구약 율법, 즉 모세의 율법을 가리키는 말입니다. 히브리서 기자가 율법에 대해 뭐라고 하는지 보십시오. 율법은 본질적으로 무서운 법이라고 말합니다. 그의 표현대로 "모든 범죄함과 순종하지 아니함"—십계명을 어기는 행동—을 정죄하는 법입니다. 하나님은 거룩하신 분으로서, 율법을 어기는 자를 반드시 벌하십니다. 율법은 하나님의 법입니다. "범죄하는 그 영혼은 죽으리라"(겔 18:4, 20).

히브리서 기자는 "너희가 어떤 처지에 있는지 아느냐?"라고 묻습니다. "이 복음, 이 큰 구원을 반드시 믿어야만 한다는 것을 아느냐? 이 복음이 너희를 무엇으로부터 구원해 주는지 아느냐?"라고 묻습니다. 지금 우리는 많은 사람이 기독교회 밖에 머무는 이유를 건드리고 있습니다. 그들이 교회에 오지 않는 이유가 무엇입니까? 복음을 믿지 않는 이유가 무엇입니까? 그리스도께 나아오지 않는 이유가 무엇입니까? 답은 한 가지뿐입니다. 그리스도의 필요성을 한 번도 느낀 적이 없기 때문입니다. 자신의 무서운 상태를 한 번도 깨달은 적이 없기 때문입니다. 암이 자라고 있는데도 "난 아무 문제 없어"라고 말하는 사람과 같습니다. 죽음을 가져올 종양이 자라고 있는데도 인식하지 못합니다. 하나님의 진노 아래 있는 그들의 상태를 일깨워 주어야 합니다.

사도 바울은 이런 사실을 알았기에 복음을 자랑했습니다. "내가 복음을 부끄러워하지 아니하노니 이 복음은 모든 믿는 자에게 구원을 주시는 하나님의 능력이 됨이라. 먼저는 유대인에게요 그리고 헬라인에게로다"(롬 1:16). "오직 의인은 믿음으로 말미암아 살리라"(롬 1:17). 사람들의 모든 경건치 않음에 대해 하나님의 진노가 하늘로부터 나타나고 있다는 것입니다. 그래서 자신은 복음을 자랑한다는 것입니다. "내가 이 복음을 기꺼이 전하는 것은 모든 사람이 죄를 지음으로 하나님의 영광에 이르지 못하기 때문이며, 의인은 없으되 한 명도 없음을 알기 때문이다. 타락한 모든 인간을 구원할 것은 오직 복음뿐이라는 사실, 즉 예수 그리스도를 믿음으로 하나님께 얻는 의뿐이라는 사실을 알기 때문이다." 그래서 저와 여러분이 모든 사람에게 복음을 들으라고 해야 하는 것입니다.

세상은 죽음을 피할 수 없다는 사실을 잊고 있습니다. 심판이 다가오고 있다는 사실을 잊고 있습니다. "한 번 죽는 것은 사람에게 정해진 것이요 그 후에는 심판이 있으리니"(히 9:27). 토머스 차머스 박사는 이것을 알았습니다. 전에는 두 가지 중대한 사실—이 땅의 삶은 작고 영원한 세계는 크다는 사실—을 잊고 지냈습니다. 그런데 이것을 깨달은 순간 인생 전체가 바뀌면서 복음주의 설교자가 되었습니다. 죽으면 다 끝나는 것이 아닙니다. 우리 각 사람은 죽을 뿐 아니라 죽은 후 하나님 앞에 서야 합니다. 성경이 시종일관 전하는 메시지가 이것입니다. 하나님 앞에 섰을 때 어떻게 자기 인생을 설명할 것인지 생각해야 합니다. 하나님이 "나는 네게 영혼을 주었다. 인간의 제일가는 목적은 나를 영화롭게 하고 영원토록 즐거워하는 것이다"라고 하실 때 뭐라고 대답하겠습니까? "너는 그렇게 했느냐? 나를 영화롭게 하는 삶을 살았느냐? 나를 즐거워하는 삶을 살았느냐? 십계명을 지켰느냐?"라고 물으실 때 뭐라고 대답하겠습니까? "범죄하는 그 영혼은 죽으리라." 사는 동안 하나님을 영화롭게 하지 않고 그의 십계명을 지키지 않은 것에 대한 주님의 선고는 하나님 앞에서 영원히 쫓겨나 지옥의 고통을 겪는 것입니다. 설사 의를 행했더라도 하나님이 보시기에는 전부 더러운 누더기에 불과합니다. 여러분이 할 수 있는 일이 무엇입니까? 아무것도 없습니다. 그렇다면 어떻게 이 보응을 피해야 합니까?

하나님의 진노를 피할 방법은 오직 한 가지, "우리가 범죄한 것 때문에 내줌이 되고 또한 우리를 의롭다 하시기 위하여 살아나"신 하나님의 아들을 믿는 것뿐입니다(롬 4:25). 하나님이 "우리 모두의 죄악을 그에게 담당시키셨"음을 믿어야 합니다(사 53:6). "하나님이 죄를 알지도 못하신 이를 우리를 대신하여 죄로 삼으신 것"을 믿어야 합니다(고후 5:21). 하나님의 아들이 "친히 나무에 달려 그 몸으로 우리 죄를 담당하셨으니 이는 우리로 죄에 대하여 죽고 의에 대하여 살게 하려 하심이라"는 사실을 믿어야 합니다(벧전 2:24). "어찌 그 보응을 피하리요?" 히브리서 기자가 "이같이 큰 구원"이라고 말하는 이유가 여기 있습니다. 오직 이 메시지만 하나님의 심판 및 전능하신 하나님 앞에서 쫓겨나는 영원한 형벌의 공포와 비참에서 우리를 구해 줄 수 있습니다. 그러니 이 구원이 얼마나 큰 것입니까! 이 구원은 우리를 하나님과 화목케 해주며, 멸망과 상실의 상태로 영원히 지내게 될 무서운 가능성에서 건져 줍니다. 이처럼 우리가 무엇으로부터 구원받았는지 생각할 때 이 구원은 큰 것임이 분명합니다.

적극적으로 무엇을 향해, 무엇을 위해 구원받았는지도 생각해 보십시오. "그러므로 그가 범사에 형제들과 같이 되심이 마땅하도다. 이는 하나님의 일에 자비하고 신실한 대제사장이 되어 백성의 죄를 속량하려 하심이라"(히 2:17). 이 또한 복음이 우리를 위해 해주는 일입니다. 우리에게 가장 먼저 필요한 것은 죄 사함입니다. 하나님과 화목케 되는 것입니다. 우리는 그를 멀리 떠났고 반역했습니다. 그의 진노와 저주 아래 있습니다. 우리는 다 죄인으로서 죄 사함을 받아야 합니다. "하나님 앞에서 사람이 어찌 의롭다 하며"(욥 25:4). 사람이 어떻게 하나님 앞에서 바른 자리에 있을 수 있습니까? 어떻게 자기 죄를 없앨 수 있습니까? 이것이 문제입니다. 그리고 그 답이 여기 있습니다. 우리는 그리스도 예수 안에서 하나님과 화목케 됩니다. "곧 하나님께서 그리스도 안에 계시사 세상을 자기와 화목하게 하시며 그들의 죄를 그들에게 돌리지 아니하시고"(고후 5:19). "하나님이 그 아들을 세상에 보내신 것은 세상을 심판하려 하심이 아니요 그로 말미암아 세상이 구원을 받게 하려 하심이라"(요 3:17). 아들이 하신 일이 바로 이것입니다. 하나님의 어린양으로서 세상 죄를 제하신 것입니다. 우리는 죄 사함을 받았습니다. 하나님과 화목케 되었습니다. 이 얼마나 큰 구원입니까! 세상 그 무엇도 이 일을 해줄 수 없습니다. 옥스퍼드와 케임브리지, 세인트앤드루스와 애버딘, 에든버러와 글래스고 대학에서 배운다 해도 죄 사함의 지식은 얻을 수 없습니다. 그러나 그리스도를 믿는 자는 이 지식을 얻습니다. 그리스도께서 자기와 자기 죄를 위해 죽으신 것을 깨닫습니다. 하나님과 화목케 됩니다.

그뿐만이 아닙니다! 주 예수 그리스도께서 하나님의 어린양으로 자기 죄를 지시고 제하신 것을 믿는 자는 하나님과 화목케 될 뿐 아니라 그의 가족으로 입양됩니다. 히브리서 기자가 이 일을 어떻게 설명하는지 보십시오. "만물이 그를 위하고 또한 그로 말미암음은 이가 많은 아들들을 이끌어 영광에 들어가게 하시는 일에 그들의 구원의 창시자[지휘관^{captain}]를 고난을 통하여 온전하게 하심이 합당하도다"(히 2:10). 그는 연이어 말합니다. "거룩하게 하시는 이[주 예수 그리스도]와 거룩하게 함을 입은 자들[그를 믿는 자들]이 다 한 근원에서 난지라." 어떻게 한 근원에서 났다는 것입니까? 본성이 하나 됨으로, 서로 하나 됨으로 한 근원에서 났다는 것입니다. "그러므로 형제라 부르시기를 부끄러워하지 아니하시고"(히 2:11). 우리의 죄만 사해 주시고 거리에 그대로 버려두시는 것이 아닙니다. 집에 데려가 가족으로 삼아 주시며 자기 형제로 삼아 주십니다. 예수 그리스도는 말씀하십니다. "내가 주의 이름을 내 형제들에게 선포하고 내가 주를 교회 중에서 찬송하리라.……내가 그를 의지하리라.……볼지어다, 나와 및 하나님께서 내게 주신 자녀라"(히 2:12-13). 그는 우리를 누더기 차림으로 밖에 버려두시지 않습니다. 하나님의 가족으로 입양해 주십니다. 하나님의 아들로, 자녀로 삼아 주십니다.

히브리서 기자는 계속해서 말합니다.

자녀들은 혈과 육에 속하였으매 그도 또한 같은 모양으로 혈과 육을 함께 지니심은 죽음을 통하여 죽음의 세력을 잡은 자 곧 마귀를 멸하시며 또 죽기를 무서워하므로 한평생 매여 종노릇하는 모든 자들을 놓아 주려 하심이니 이는 확실히 천사들을 붙들어 주려 하심이 아니요 오직 아브라함의 자손을 붙들어 주려 하심이라(히 2:14-16).

우리는 죄 사함을 받았습니다. 하나님과 화목케 되었습니다. 하나님의 가족으로 입양되었으며 그의 자녀가 되었습니다. 그럼에도 여전히 세상에서 살아야 하기에 힘이 필요합니다. "그러므로 그가 범사에 형제들과 같이 되심이 마땅하도다. 이는 하나님의 일에 자비하고 신실한 대제사장이 되어 백성의 죄를 속량하려 하심이라. 그가 시험을 받아 고난을 당하셨은즉 시험받는 자들을 능히 도우실 수 있느니라"(히 2:17-18).

시험받을 때 여러분은 다음과 같이 기도할 수 있습니다.

매시간 주가 필요하오니

가까이 계시옵소서.

주 가까이 계시면

시험도 힘을 잃사옵니다.

　　—애니 S. 호크스 Annie S. Hawks *

이분이 여러분과 함께 계십니다. 그는 모든 시험을 직접 겪으셨습니다. "모든 일에 우리와 똑같이 시험을 받으신 이로되 죄는 없으"십니다(히 4:15). 이 얼마나 큰 구원입니까!

　이 구원은 우리를 어디로 이끌어 갈까요?

　하나님이 우리가 말하는바 장차 올 세상을 천사들에게 복종하게 하심이 아니니라. 그러나 누구인가가 어디에서 증언하여 이르되 "사람이 무엇이기에 주께서 그를 생각하시며 인자가 무엇이기에 주께서 그를 돌보시나이까? 그를 잠시 동안 천사보다 못하게 하시며 영광과 존귀로 관을 씌우시며 만물을 그 발아래에 복종하게 하셨느니라" 하였으니(히 2:5-8).

"장차 올 세상"은 천사를 위해 준비된 곳이 아닙니다. 그러면 누구를 위해 준비된 곳입니까? 우리를 위해 준비된 곳입니다. "모든 천사들은 섬기는 영으로서 구원받을 상속자들을 위하여 섬기라고 보내심이 아니냐?"(히 1:14)

　"이같이 큰 구원"만큼 놀라운 것은 현대세계에 없습니다. 죄 사함을 아는 지식에 비할 것이 있습니까? 자신이 심판에서 생명으로 이미 옮겨

* 통일찬송가 500장 2절 다시 옮김.

진 것과 천국에 가서 하나님의 자녀로 깨어날 것을 알기에, 설사 밤사이에 죽는다 해도 아무 걱정 없이 잠자리에 누울 수 있는 것보다 더 놀라운 일이 있습니까? 오, 그리스도와 교제하는 것은 또 얼마나 놀라운 일입니까? 그런데 그보다 훨씬 더 놀라운 사실은 "장차 올 세상"이 있다는 것입니다. 이 세상은 멸망할 곳입니다. 죄로 가득한 곳입니다. 신약성경은 이 세상을 개선시켜 주겠다고 하지 않습니다. 오히려 더 나빠질 것이라고 하며, "의가 있는 곳인 새 하늘과 새 땅"을 주겠다고 합니다(벧후 3:13). 하나님의 아들 그리스도께서 세상에 다시 오셔서 심판하실 것이라고 합니다. 물질이 뜨거운 불에 풀어지고 만물이 새로워질 것이라고 합니다. 그 새 하늘과 새 땅에 살 자들이 누구입니까? 다름 아닌 저와 여러분입니다. 그리스도인들입니다. "장차 올 세상을 천사들에게 복종하게 하심이 아니니라." "모든 천사들은 섬기는 영으로서 구원받을 상속자들을 위하여 섬기라고 보내심이 아니냐?" 그렇습니다. 우리야말로 "구원받을 상속자들"입니다. "자녀이면 또한 상속자 곧 하나님의 상속자요 그리스도와 함께한 상속자니"(롬 8:17). "피조물이 다 이제까지 함께 탄식하며 함께 고통을 겪고 있는 것을 우리가 아느니라. 그뿐 아니라 또한 우리 곧 성령의 처음 익은 열매를 받은 우리까지도 속으로 탄식하여 양자 될 것 곧 우리 몸의 속량을 기다리느니라"(롬 8:22-23). "피조물이 고대하는 바는 하나님의 아들들이 나타나는 것이니"(롬 8:19).

세상이 원자폭탄으로 멸망한다 해도 그리스도인에게는 아무 문제가 되지 않습니다. 그의 보화는 이 세상에 있지 않습니다. 그의 보화는 은행 계좌나 세상 직업이 아닙니다. 그는 다른 세상을 바라보며 삽니다. 그의 마음은 장차 올 영광, "우리가 말하는바 장차 올 세상"에 고정되어 있습니다. "이같이 큰 구원"은 바로 그 세상을 우리에게 줍니다. 우리는 지금 말할 수 없는 영광으로 나아갈 준비를 하고 있습니다. 주님의 말씀을 들어 보십시오. "너희는 마음에 근심하지 말라. 하나님을 믿으니 또 나를 믿으라. 내 아버지 집에 거할 곳이 많도다. 그렇지 않으면 너희에게 일렀으리라. 내가 너희를 위하여 거처를 예비하러 가노니 가서 너희를 위하여 거처를 예비하면 내가 다시 와서 너희를 내게로 영접하여 나 있는 곳에 너희도 있게 하리라"(요 14:1-3). "이같이 큰 구원"은 장차 올 이 세상을 우리에게 줍니다. 여러분은 이 사실을 믿고 있습니까? 이 사실로 인해 즐거워하고 있습니까?

세 번째이자 마지막으로, 이 구원이 큰 것은 우리를 위해 이 구원을 준비하신 방식이 크기 때문입니다. 오늘날 사람들은 드라마에서 재미를 찾습니다. 자기가 좋아하는 텔레비전 쇼를 놓치기 싫다는 핑계로 주일 저녁예배에 참석하지 않는 이들도 많습니다. "참 대단한 드라마예요. 정말 굉장하다니까요!"라고 합니다. 그런데 모든 시대를 통틀어 가장 위대한 드라마, 영원히 위대한 드라마가 히브리서 2장에 나옵니다. "오직 우리가 천사들보다 잠시 동안 못하게 하심을 입은 자······ 예수─목수 나사렛 예수─를 보니"(히 2:9). 예수는 평범한 사람처럼 보였습니다. 학교도 다니지 않았습니다. 훈련받은 바리새인이 아니었습니다. 그렇다면 대체 그는 누구입니까? "하나님이 이 모든 날 마지막에는 아들을 통하여 우리에게 말씀하셨으니 이 아들을 만유의 상속자로 세우시고 또 그로 말미암아 모든 세계를 지으셨느니라. 이는 하나님의 영광의 광채시요 그 본체의 형상이시라. 그의 능력의 말씀으로 만물을 붙드시며······"(히 1:1-3). 천사들보다 잠시 못하게 하심을 입은 예수는 실제로 천사들을 만드신 장본인입니다. 히브리서 1장이 말하는 바가 그것입니다. "그가 천사보다 훨씬 뛰어남은 그들보다 더욱 아름다운 이름을 기업으로 얻으심이니"(히 1:4). 만물이 그를 통해 지은 바 되었고 하나도 그가 없이는 된 것이 없습니다. 그가 능력의 말씀으로 만물을 붙들고 계십니다. 그가 붙들지 않으시면 전부 무너져 내립니다.

베들레헴 구유에 누운 아기가 누구입니까? 다름 아닌 하나님의 아들, 육신을 입고 오신 하나님의 아들입니다. 찰스 웨슬리는 "성육신하신 하나님을 환호하며 맞이하라"라고 찬송합니다. "그는 근본 하나님의 본체시나 하나님과 동등됨을 취할 것으로 여기지 아니하시고 오히려 자기를 비워 종의 형체를 가져 사람들과 같이 되셨고"(빌 2:6-7). 온전히 모든 영광 가운데 계시던 영존하시는 하나님의 아들이 무력한 아기가 되셨고, 목수가 되셨으며, 제 손으로 일하는 노동자가 되셨습니다.

자녀들은 혈과 육에 속하였으매 그도 또한 같은 모양으로 혈과 육을 함께 지니심은 죽음을 통하여 죽음의 세력을 잡은 자 곧 마귀를 멸하시며 또 죽기를 무서워하므로 한평생 매여 종노릇하는 모든 자들을 놓아 주려 하심이니 이는 확실히 천사들을 붙들어 주려 하심이 아니요 오직 아브라함의 자손을 붙들어 주려 하심이라.

그는 저와 여러분을 위해 이렇게 오셨습니다. 하늘 궁전을 떠나 죄 많은 인간의 모습으로 오셨습니다. 더 나아가 모든 일에 우리와 똑같이 시험을 받으셨습니다. 하나님의 아들이 우리를 위해 이처럼 자신을 낮추셨습니다.

그뿐만이 아닙니다. "우리가 천사들보다 잠시 동안 못하게 하심을 입은 자 곧 죽음의 고난받으심으로 말미암아 영광과 존귀로 관을 쓰신 예수를 보니 이를 행하심은 하나님의 은혜로 말미암아 모든 사람을 위하여 죽음을 맛보려 하심이라"(히 2:9). 그는 세상의 창조자요 보전자요 생명의 주이심에도 수치와 오욕 속에 죽으셨습니다. 왜 죽으셨습니까? 왜 처형되셨습니까? 무슨 죄를 지었기 때문입니까? 그에게 유죄선고를 내릴 사람은 아무도 없었습니다. 마귀조차 죄를 찾아낼 수 없었습니다. 그런데도 도살장으로 잠잠히 끌려가는 어린양처럼 끌려가 죽으셨습니다. 왜 그렇게 죽으셨습니까? 저와 여러분을 구원하시기 위해서, 지옥의 영벌을 면해 주시기 위해서였습니다. 오직 이 목적을 위해 그는 하늘 궁전을 떠나오셨습니다. "인자가 온 것은 잃어버린 자를 찾아 구원하려 함이니라"(눅 19:10). "인자가 온 것은 섬김을 받으려 함이 아니라 도리어 섬기려 하고 자기 목숨을 많은 사람의 대속물로 주려 함이니라"(막 10:45). 그가 가장 높은 하늘 궁전에서 가장 비통한 십자가로 내려오신 것은 바로 이 때문이었습니다. 영원한 지옥 형벌을 면해 주시기 위해서였습니다. 그로 인해 우리는 구출되고 구속되고 속량되고 구원받아 하나님과 화목케 되었습니다. 그의 자녀가 되었으며 장차 올 세상의 영광을 물려받을 상속자가 되었습니다.

예수는 십자가에서 죽으셨지만, 감사하게도 죽음에 멈추지 않고 다시 살아나셨습니다. "우리가 천사들보다 잠시 동안 못하게 하심을 입은 자 곧 죽음의 고난받으심으로 말미암아 **영광과 존귀로 관을 쓰신** 예수를 보니." 히브리서 기자가 1장에서 말하듯이, 그는 "죄를 정결하게 하는 일을 하시고 높은 곳에 계신 지극히 크신 이의 우편에 앉으셨"습니다. 그리고 뒷부분에서 말하듯이, 원수가 그의 발등상이 될 때까지, 택함 받은 자들이 다 모일 때까지, 그가 보배로운 피를 흘려주신 영혼들이 실제로 하나님 나라에 다 들어올 때까지 기다리고 계십니다. 그는 장차 다시 오셔서 원수를 멸하시고 자신의 영원한 나라를 세우실 것입니다. 그때 그를 믿는 모든 자들이 그와 함께할 것입니다. 그의 참모습을 볼 것이며, 자신들도 그와 같이 될 것입니다. 그와 함께 다스리며 그와 함께 심판할 것입니다. 그의 영광스러운 임재 안에서 영원한 영광을 누릴 것입니다.

우리를 위해 준비된 구원은 이같이 큰 것입니다. "하나님의 영광이요 그 본체의 형상"이신 예수는 "천사들보다 잠시 동안 못하게 하심을" 입고 십자가에서 죽으셨다가 다시 살아나셨습니다. 한 마디 불평 없이 그 모든 일을 하셨습니다. 자신을 비난하고 부인한 우리를 위해 그 모든 일을 하셨습니다. 우리가 이런 사람들인데도 불구하고 사랑해 주셨습니다. "나를 사랑하사 나를 위하여 자기 자신을 버리신 하나님의 아들을 믿는 믿음 안에서 사는 것이라"(갈 2:20). 구원은 이같이 큰 것입니다. 아이작 와츠는 다음과 같이 찬송합니다.

인간이 아는 모든 이름,
천사가 지닌 모든 이름,
지혜와 사랑과 능력의
영광스러운 이름 다 모아도
그의 귀하심 담기에 부족하고
내 구주 일컫기에 초라하도다.

찰스 웨슬리의 찬송도 인용해 보겠습니다.

> 오, 만 입이 내게 있으면
> 내 크신 구주와
> 내 하나님 내 왕의 영광과
> 그 은혜의 승리를 찬송하겠네.

또 다른 놀라운 찬송은 이것입니다.

> 허다한 면류관 가져와
> 보좌에 앉으신 어린양께 드리라.
> 들으라, 모든 음악 잠재우는
> 하늘의 저 찬송 소리!
>
> 내 혼아, 깨어서,
> 널 위해 죽으신 주 노래하라.
> 영원토록 홀로 뛰어나신 네 왕께
> 면류관을 드리라.*

여러분도 구주께 면류관을 드리고 있습니까? 그를 믿고 있습니까? "이같이 큰 구원"을 기뻐하고 있습니까? 구주의 이름을 찬송하고 있습니

---

* 통일찬송가 25장 1절 다시 옮김.

마틴 로이드 존스 히브리서 강해

까? 온 세상이 그를 알길 원하고 있습니까? 그리스도께서 이루신 구원의 기이함과 광대함과 영광의 크기를 본 적이 있습니까? 다시금 그를 바라보십시오. 여러분을 위해 태어나신 그를 바라보십시오. 여러분을 위해 사시고 죽으신 그를 바라보십시오. 구주께 자신을 내드리십시오.

하나님이 성령으로 우리 눈을 여사 "이같이 큰 구원"의 크기를 보게 해주시길 원합니다.

5

그가 오신 목적

그러므로 우리는 들은 것에 더욱 유념함으로 우리가 흘러 떠내려가지 않도록 함이 마땅하니라. 천사들을 통하여 하신 말씀이 견고하게 되어 모든 범죄함과 순종하지 아니함이 공정한 보응을 받았거든 우리가 이같이 큰 구원을 등한히 여기면 어찌 그 보응을 피하리요? 이 구원은 처음에 주로 말씀하신 바요 들은 자들이 우리에게 확증한 바니 하나님도 표적들과 기사들과 여러 가지 능력과 및 자기의 뜻을 따라 성령이 나누어 주신 것으로써 그들과 함께 증언하셨느니라. 히 2:1-4

이 구원이 큰 이유는 이미 살펴보았습니다. 히브리서 기자가 제시한 첫 번째 이유는 메시지의 원천에 있었습니다. 복음은 하나님 아버지께서 아들을 통해 성령으로 주신 메시지입니다. 유일무이한 구속력과 특별한 권위를 가진 메시지입니다. 이 구원이 큰 두 번째 엄숙한 이유는 이 메시지를 등한시하면 피할 길이 없다는 사실에 있었습니다. 복음은 "임박한 진노를 피하라"라는 경고입니다(마 3:7). 성경 전체에 나오는 심판의 메시지, 의로우신 하나님이 온 땅의 심판자로서 마지막 때 온 세상을 심판하신다는 메시지입니다. 이 메시지를 무시하는 자를 확실히 기다리는 것은 무서운 진노와 고통과 형벌뿐입니다.

세 번째 중대한 이유가 담긴 구절은 "우리가 이같이 큰 구원을 등한히 여기면 어찌 그 보응을 피하리요?"라는 것입니다. 그가 주시는 구원의 크기 자체 때문에 모든 사람이 주의하고 유념해야 하며 절대 등한시하지 말아야 합니다. 히브리서 2:5-18은 "이같이 큰 구원"이라는 주제에 대한 주석입니다. 이 구절들이 펼쳐 보여주는 구원의 크기를 보면 그저 경탄할 수밖에 없습니다. 참으로 놀라운 주석이요 진술입니다!

히브리서 기자는 주 예수 그리스도에 대해 중대한 주장을 해왔습니다. 예수 그리스도는 선지자들보다 월등히 뛰어나신 분이라고 했습니다. "옛적에 선지자들을 통하여 여러 부분과 여러 모양으로 우리 조상들에게 말씀하신 하나님이 이 모든 날 마지막에는 아들을 통하여 우리에게 말씀하셨으니"(히 1:1-2). 그리고 같은 장에서 아들은 천사들보다 뛰어나신 분이라는 주제도 다루었습니다. 천사들의 힘과 능력이 아무리 놀랍고 강력해도 아들께는 미치지 못한다고 했습니다. 위대하고 거룩한 모든 천사들을 압도하는 이분, 하나님 아들의 탁월하심과 뛰어나심을 보여주었습니다.

그런데 그는 이 말이 어떤 이들, 특히 히브리 그리스도인들의 마음에 불러일으킬 문제를 금세 알아차린 것 같습니다. "당신 말처럼 나사렛 예수께서 하나님의 독생자요 영광의 광채요 본체의 형상이요 택함받은 거룩한 천사들보다 월등히 뛰어나신 분이라면 왜 그리 천하게 출생한 겁니까? 왜 그리 연약한 모습을 보인 겁니까? 왜 그리 고난을 당하고, 잔혹한 십자가 죽음의 자리까지 나아가 심히 연약한 패배자의 모습으로 죽은 겁니까? 그가 정말 천사보다 뛰어나신 분이라면, 대체 왜 그 모든 일이 일어난 겁니까?"라는 반박이 제기될 수 있었습니다.

히브리서 기자는 그리스도께서 천사들보다 탁월하시다는 자신의 주장과 그의 생애 및 죽음이 어떻게 조화를 이루는지 밝혀야 했습니다. 그 과정에서 신약성경에 기록된 이 놀라운 구원이 얼마나 큰 것인지 설명하게 된 것입니다.

하나님의 아들이 세상에 오셔야 했던 이유가 무엇입니까? 세상에 살면서 그 모든 일을 하신 이유가 무엇입니까? 십자가에서 죽으신 이유가 무엇입니까? 이것은 아주 좋은 질문으로서, 그 대답을 아주 분명히 알 필요가 있습니다. 하나님의 아들 예수께서 세상에 오셨음을 막연히 믿는다고 말하는 것만으로는 충분치 않습니다. 그가 세상에 오셔서 이 모든 일을 하시고 고난을 당하시며 견디신 이유는 오직 한 가지, "이같이 큰 구원"을 위해서였음을 알아야 합니다.

먼저 일반적인 의미에서 이 점을 살펴보겠습니다. "이같이 큰 구원"은 처음부터 하나님의 백성들을 매료시켰던 표현입니다. 이 표현에 다가가는 것은 마치 보물과 재화로 가득 찬 장엄한 구조물에 다가가는 것과 같습니다. 그런 건물에는 덥석 들어가지 못하는 법입니다. 이미 들은 소문이 있기에 일종의 경이감을 품고 다가가게 됩니다. 외관을 보며 겉모습에서부터 벌써 놀라움을 느낍니다. 현관에 들어가서도 선뜻 발걸음을 옮기지 못합니다. 유심히 살펴볼 가치가 있는 곳은 현관부터 볼거리가 있는 법입니다. 땅 위의 건물이나 광경을 볼 때도 그렇다면, 하나님이 자신의 말씀 안에서 알려 주시는 "이같이 큰 구원"을 들여다보고 살펴볼 때는 무한히 더 그럴 수밖에 없습니다.

첫 번째로 구원의 목적이라는 관점에서 그 크기를 살펴보도록 합시다. "이같이 큰 구원"의 목표가 무엇입니까? 히브리서 2:5은 말합니다. "하나님이 우리에게 말하는바 장차 올 세상을 천사들에게 복종하게 하심이 아니니라." 어떤 이는 물을 것입니다. "당신이 말하는 구원이 대체 뭡니까? 기독교 복음이 전하는 메시지가 뭡니까?" 복음은 장차 올 놀라운 세상에 대해 알려 주는 메시지입니다. 5절이 단순히 장래 일을 가리키는 말이 아니라고 주장하는 자들이 있는데, 그들과 논쟁을 벌일 생각은 없습니다. 저는 이것이 그리스도 안에서 주신 모든 복을 가리키되, 주로 장래 일을 가리키는 말이라고 생각합니다. 지금 우리는 "만물이 아직 그에게 복종하고 있는 것을 보지 못하고" 있습니다(히 2:8). 만물이 그에게 복종할 세상이 장차 올 것입니다. 이것은 기독교 구원의 핵심에 있는 사실입니다.

복음의 모든 유익 중에서도 가장 놀라운 유익들을 저 자신이 오랜 세월 놓쳤고 지금도 많은 이들이 놓치고 있는 것을 생각하면 가끔 두려운 마음이 듭니다. 구원을 주로 개인적인 체험 내지 주관적인 상태나 상황의 관점에서 바라보는 탓에 그렇게 놓치는 것입니다. 복음은 개인적인 체험에 앞서 온 세상에 일어날 일을 알려 줍니다. 개인적인 측면을 다루기에 앞서 우주적인 일에 대해 이야기합니다. 그러므로 여러분 자신이나 자신의 개인적인 필요만 생각지 말 것을 다시 한 번 권합니다. 물론 개인적인 필요를 구할 수도 있고, 그럴 권리도 있으며, 실제로 하나님이 개인적인 필요를 구하도록 격려하시고 때에 맞게 도와주시는 것은 감사한 일이지만, 구원을 그렇게 좁게만 생각하면 절대 안 됩니다.

세상이 이 모양이 된 것은 인간의 죄와 불순종 때문입니다. 인간이 타락하면서 불행과 고통이 세상을 채우게 되었습니다. 질병과 죽음과 싸움과 불일치와 혼돈이 찾아왔습니다. 그러므로 "이같이 큰 구원"과 관련하여 가장 먼저 해야 할 일은 하나님이 이처럼 죄로 망가진 세상에 조처를 취하셨다는 사실, 이와 다른 세상이 장차 온다는 사실을 아는 것입니다. 우리는 인간의 어리석음이 낳은 결과, 죄와 불순종이 낳은 결과를 현 세상에서 경험하고 있습니다. 하나님의 당면문제는—이렇게 표현해도 된다면—친히 만드신 후 완전하고 좋다고 선언하신 세상, 그런데 죄가 망쳐 버린 세상에 어떻게 찾아오시느냐 하는 것이었습니다. 세상을 원래 의도하신 바대로, 아니 그보다 훨씬 더 놀랍게 회복시키려면 어떻게 할 것이냐 하는 것이었습니다.

구원은 바로 이 문제와 관련된 일입니다. 이 구원 안으로 들어갈 때,

자기 자신이나 자기 기분이나 자기 마음상태에 몰두하던 차원에서 벗어나게 됩니다. 그 즉시 자기 자신을 영원한 세상에 속한 천국 시민으로 바라보게 됩니다. 하나님이 만드실 새로운 세상이 있습니다. 성경은 그가 큰 계획과 방안을 가지고 계신다고 말합니다. 영광과 경이로 가득 찬 세상을 만드실 것이라고 말합니다. 그 세상에는 죄도 없고 슬픔도 없고 고통도 없습니다. 아픔도 없고 질병도 없습니다. 다툼도 없고 싸움도 없습니다. 지금은 대립하는 짐승들이 그때는 한자리에 누울 것입니다. 평소 굶주리고 난폭했던 짐승들이 어린아이의 손에 이끌려 다닐 것입니다.

이것이 성경이 제시하는 그림, 신약성경뿐 아니라 구약성경이 제시하는 그림입니다. 그리스도께서 세상에 오시기 전에 하나님의 말씀을 전했던 선지자들도 장차 올 세상에 대한 기록을 남겼습니다. 장차 이루어질 놀라운 일을 일부 보았습니다. 주님도 자주 그 세상에 대해 가르치셨습니다. 자신이 다시 와서 만물을 새롭게 하겠다고 말씀하셨습니다. 자신이 세우실 나라와 그 나라에 일어날 놀라운 일들에 대해 늘 이야기하셨습니다. 그 나라에는 이삭과 아브라함이 앉아 있을 것이며, 다른 이들도 와서 놀라운 영광을 누릴 것이라고 하셨습니다.

신약성경에는 계속 그 나라에 대한 언급이 나옵니다. 베드로도 자주 그 나라에 대해 전했습니다. 오순절 이후 예루살렘에서 설교할 때도 "새롭게 되는 날이 주 앞으로부터" 이르러 영광과 경이로 가득 찬 나라가 시작될 것이라고 했습니다(행 3:19). 사도 바울 역시 그 나라를 계속 고대했습니다. 빌립보 교인들에게 그리스도께서 오시면 우리 영혼을 죄에서 구하실 뿐 아니라 "우리의 낮은 몸을 자기 영광의 몸의 형체와 같이 변하게 하"실 것이라고 했습니다(빌 3:21). 계시록도 같은 이야기를 합니다. 하나님의 성이 찬란하고 경이롭고 영광스러운 모습으로 하늘에서 내려오는 모습을 보여줍니다. 이런 이미지로 장차 올 세상을 묘사합니다. 구원의 목표는 이처럼 만물을 새롭게 하심으로 지금 우리가 아는 세상과 완전히 다른 세상을 만드시려는 것, 그런 세상이 오게 하시려는 것입니다. 베드로는 "의가 있는 곳인 새 하늘과 새 땅"이 온다고 하면서(벧후 3:13), 그 나라를 고대하며 앞당길 것을 그리스도인들에게 권면했습니다.

새로운 세상이 시작되는 그 큰 날에 일어날 한 가지 놀라운 일은, 사람이 그 세상을 통치하고 다스리게 된다는 것입니다. 다윗은 시편 8편에서 이렇게 말합니다.

사람이 무엇이기에 주께서 그를 생각하시며 인자가 무엇이기에 주께서 그를 돌보시나이까? 그를 하나님보다 조금 못하게 하시고 영화와 존귀로 관을 씌우셨나이다. 주의 손으로 만드신 것을 다스리게 하시고 만물을 그의 발아래 두셨으니(시 8:4-5).

이것은 장차 올 놀랍고 영광스러운 새 세상에 대한 예언의 말씀입니다. 그때 사람은 피조세계의 주인이 될 것입니다. 세상을 심판할 것입니다. 그렇게 높아질 것입니다. 예수 그리스도께서 세상에 오신 것은 바로 이런 일들이 일어나게 하시기 위해서였습니다.

반복하건대, 이것이 기독교 복음의 첫 번째 핵심 진술입니다. 복음의 일차적 목적은 저와 여러분을 위해 몇 가지 일을 해주려는 것이 아닙니다. 물론 그런 일도 해주지만, 그보다 앞서며 그것을 넘어서는 엄청난 구상構想과 영광스러운 전망을 제시합니다. 주 예수 그리스도께서 세상에 오신 목적은 이처럼 세상을 속량하시고 구원하시며 죄와 그 모든 결과에서 해방시키시려는 것입니다. 온전하고 영광스럽게 만들어 다시 하나님께 돌려드리려는 것입니다.

이 주제를 살펴보면서 발견하게 되는 사실은 히브리서 기자가 "이같이 큰 구원"을 말하기 위해 아주 신중하게 단어를 선별한다는 점입니다. 구원은 우주적인 계획입니다. 바울은 에베소서에서 "하늘에 있는 것이나 땅에 있는 것이 다 그리스도 안에서 통일되"고 화목케 되는 것이 하나님의 목적이라고(엡 1:10), 그리스도께서 세상에 오신 것은 바로 그런 나라를 세우시기 위해서라고 말합니다. 그리스도는 그 나라를 세우시고 완성하시기 위해, 마침내 그 나라를 이루시고 완결하시기 위해 오셨습니다. 하나님의 성은 흠 한 점 없이 완전무결한 곳이 될 것입니다.

인간의 역사는 낙원으로 시작했습니다. 그런데 죄가 들어와 망쳐 버렸습니다. 하나님은 그 세상을 회복하고 재건하여 원래 의도하신 세상, "우리가 말하는바 장차 올 세상"을 만드실 것입니다. 계시록을 읽되, 특히 21장과 22장을 읽어 보십시오. 이 모든 말의 의미를 알게 될 것입니다.

두 번째로 살펴볼 것은 구원의 주체로서, 이로 인해 하나님께 감사를 드려야 합니다. 히브리서 기자의 말을 다시 들어 보십시오. "하나님이 우리가 말하는바 장차 올 세상을 천사들에게 복종하게 하심이 아니니라." 천사가 아니면 누구한테 복종하게 하신다는 것입니까? 사람입니다. 장차 올 완전한 세상을 향유하는 주체가 천사가 아닌 사람이라는 것은 참으로 놀라운 사실입니다. 히브리서 기자가 연이어 시편 8편을 인용하는 이유가 여기 있습니다. 사람이야말로 새로운 세상을 향유할 주체입니다. 그런데 히브리서 기자는 주께서 사람을 잠시 동안 천사들보다 못하게 하셨다고 말합니다. 능력이나 힘 등에서 천사들보다 못하게 하셨다는 뜻이 아닙니다. 천사들은 고통이나 죽음을 겪지 않지만 죄와 타락의 결과로 죽을 수밖에 없는 인간은 그것을 겪는다는 점에서 못하게 하셨다는 것입니다. 우리는 잠시 동안 천사들보다 조금 못하게 되었습니다. 좀 더 뒷부분에서는 예수 그리스도도 "천사들보다 잠시 동안 못하게 하심을 입"었다고 말합니다(히 2:9). 주님도 잠시 동안 천사들보다 조금 못하게 되셨습니다.

이것은 무엇보다 놀라운 사실입니다. "이같이 큰 구원", 영광의 잔치, 장차 올 세상의 잔치가 저와 여러분 같은 사람들을 위해 준비되고 있다는 것입니다. 성령의 감동을 받고 예언적 의미에서 이 일을 내다본 시편 기자가 "사람이 무엇이기에 주께서 그를 생각하시며 인자가 무엇이기에 주께서 그를 돌보시나이까?"라고 외친 것도 놀랄 일이 아닙니다. 우리는 모두 하나님을 거역하고 그를 거슬러 죄를 지음으로 우리의 가치를 떨어뜨리고 우리에게 주신 하나님의 형상을 더럽혔습니다. 여러 가지 면에서 들짐승보다 못한 존재로 전락했습니다. 이를테면 하나님의 얼굴에 침을 뱉은 것과 같습니다. 우리는 불순종과 어리석음으로 고통과 아픔과 혼란과 적의와 전쟁과 삶의 모든 공포 및 죽음 자체를 자초했습니다. 그런데 놀랍게도 이런 우리를 위해 "장차 올 세상"이 준비되고 있다고, 한 번도 제자리를 이탈한 적 없는 거룩한 천사들, 하나님의 명령을 준행하는 저 밝은 천상의 영들이 아닌 우리를 위해 준비되고 있다고, 그러니 이 구원이 얼마나 큰 것이냐고 히브리서 기자는 말합니다! 1장에 나오듯이 모든 천사들은 구원받을 상속자를 위하여 섬기라고 보내신 "섬기는 영"입니다. 상속자는 누구입니까? 저와 여러분입니다. 예수 그리스도를 믿는 모든 사람입니다. 하나님께 순종하는 크고 강한 천사들은 우리의 종에 불과합니다. 하나님이 우리를 축복하기 위해 사용하시는 종에 불과합니다. 하나님이 구원이라는 일대 영예를 위해, 상상할 수 없는 사건을 위해 택하신 대상은 다름 아닌 우리 인간입니다.

이 말이 동화처럼 들립니까? 그렇다면 여러분은 그리스도인이 아닙니다. 복음을 믿지 않는 것입니다. 이것은 복음의 핵심에 있는 사실입니다. 주 예수 그리스도를 믿는 자도 과거에 죄를 지어 심히 더러웠을 수 있고, 오랜 세월 하나님께 불순종하고 그를 외면했을 수 있으며, 짐승 같았거나 짐승만도 못했을 수 있습니다. 그럼에도 불구하고 지금 주 예수 그리스도를 믿고 그리스도 안에 있다면, 영광의 나라에서 그와 함께 거할 것입니다. 땅이 새로워지고 갱신될 때, 물질들이 타오르는 불의 뜨거운 열기에 풀어질 때, 모든 죄와 악과 불순물이 제거되어 온 세상이 완전해지고 의로워질 때, 그 새로운 땅 위를 거닐 것입니다. 빛 가운데, 그의 찬란한 얼굴 빛 가운데 행할 것입니다. 아들의 벗이 될 것입니다. 하나님을 뵙고 즐거워할 것입니다. 지금 하나님의 보좌 주변에서 "거룩하다, 거룩하다, 거룩하다, 만군의 여호와여"라고 노래하며 외치고 있는 거룩한 천사들의 수종을 받을 것입니다(사 6:3).

이것이 기독교 복음입니다. 영광스러운 상태에서 하나님을 살짝 본 자가 전해 준 메시지입니다. 그리스도께 속한 자들은 형언할 수 없는 영광 가운데 살 것이며, 영원토록 그의 거룩한 임재 안에서 지낼 것입니다. 그런데도 히브리서 기자가 "이같이 큰 구원"이라고 말하는 것이 놀랍게

마틴 로이드 존스 히브리서 강해

느껴집니까?

누가 이 구원을 계획했습니까? 히브리서 1:10을 보십시오. "주여, 태초에 주께서 땅의 기초를 두셨으며 하늘도 주의 손으로 지으신 바라." 히브리서 기자가 말하는 이분이 누구입니까? 당연히 하나님이십니다. 구원은 하나님이 계획하신 일입니다. 히브리서 기자는 하나님을 "만물이 그를 위하고 또한 그로 말미암은 이"라고 부릅니다(히 2:10). 저처럼 미미한 자가 이처럼 무한하고 광대한 주제를 다루는 것이 좀 우습기는 하지만, 미약하나마 제가 말하려 하는 바는 크고 전능하시며 영화로우신 하나님, 만물이 그를 위하는 하나님이 저와 여러분을 위해 친히 이 영광을 계획하셨다는 것입니다. 하나님은 만물이 그를 위하고 그로 말미암은 분입니다. 영존하시는 전능자시요 절대자십니다. 자존하시는 분입니다. 우리를 창조하신 분입니다. 모든 거룩함 가운데 영원토록 스스로 충족히 거하시는 분입니다. 그런 분이 세상과 우리를 만들기로 결정하신 것입니다.

그런데 이보다 더 놀라운 사실이 있습니다. 하나님의 크심과 능력과 힘과 창조력은 그래도 어느 정도 이해할 수 있습니다. 충격적인 사실은 저와 여러분처럼 왜소한 자들, 맹목적이고 무지한 자들이 자신을 출생케 하시고 이 모든 기능을 주신 존재를 거역하며 그에게 반역함으로 파멸을 자초했는데도, 그토록 어리석게 죄를 지었는데도, 우리와 세상을 단숨에 쓸어버릴 수 있는 분이 그렇게 하지 않으셨다는 것입니다. 크고 자존하시는 하나님, 우리가 전혀 필요치 않은 하나님이 우리를 위한 구원의 길을 계획하셨다는 것입니다. "그러므로 만물이 그를 위하고 또한 그로 말미암은 이가 많은 아들들을 이끌어 영광에 들어가게 하시는 일에 그들의 구원의 창시자를 고난을 통하여 온전하게 하심이 합당하도다"(히 2:10). "이같이 큰 구원!" 우리가 거슬러 죄를 지은 대상인 거룩하신 하나님이 친히 우리의 구원을 시작하셨습니다.

10절이 묘사하는 이 영원하시고 거룩하시며 절대적이신 분이 자신과 세상을 위해 조처를 취하셨다는 사실에 전혀 놀라지 않는 사람은 그리스도인이 아니라고 다시 한 번 말하고 싶습니다. 왜 조처를 취하셨습니까? 9절에 그 답이 나옵니다. "오직 우리가 천사들보다 잠시 동안 못하게 하심을 입은 자 곧 죽음의 고난받으심으로 말미암아 영광과 존귀로 관을 쓰신 예수를 보니 이를 행하심은 하나님의 은혜로 말미암아 모든 사람을 위하여 죽음을 맛보려 하심이라." 필립 도드리지Philip Dodderidge는 이렇게 외쳤습니다.

은혜! 마음을 사로잡는 소리요
귀에 감기는 소리일세.

하나님의 은혜가 없다면 저와 여러분과 온 세상, 이제껏 살았던 모든 사람과 앞으로 살게 될 모든 사람은 멸망과 지옥과 영벌에 처해질 것입니다. 오, 하나님의 과분한 자비여! "하나님의 은혜로 말미암아 모든 사람을 위하여 죽음을 맛보려 하심이라." 은혜는 자격 없는 자에게 베푸시는 호의요 인자요 자비요 긍휼입니다. 은혜와 정반대되는 것을 받아 마땅한 자, 진노와 형벌을 받아 마땅한 자를 이처럼 사랑과 자비와 긍휼로 대하시는 것은 오직 그가 은혜의 하나님이시기 때문입니다. 찰스 웨슬리도 이런 사실들을 묵상했습니다.

오, 만 입이 내게 있으면

내 크신 구주와

내 하나님 내 왕의 영광과

그 은혜의 승리를 찬송하겠네.

하나님의 아들이 땅에 오신 이유가 무엇입니까? 우리를 위해 죽으시기 위해서였습니다. 그것은 하나님의 은혜였습니다. 그 놀라운 사랑 때문에 우리의 실상을 보시면서도 단숨에 날려 버리지 않으시고 해방과 구원의 길을 열어 주신 것입니다.

어떻게 그 일을 하셨습니까? 독생자를 통해 하셨습니다. "그러므로 만물이 그를 위하고 또한 그로 말미암은 이가 많은 아들들을 이끌어 영광에 들어가게 하시는 일에 그들의 구원의 창시자를 고난을 통하여 온전하게 하심이 합당하도다." 구원 계획의 핵심이 여기 있습니다. 예수 그리스도는 우리 구원의 창시자요 지휘관이요 인도자요 지도자십니다. 다시 말해서 이 거룩하신 하나님, "만물이 그를 위하고 또한 그로 말미암은 이", 말할 수 없이 거룩하고 완전하신 이가 자신이 만들었으나 죄가 망쳐 버린 세상을 굽어보시며 우리의 수치와 비참과 필멸과 고통과 죽음과 혼란을 바라보시고 "내가 조치를 취해야겠다"라고 하신 것입니다. 그래서 외아들을 세상에 보내신 것입니다. 아들은 우리를 이 상황에서 끌어내시기 위해 사람이 되고 육신이 되어 이 상황 속으로 들어오셨습니다. 그렇게 우리의 본성을 입으셨고, 우리는 그의 의를 받았습니다. 그는 "많은 형제 중에서 맏아들"이 되셨습니다(롬 8:29). "볼지어다, 나와 및 하나님께서 내게 주신 자녀라"(히 2:13). 그는 우리를 형제라고 부르길 부끄러워하지 않으십니다. 두 번째 사람, 마지막 아담으로서 이제 껏 말한 모든 복을 주고자 준비하고 계십니다.

이것이 하나님의 아들이 세상에 오신 목적과 관련하여 우리가 유념 해야 할 사실들입니다. 주 예수 그리스도께서 이처럼 하늘을 떠나 갓난 아이의 모습으로 베들레헴에서 태어나신 일, 그가 말씀하시고 행하신 모든 일, 겪으신 모든 일을 마땅히 숙고해야 합니다. 주님이 그 모든 일 을 하신 이유가 무엇입니까? 장차 올 세상에 거할 새로운 시민, 새로운 인류를 시작하시기 위해서입니다. 그 세상은 놀랍고도 영광스러운 곳으 로서, 오직 그에게 속한 자들만 그 세상에 거할 것입니다. 다른 자들은 거할 수 없습니다. 그가 붙들어 주시는 대상은 천사들이 아닌 아브라함 의 자손입니다. 바로 저와 여러분입니다. 그가 친히 우리를 영광의 나라 로 인도하실 것이며, 영원무궁토록 자신과 함께 영광을 누리게 하실 것 입니다.

이제 이 구원의 크기를 이해하겠습니까? 여러분이 이런 구원을 받 았다는 것을 알겠습니까? 여러분은 지금 그리스도를 믿고 있습니까? 그 영광의 나라를 고대하고 있습니까? 이것이야말로 구원의 전적인 목적 임을 알고 있습니까? 이 구원이 지금 역사 안에서 이루어지고 있으며, 역사가 끝나는 날까지 계속될 것입니다. 아직은 그날이 오지 않았다고 히브리서 기자는 말합니다. 그러나 오고 있습니다. 예수의 부활이 그것 을 보장해 줍니다. 그를 믿는 모든 자들이 그와 함께 다시 살아날 것이 며, 그와 함께 찬란한 영광을 누릴 것입니다. 이 사실을 생각하고, 이 사 실에 유념하십시오. 흘러 떠내려가지 마십시오. 이런 구원을 주겠다고 하시는데, 굳이 지옥으로 내려가지 마십시오. 하나님의 자녀가 누릴 영광을 놓치지 마십시오. 등한시하지 마십시오. 아무리 정당한 것이라도 하나님과 여러분 사이에 끼어들지 못하게 하십시오. 자신이 그리스도께 속한 자요 그 계획에 포함된 자로서 영광을 기다리고 있다는 사실을 확인할 때까지 마음을 놓지 마십시오. 주 예수 그리스도를 믿으십시오. 그러면 이 영광을 차지할 것입니다.

6

우리를 위한 죽음

만물로 그에게 복종하게 하셨은즉 복종하지 않은 것이 하나도 없어야 하겠으나 지금 우리가 만물이 아직 그에게 복종하고 있는 것을 보지 못하고 오직 우리가 천사들보다 잠시 동안 못하게 하심을 입은 자 곧 죽음의 고난받으심으로 말미암아 영광과 존귀로 관을 쓰신 예수를 보니 이를 행하심은 하나님의 은혜로 말미암아 모든 사람을 위하여 죽음을 맛보려 하심이라.   히 2:8하-9

사람들은 종종 묻습니다. "왜 그렇게 낡은 복음에 대한 고찰을 듣는 겁니까?" 히브리서 첫 네 구절에 그 대답이 나오는데, 그 부분을 주의 깊게 살펴보아야 합니다. 실제로 복음에서 떠내려가지 않고 복음을 등한시하지 않기 위해 모든 노력을 아끼지 말아야 하는 이유는 이 메시지의 권위와 원천—하나님 자신—에 있습니다. 성부 하나님이 아들을 보내셨고, 그를 통해 말씀하셨습니다. 아들을 통해 하신 일을 성령으로 말미암아 교회의 입으로 세상에 알리셨습니다. 우리는 권위에 신경을 쓰는데, 이보다 더 큰 권위는 없습니다. 복음은 하나님이 친히 이 어지러운 세상에 주신 메시지요 연약함과 부끄러움과 무력함에 빠져 있는 각 개인에게 주신 메시지입니다.

이 메시지를 고찰해야 하는 두 번째 큰 이유는 이것입니다. "우리가 이같이 큰 구원을 등한히 여기면 어찌 그 보응을 피하리요?"(히 2:3) 마음에 들든 들지 않든, 우리가 살고 있는 세상은 심판을 받을 것이며 우리는 영혼을 가지고 세상에서 한 일에 대해 설명을 해야 할 것입니다. 이것은 성경이 시종일관 전하는 중대한 메시지입니다. 하나님은 인간을 책임 있는 존재로 만드셨습니다. 인간은 동물이나 기계가 아닙니다. 하나님의 형상에 따라 지어진 아주 존엄하고 책임 있는 존재입니다. 하나님은 인간이 세상에서 어떻게 살았는지에 대해, 자기 인생으로 무엇을 했는지에 대해 책임을 물으실 것입니다. 그러니 하나님과 화목케 될 수 있는 유일한 길, 그를 거슬러 죄를 짓고 세상에서 인생을 남용한 무서운 결과를 면할 수 있는 유일한 길을 등한시한다면, 어찌 그 보응을 피할 수 있겠습니까?

이 복음을 고찰해야 하는 세 번째 중대한 이유는 그 크기에 있습니다. "우리가 이같이 큰 구원을 등한히 여기면 어찌 그 보응을 피하리요?" 찬송시인 아이작 와츠가 좋아하는 단어를 사용하자면, 이 큰 구원을 "두루 살펴야"survey* 합니다. 급히 살피거나 슬쩍 살피면 안 됩니다. 주시하고 응시해야 합니다. 하나님이 인간을 위해 예수 그리스도 안에서 이루시려는 목적, 즉 죄의 타락과 파멸에서 건져내 친히 예비하신 영광으로 이끄시려는 것보다 더 큰 목적은 생각할 수 없습니다. 복음은 장차 올 세상, 죄와 악이 완전히 추방될 세상에 대해 알려 줍니다. 의가 있는 새 하늘과 새 땅에서 영광의 삶을 살게 될 것이라고 말합니다. 이 계획과 목적에 따르면, 그리스도 안에 있는 모든 자들이 그 세상에서 다스릴 것이요 예수 그리스도와 함께 영광에 참여할 것입니다. 세상을 심판할 것이요 놀라운 영광의 지위에 오를 것입니다. 이것이 하나님의 계획이자 기독교의 구원입니다. 구원은 하나님이 이 크고 신성한 목적의 창시자요 지휘관이요 주창자요 창안자로 세우신 성자 안에서, 성자를 통해 주시는 죄 사함입니다.

10절을 기억하십시오. "만물이 그를 위하고 또한 그로 말미암은 이가 많은 아들들을 이끌어 영광에 들어가게 하시는 일에 그들의 구원의 창시자를 고난을 통하여 온전하게 하심이 합당하도다." 여기에서 말하

---

* 통일찬송가 147장 1절에는 "생각할 때에"라고 되어 있다.

는 모든 일이 일어나야 했던 것은 오직 이것만이 하나님의 존재와 성품에 일치하는 방법이었기 때문입니다. 어떤 이는 물을 것입니다. "왜 아들을 보내 십자가에서 수치를 당하게 하는 방법으로만 구원하시는 겁니까?" 그 대답은 우리를 위해 고난당하시는 이 방법만 하나님께 "합당"하기 때문이라는 것입니다. 세상의 도덕적 통치자이신 하나님께 부합하는 방법은 이것밖에 없습니다. 그의 공평하심과 의로우심과 거룩하심을 올바로 나타내는 방법은 오직 이것뿐입니다. 하나님은 죄를 차마 보지 못하시는 정결하신 분입니다. 죄인들을 구원하는 동시에 하나님의 완전하심을 올바로 나타내는 유일한 방법은 예수의 죽음밖에 없습니다. 인간은 죄 사함을 받아야 할 뿐 아니라 율법을 온전히 지켜야 합니다. 인간에게는 사탄을 정복해 줄 분이 필요하고, 새로운 본성이 필요합니다. 동정하고 이해하며 도와줄 대제사장이 필요하며, 마지막 때 하나님 앞에 데려가 줄 분이 필요합니다. 하나님은 그 모든 필요를 그리스도 안에서 채워 주셨습니다. 하나님이 아들의 성육신과 고난과 십자가 죽음과 장사됨과 부활이라는 방법을 택하지 않으셨다면 그 필요는 채워지지 않았을 것입니다. 이 얼마나 완전한 구원이요, 이 얼마나 완전한 구주십니까! 하나님의 사랑을 올바로 나타내는 방법은 오직 이것뿐입니다.

이제 저와 함께 "이같이 큰 구원"에 치르신 비용이라는 측면에서 이 구원의 크기를 살펴보도록 합시다. 사람은 가격에 관심이 많습니다. 가격은 우리가 늘 사용하는 가장 흔한 기준입니다. 우리 안에 있는 죄의 증거 중 하나라고도 할 수 있습니다. 가격이 비싸야 많은 사람이 가치를 인정해 줍니다. 내면의 가치나 진가를 모르다가 나중에야 발견하고 새롭게 관심을 보이기도 합니다. 우리는 가치가 아닌 가격으로 대상을 평가하는 경향이 있습니다. 그렇다면 구원의 가격은 대체 얼마나 되는지 살펴봅시다. 하나님은 특정한 자들을 붙들어 죄의 타락에서 건져 내시고 영원한 영광으로 이끌어 가기로 작정하셨습니다. 그 일을 위해 치르신 비용과 가격을 조금이라도 이해해야 실제로 그 일이 얼마나 크고 놀라운 것인지 알 수 있습니다. 놀라운 본문인 히브리서 2장이 다루는 주제가 바로 이것입니다. 이것은 히브리서 전체의 주제, 사실상 성경 전체의 주제라고도 할 수 있습니다.

아담과 하와가 짐승 가죽으로 만든 옷을 입었다는 구약성경 첫 부분의 진술이 의미하는 바가 무엇입니까? 가인의 제사와 아벨의 제사가 다른 점이 무엇입니까? 인간이 성전을 짓고 제사를 드린 이유, 성막과 온갖 예복을 만든 이유, 다양한 종류의 제물에 대해 많은 규례를 지킨 이유, 피로 제물을 성별한 이유가 무엇입니까? 예언들도 보십시오. 형태와 강조점은 달라도 메시지는 동일함을 발견할 것입니다. 구약성경을 죽 읽어 보십시오. 전부 한 인물과 사건을 가리킴을 알게 됩니다. 구약성경은 한결같이 예수 그리스도와 그의 십자가 죽음을 가리키고 있습니다.

신약성경은 또 어떻습니까? 신약성경이 주님의 죽음과 관련된 사실들에 상대적으로 그토록 많은 분량을 할애하는 이유가 무엇입니까? 사도행전을 읽어 보십시오. 베드로와 바울을 비롯한 모든 사람이 설교할 때 강조한 바가 무엇인지 보십시오. 그리스도께서 고난을 받고 죽으셔야만 했다는 사실, 예수야말로 그리스도시라는 사실을 전면에 내세웠음을 알 수 있습니다. 그들은 예수의 죽음을 감추려 하지 않았습니다. 갈보리의 죽음을 부끄러워하며 그의 삶과 가르침과 본을 대신 앞세우지 않았습니다. 성경은 의도적으로 십자가를 전면에 내세우고 있습니다. 신약 서신서 곳곳에 그 예가 나옵니다. 십자가 죽음은 복음 전체가 걸린 핵심 교리로서, 십자가 죽음을 떠나서는 복음의 주장을 이해할 수가 없습니다. 십자가 죽음은 성경의 큰 주제이자 찬송집의 큰 주제입니다. 가장 위로가 되는 복된 찬송들이 십자가 죽음을 노래하고 있습니다.

복음을 참으로 전하려면 예수 그리스도와 십자가 죽음에 항상 중점을 두어야 합니다. 우리가 일차적으로 유념해야 할 것은 기적적인 인도나 삶에 물밀듯 찾아오는 행복이나 육신의 치료가 아니라 우리가 "들은 것", 곧 복음이라고 히브리서 기자는 말합니다. 이 "들은 것"을 전해 준 자들은 일개 철학을 설파하거나 행복의 비결을 가르치지 않았습니다. 복음의 사자로서 예수를 전했습니다. 스스로 하나님의 아들이라고 주장하신 예수, 나무에 못 박혀 죽으시고 장사되셨다가 다시 살아나신 예수를 계속 전했습니다. 이것이 그들이 이끌어 낸 추론이요 도출해 낸 교리였습니다. 바울이 고린도에서 예수 그리스도와 그의 십자가 죽음 외에는 아무것도 알지 않겠다고 작정한 이유가 여기 있었습니다.

이 죽음에 주의하지 않는 자들, 이 죽음을 절대적으로 중요하고 긴요한 중심 사건으로 보지 않는 자들은 사실상 "이같이 큰 구원"을 전혀 모르는 것입니다. 이 구원을 이해하지 못하는 것이며, 이 구원을 위해 주님이 고통스럽게 치르신 비용을 전혀 모르는 것입니다. 마음에 들든 들지 않든, 기독교 신앙고백의 잣대는 십자가입니다. 자신이 그리스도인인지 아닌지 검증할 수 있는 시금석이 이것입니다. 하나님의 아들 예수 그리스도의 십자가 죽음이 나에게 절대적으로 긴요하고 핵심적인 중심 사건입니까? 그렇지 않다면 토대부터 다시 점검해 보는 편이 좋다고 말하고 싶습니다. 이제 다시 묻겠습니다. 그가 이런 큰 값을 치르셨는데도 십자가 죽음이 나와 무관하다고 말할 수 있습니까? 이 비용의 크기를 보면 십자가가 왜 중심 사건인지 알 수 있습니다. 우리가 구원받을 다른 방법은 없습니다. 십자가 죽음, 우리를 위한 예수의 죽음이 절대적으로 필요합니다. 거듭 말하지만 십자가를 긴요한 중심 사건으로 여기지 않는 자, 자기 신분 전체의 토대로 보지 않는 자는 사실상 그리스도인이 아닙니다.

신약성경에 나오는 다른 많은 주장들도 십자가에 기초하고 있다는 사실에 주목하십시오. 거룩하라는 신약성경의 중대한 호소도 어떤 의미에서 십자가에 기초하고 있습니다. 사도 베드로는 첫 번째 서신에서 이렇게 말합니다. "너희가 나그네로 있을 때를 두려움으로 지내라"(벧전 1:17). 이 편지는 그리스도인들에게 쓴 것입니다. 그런데 왜 두려움으로 지내라고 합니까? "너희가 알거니와 너희 조상이 물려준 헛된 행실에서 대속함을 받은 것은 은이나 금같이 없어질 것으로 된 것이 아니요 오직 흠 없고 점 없는 어린양 같은 그리스도의 보배로운 피로 된 것이니라"(벧전 1:17-18). 그리스도께서 자신의 대속을 위해 이처럼 엄청난 값을 치르신 것을 아는 자는 당연히 거룩해지려 합니다. 우리가 거룩하지 못한 것은 주님이 치르신 값을 모르기 때문입니다. 이것이 신약성경의 논증 방식입니다. 예수 그리스도께서 우리에게 자신을 주신 것은 단지 죄 사함만 위해서가 아니라고 바울은 디도에게 말합니다. "선한 일을 열심히 하는 자기 백성"으로 구별하고자 자신을 주셨다고 말합니다(딛 2:14).

다른 많은 주장들이 가리키는 방향도 동일합니다. 성경이 자주 제공하는 큰 위로와 위안의 전적인 토대 또한 주님이 세상에 계실 때 고난당하고 견디신 일들에 있습니다. 이 중대한 주제를 살펴볼 이유는 차고도 넘칩니다. 과거 성도들의 전기를 읽어 보면, 주님이 대속을 위해 치르신 비용을 깨달은 것이 삶의 강력한 동기로 작용했음을 알 수 있습니다. 존 웨슬리John Wesley를 비롯한 여러 인물에게 큰 영향을 끼친 모라비아 형제단의 지도자 친첸도르프 백작Count Zinzendorf의 청년 시절을 보십시오. 십자가에 못 박히신 그리스도를 그린 명화와 거기 쓰인 글귀 ─ "나는 널 위해 이 일을 했는데, 너는 날 위해 무엇을 했느냐?" ─ 를 본 것이 그의 인생을 바꾸어 놓았습니다. 이 깨달음이 사람들로 하여금 집과 안락한 삶을 버리게 했고, 대양을 건너게 했으며, 고통과 고난을 견디게 했습니다. 그들은 주님이 자신을 위해 무슨 일을 하셨는지, 자신을 대속하기 위해 무슨 일을 하셨는지 생각했습니다. 그리스도인들이 대부분 삶에서 실패하는 것은 바로 이 진리를 깨닫지 못한 탓입니다. 제가 지금 여러분에게 상기시키는 것은 신구약성경이 아주 명확하게 제시하는 사실들이요 히브리서 2장이 아주 놀랍게 상기시키는 사실들입니다.

주님이 이 큰 구원을 위해 치르신 값과 비용이 무엇입니까? 예수를 살펴보며 그가 고난당하신 이유와 이 큰 구원을 위해 치르신 값을 알아봅시다. 우리가 출발점으로 삼을 것은 그가 성육신하여 세상에 오신 일입니다. 히브리서 2장은 "거룩하게 하시는 이와 거룩하게 함을 입은 자들"을 이야기하며 "자녀들은 혈과 육에 속하였으매 그도 또한 같은 모양으로 혈과 육을 함께 지니심은 죽음을 통하여 죽음의 세력을 잡은 자곧 마귀를 멸하시며"라고 말합니다(14절). 이에 대해 상고해 본 적이 있습니까? 하나님의 아들 예수 그리스도께서 영광의 나라를 떠나오셨습니다. 그는 하나님의 본체시요 하나님과 동등한 분이십니다. 그런 분이 세상에 오셨다는 것이 과연 무엇을 의미하는지 알겠습니까? 결국 십자가와 무덤으로 끝나게 될 여정을 시작하셨다는 것이 무엇을 의미하는지

마틴 로이드 존스 히브리서 강해

알겠습니까? 사도 바울은 "하나님과 동등됨을 취할 것으로 여기지 아니하시고 오히려 자기를 비워"라는 말로 이에 대한 통찰을 제공해 줍니다 (빌 2:6-7). 주님은 지고한 신의 권리를 가지고 계셨지만 그것을 고수하지 않으셨습니다. 자신을 낮추어 땅으로 내려오셨고 종의 형체를 가지셨습니다. 히브리서 기자의 표현대로 천사들보다 잠시 동안 못하게 되셨습니다. 다시 말해서 자신을 제한하여 인간 육신의 한계에 가둠으로써 고통과 필멸을 겪기로 하신 것입니다. 하나님은 죽으실 수 없습니다. 죽으시려면 인간이 되셔야 합니다. 우리는 지금 상상할 수 없는 일을 살펴보고자 애쓰는 중입니다. 이것은 생각만 해도 정신이 아득해지는 일입니다. 그러나 신약 메시지의 핵심이 여기 있습니다. 영원하신 하나님의 아들이 무력한 아기가 되어 구유에 누우셨습니다. 고통과 필멸과 죽음을 겪기 위해 여기까지 자신을 낮추시며 한계에 갇히셨습니다. 저와 여러분을 대속하고자 이렇게 하셨습니다. 성육신 한 가지만으로도 그가 치르신 비용은 정도를 넘어서며 우리 이해를 넘어섭니다. 그런데 이것으로 끝이 아닙니다.

그는 어린 아기로 오신 것도 모자라 더 자신을 낮추셨습니다. 육신의 부모와 그들의 가르침에 순종하셨습니다. 온 세상의 창조자가 이렇게 하셨다는 것이 과연 무엇을 의미하는지 상상할 수 있겠습니까? 영원 전부터 하나님과 함께 계셨던 하나님, 만물이 그로 말미암아 존재하는 하나님이 평범한 사람들과 똑같은 삶을 살면서 먹고 살기에도 부족한 벌이를 위해 목수로서 육체노동을 하셨다는 것이 과연 무엇을 의미하는지 짐작할 수 있겠습니까? 그는 지치고 피곤하다는 것이 무엇인지, 육체의 연약함을 경험한다는 것이 무엇인지 아셨습니다. 온 세상과 우주의 주인께서 이런 한계 안에 스스로 갇히셨습니다.

이처럼 자신을 낮추시고 굴욕을 자청하시는 과정만 거치신 것이 아닙니다. 시험도 받으셨습니다. "그가 시험을 받아 고난을 당하셨은즉 시험받는 자들을 능히 도우실 수 있느니라"(히 2:18). 성경은 하나님이 사람을 시험하지 않으시며 스스로 시험받지도 않으신다고 말합니다(약 1:13). 그런데 놀랍게도 하나님의 본체 중의 본체이신 예수 그리스도께서 자신을 낮추시고 시험을 받으셨습니다. 복음서에는 그가 광야에서 시험받으신 이야기가 나오는데, 그때뿐 아니라 이후에도 계속 시험을 받으셨습니다. 하나님의 영원하신 아들이요 모든 천사 위에 계신 하나님이 사탄의 시험을 받는 비용을 치르신 것입니다. 이 점에 주목하며 복음서를 읽어 보십시오. 저와 여러분을 동정하시는 자비하고 신실한 대제사장이 되시기 위해, 우리를 대속하시고 장차 올 영광을 예비해 주시기 위해 이 모든 시험을 받으셨다는 사실을 기억하십시오.

히브리서 기자는 죄인들이 그에게 "거역한 일"에 대해서도 이야기합니다(히 12:3). 영광의 주, 창조의 주께서 바리새인과 서기관들에게 무슨 일을 당하셨는지 보십시오. 그들이 질문을 퍼부으며 주님의 말을 트집 잡으려 했던 것, 비웃고 조롱하며 함정을 팠던 것을 보십시오. 돌을 던지고 혐오하며 죽일 방법을 모색했던 것을 보십시오. 심지어 제자들도 그를 이해하지 못했습니다. 어머니와 형제들조차 한때 그를 미쳤다고 생각했습니다. 영광의 나라에서 찾아오신 하나님이 이런 일을 당하셨다는 것이 과연 무엇을 의미하는지 상상할 수 있겠습니까? 이 또한 우리의 대속을 위해 치르신 비용의 일부입니다.

친구 나사로의 무덤가에 서 계시는 모습도 보고, 그 심령에서 흘러

나오는 탄식 소리도 들어 보십시오. "눈물을 흘리시더라"(요 11:35). 저는 이 두 마디야말로 성경 전체에서 가장 엄청난 단어가 아닐까 생각하곤 합니다. 아버지 품속에 계신 독생하신 하나님이 이처럼 신음하시고 괴로움에 떨며 눈물을 흘리셨습니다. 이것은 인간적 나약함의 표현이 아닙니다. 저와 여러분을 대속하여 영광의 상속자로 삼으시기 위한 고난의 일부입니다. 마찬가지로 예루살렘 때문에 울며 신음하시는 모습도 보고, 저와 함께 겟세마네 동산으로 가서 세상의 삶을 마치기 직전 고독하게 기도하시는 모습도 보기 바랍니다. 주님은 제자 셋을 데리고 동산으로 가셨고, 자신이 씨름하는 동안 깨어 기도해 줄 것을 부탁하셨습니다. 그들이 잠들어 버린 내내 핏방울처럼 뚝뚝 흘리신 땀은 그가 겪으신 고통의 표출이었습니다. 진땀 흐르는 고통이 무엇인지는 여러분도 알 것입니다. 그런데 피땀 흐르는 고통이 무엇인지 상상할 수 있겠습니까? 죽음의 공포를 느끼셨기에 그토록 땀을 흘리신 것이 아닙니다. 육체의 고통 앞에 위축되셨기에 그토록 땀을 흘리신 것 또한 아닙니다. 주님은 십자가에서 일어날 일을 아셨습니다. 자신이 속죄제물로 바쳐질 것을 아셨습니다. 그 일이 임박한 것을 아셨기에 면해 주시길 구하셨습니다. 그가 땀을 핏방울처럼 흘리신 것은 이처럼 십자가에서 일어날 일을 미리 아신 탓이었습니다.

하나님의 아들이 자신을 구원하시기 위해 이렇게까지 하셨다는 사실을 모든 사람이 깨닫는다면, 굳이 그리스도를 믿기로 결단하라고 호소하거나 압박할 필요가 없을 것입니다. 간증을 동원하거나 감정을 조작할 필요도 없을 것입니다. 하나님의 진노를 피할 수 있도록 주님이 이 모든 일을 당하셨다는 사실을 깨닫는 것만으로 충분합니다. 이 모든 것은 실제로 일어난 사건입니다. 역사입니다. 이런 일들이 일어났습니다.

　주님이 잡히시던 날 밤, 베드로에게 부인당하신 것 또한 고난의 일부였습니다. 성경과 모든 문헌을 통틀어 가장 안타까운 말 중 하나는 베드로가 세 번째 부인하는 순간 "주께서 돌이켜 베드로를 보"셨다는 것입니다(눅 22:61). 베드로를 구원하기 위해 하나님의 아들이 하늘에서 내려오셨습니다. 베드로를 대속하기 위해 그토록 많은 일을 당하셨습니다. 베드로 자신도 주님과 함께 지내며 기적을 목격했습니다. 변화산에도 함께 있었고, 겟세마네 동산에도 함께 있었습니다. 남들은 몰라도 자신은 주님을 따르겠노라 장담했습니다. 그런데 결정적인 순간에 맹세하고 저주하며 부인한 것입니다. 그의 배신이 예수께 무엇을 의미했는지 상상할 수 있겠습니까? "주께서 돌이켜 베드로를 보시니." 그를 구원하기 위해 오셨는데, 그가 자신을 부인했습니다. 그를 위해 곧 죽으려 하시는데, 그가 자신을 모른다고 했습니다. 이 또한 우리를 위해 치르신 값의 일부입니다.

　그의 이야기를 계속 따라가 보십시오. 주님은 비웃음과 조롱을 받으셨고 거룩한 등에 채찍질을 당하셨습니다. 죄 없으신 온 세상의 창조주가 중죄인으로 정죄를 받으셨습니다. 거룩한 머리에 가시관을 쓰시고 정죄에 따르는 온갖 고통을 당하셨습니다. 그러나 이 모든 것은 십자가 죽음의 서막에 불과했습니다. 그의 죽음은 우연한 사건이 아니었습니다. 그가 행하신 어떤 일보다 의도적인 일이었습니다. 성경은 그가 예루살렘에 올라가기로 굳게 결심하셨다고 말합니다. 사람들이 만류하는데도 한사코 올라가셨습니다. 천사 열두 군단에 명하여 자신을 보호하실 수 있었음에도 굳이 죽음을 자청하셨습니다. 그가 "천사들보다 잠시 동

　　　　　　　　　　　　　　　　　　　　마틴 로이드 존스 히브리서 강해

안 못하게 하심을 입은" 이유가 무엇입니까? "죽음의 고난"을 받기 위해서였습니다. 하나님의 아들이 세상에 오신 이유, 성육신하신 의미가 무엇입니까? 죽기 위해서였습니다. 죽음이 주님의 목적이었습니다. "때"라는 표현—때가 왔다든지 그의 때가 왔다는 식의 표현—에 주목하며 요한복음을 읽어 보십시오. 그 모든 표현이 십자가 죽음을 가리킴을 알 수 있습니다.

"죽음의 고난"은 의미심장한 말입니다. 이 말에 담긴 의미가 무엇입니까? 첫 번째는 수치입니다. "나무에 달린[죽은] 자마다 저주 아래에 있는 자라"(갈 3:13). 십자가 죽음은 중죄인의 죽음이었습니다. 사람이 당할 수 있는 죽음 중에서도 가장 수치스러운 죽음이었습니다. 그는 십자가에 따르는 모든 수치와 굴욕을 지고 못 박히셨습니다. 오, 그것은 중죄인의 죽음, 오욕의 죽음이었습니다. 그는 그런 죽음을 당하셨습니다. 물론 그 죽음에는 육신의 고통도 따랐습니다. 그는 지독한 갈증에 시달리셨는데, 그 고통은 말로 다 할 수 없는 것이었습니다. 제가 강조하고 싶은 점은 그가 이처럼 만인을 위해 죽으셨다는 것, 죽음을 맛보셨다는 것입니다. 그는 이런 "죽음의 고난"을 받기 위해 "천사들보다 잠시 동안 못하게 하심을" 입으셨습니다.

이제 이야기는 절정에 이릅니다. 고린도후서 5장에 나오는 사도 바울의 표현대로 하나님은 "죄를 알지도 못하신 이를 우리를 대신하여 죄로 삼으"셨습니다(고후 5:21). 이사야의 표현대로 "우리 모두의 죄악을 그에게 담당시키셨"습니다(사 53:6). 그는 무죄했습니다. 율법을 지켰습니다. 단 한 번의 거역도 없이 땅의 부모를 공경했습니다. 그런데도 하나님은 저와 여러분의 불순종과 죄책을 전부 그에게 지우셨습니다. 그를 죄로—죄인이 아니라 죄 자체로—삼으셨습니다. 이 모든 말에 담긴 실제 의미는 이것입니다. 십자가에 달리신 주님은 죄를 향한 하나님의 거룩한 진노와 그 온전한 무게에 그대로 노출되셨습니다. 하나님은 예수 그리스도를 우리 모든 사람의 죄로 보시고, 그 죄를 향한 전능자의 거룩한 진노를 모조리 쏟아 부으셨습니다. 바로 이것이 십자가 죽음에 담긴 의미입니다. 예수는 모든 사람을 위해 죽음을 맛보셨고 죽음의 고난을 당하셨습니다. 이처럼 그가 진노의 무게를 오롯이 감당하셨기에 우리는 그런 죽음을 당하지 않게 되었습니다.

하나님의 아들처럼 죽는다는 것이 무엇인지 알 사람은 아무도 없습니다. 이 죽음이 아들에게 의미한 바가 무엇이었는지 설명해 보겠습니다. 그는 하나님과 동등하시며 그와 똑같이 영원하신 분, 영원토록 아버지 품속에 계신 분, 한 시도 아버지와 떨어진 적이 없는 분, 아버지와 교제하는 것을 영원한 최고의 기쁨으로 여기시는 분이었습니다. 그런데 그 얼굴을 볼 수 없는 끔찍한 순간이 찾아왔습니다. 그는 하나님께 버림받은 것을 느끼고 소리치셨습니다. "나의 하나님, 나의 하나님, 어찌하여 나를 버리셨나이까?"(마 27:46) 이 때문에 겟세마네 동산에서 "정말 이 길밖에 없나이까? 이 잔을 피할 수만 있다면 피하게 해주소서"라고 기도하신 것이며, 그것도 세 번씩이나 구하신 것입니다. 그러나 인간의 죄를 사할 수 있는 방법은 이것뿐이었고, 결국 그는 복종하셨습니다. "나의 원대로 마시옵고 아버지의 원대로 하옵소서"(마 26:39).

하나님은 이처럼 우리 죄를 그에게 지우시고 그를 버리셨습니다. 그가 어떻게 죽으셨는지 압니까? 십자가는 서서히 죽이는 사형 방식이었음에도 사람들이 놀랄 만큼 일찍 숨을 거두셨습니다. 그가 죽으신 것은

마틴 로이드 존스 히브리서 강해

단순히 나무에 달린 탓이 아니었습니다. 아버지께 버림받은 형언할 길 없는 고통 때문이었습니다. 그 고통이 말 그대로 그의 심장을 깨뜨렸습니다. 그를 창으로 찔렀을 때 핏덩어리와 물이 흘러나온 것은 심장이 말 그대로 파열된 탓이라는 의학적 근거가 있는 주장에 저도 동의하는 바입니다. 신체적 고통보다 훨씬 격렬한 영적 고통이 찾아왔습니다. 아버지의 얼굴을 보지 못하는 고통, 속죄제물이 되는 고통, 추방과 진노와 두려움이 그의 심장을 깨뜨려 결국 죽음에 이르게 했습니다. 그것은 우리가 결코 헤아릴 수 없는 고통입니다. 저와 여러분의 죄를 사해 주시기 위해, 저와 여러분을 "이같이 큰 구원"의 상속자로 삼아 영광에 들어가게 하시기 위해 그는 이 모든 고통을 겪으셨습니다.

사람들은 그의 시신을 내려 무덤에 장사지냈습니다. 영원하신 하나님이 무덤에 장사되시고 그 입구가 돌로 봉인된 것, 십자가에 달린 강도에게 말씀하신 "낙원"에서 죽은 자들 가운데 계셨던 것을 생각해 보십시오. 그 비용이 얼마나 엄청난 것이었는지 모릅니다. 그런데도 "이같이 큰 구원"의 크기를 깨닫지 못한다면, 더 이상 무슨 말을 해야 좋을지 모르겠습니다. 말씀이 육신이 되셨습니다. 세례 요한은 그를 가리켜 온 세상 죄를 지신 "하나님의 어린양"이라고 했습니다(요 1:36). 베드로가 예루살렘에서 설교할 때 이 점을 얼마나 놀랍게 표현했는지도 보십시오. "너희가 거룩하고 의로운 이를 거부하고 도리어 살인한 사람을 놓아 주기를 구하여"(행 3:14). 사람들이 하나님의 아들이 아닌 살인자를 택하고 생명의 주를 죽였다는 것입니다. 히브리서 2장과 12장에도 같은 말이 나옵니다. 우리는 우리 믿음을 시작하시고 완성하신 분, 생명을 지으신 분을 죽였습니다. 이것이 그가 우리를 위해 당하신 고난과 고통의 분량입니다. "자기를 낮추시고 죽기까지 복종하셨으니 곧 십자가에 죽으심이라"(빌 2:8).

주님이 죽음을 앞두고 자신을 따르는 자들과 제자들에게 때때로 함께 모여 떡을 떼고 포도주를 마시면서 자신을 기억하라고 하신 것은 아주 당연한 일입니다. 그는 우리의 구원을 이루기 위해 세상에 오셔서 친히 하신 일과 치르신 값을 교회가 결코 잊지 않길 바라셨습니다. "[너희가] 대속함을 받은 것은 은이나 금같이 없어질 것으로 된 것이 아니요 오직 흠 없고 점 없는 어린양 같은 그리스도의 보배로운 피로 된 것이니라"(벧전 1:18-19). "하나님이 세상을 이처럼 사랑하사 독생자를 주셨으니"(요 3:16). 하나님의 아들이 이 모든 일을 견디고 당하심으로 여러분을 하나님의 아들로 삼으신 것과 그를 믿는 모든 자에게 예비된 영광의 상속자로 삼으신 것을 알고 있습니까? 그가 이토록 여러분을 사랑하여 이 모든 일을 대신 당하심으로써 여러분의 죄를 사해 주신 것, 새롭게 태어나 새롭게 살게 해주신 것, 세상에서 사는 내내 여러분의 손을 잡고 인도하시며 마침내 하나님 앞에 흠 없이 큰 기쁨으로 서게 해주실 것을 알고 있습니까?

7

두 관점, 두 운명

만물로 그에게 복종하게 하셨은즉 복종하지 않은 것이 하나도 없어야 하겠으나 지금 우리가 만물이 아
직 그에게 복종하고 있는 것을 보지 못하고 오직 우리가 천사들보다 잠시 동안 못하게 하심을 입은 자
곧 죽음의 고난받으심으로 말미암아 영광과 존귀로 관을 쓰신 예수를 보니. 히 2:8하–9상

신년이 오면 사람들은 대부분 습관적으로 자기 삶을 검토하고 상황을 두루 살펴봅니다. 그럴 때 고려해야 할 명백한 질문이 두 가지 있습니다. 현 상황이 야기된 이유가 무엇입니까? 앞으로 전망―개선될 희망이 있는지, 장차 어떻게 될 것인지―은 어떻습니까? 성공한 사업가들은 이런 질문들을 던집니다. 장부를 들여다보며 지불 능력 여부 등을 가늠합니다. 이처럼 우리는 모두 자기 삶의 실태와 자기가 당면한 현 상황을 살펴보고, 그에 따라 미래를 전망합니다.

이 두 질문과 관련하여 취할 수 있는 관점은 오직 두 가지뿐이라고 저는 말하고 싶습니다. 즉, 비기독교적 인생관과 기독교적 인생관이 있는 것입니다. 비기독교적 인생관은 정치적·사회적·경제적·국제적·인종적 관점 등으로 갈라지지만, 비기독교적이라는 점에서는 전부 똑같습니다. 예컨대 대중지나 책이나 라디오에서 접할 수 있는 평범한 비그리스도인의 관점을 보십시오. 진지하게 생각하는 사람이라면 대부분 오늘날 상황이 바람직하지 못하다는 사실에 동의할 것입니다. 현 세상에서 이루어지는 삶의 상태를 보면서 만족감이나 행복감을 느낄 수는 없습니다. 이런 삶에 만족할 사람이 세상에 한 명이라도 있을지 모르겠습니다. 돈을 펑펑 쓰며 이 파티 저 파티 전전하는 이들에 대한 기사가 신문에 실리곤 하지만, 그들도 자신들의 삶을 돌아보면 진정으로 행복해 할 것

같지 않습니다. 사람들은 불길한 예감에 휩싸여 있습니다. "하나님은 하늘에 계시고 세상만사는 편안하도다"*라고 더 이상 떠벌리지 못합니다. 삶을 진지하게 바라보는 사람이라면 누구나 개인과 사회와 세상 전체의 현 상태를 깊이 염려할 것입니다.

우리가 이렇게 된 데는 세상의 상황 및 삶의 불확실성, 현대인이 겪고 있고 시달리고 있는 온갖 어려움 등 여러 가지 이유가 있습니다. 흥미롭게도 그리스도인이 아닌 진지한 사상가들과 철학자들 중에 누구보다 비관적인 이들이 많습니다. 오스발트 슈팽글러Oswald Spangler의 『서구의 몰락』The Decline of the West은 제2차 세계대전이 발발하기 오래전에 나온 절박한 책으로서, 저자는 그 당시에 이미 전쟁을 예감했던 것으로 보입니다. 역사의 흐름과 국제관계에서 발생하는 사건들을 지켜보면 상황이 심상치 않음을 감지하게 마련입니다. 극심한 비관론자 중에는 선도적 과학자들도 있습니다. 원자력의 힘을 가장 잘 알고 있는 과학자들이 누구보다 두려움을 느끼며, 인간을 각성시키는 무슨 사건이 일어나지 않는 한 세상은 결국 폭파되고 문명은 파괴될 것이라고 말합니다. 늘어나는 범죄와 무법상태, 살인, 강도질에 대한 사회학자들의 발언도 들어 보십시오. 사람들은 이기주의의 발흥 및 음주와 도박, 패륜과 악덕에 심각한 불안을 느끼고 있습니다. 전반적으로 볼 때 현재의 삶은 50년 전만큼 윤리적이거나 도덕적이거나 안전하지 못합니다. 해마다 인구는 폭발적으로 증가하고 식량은 점차 감소하는 것을 보며 전세계적인 기근을 크게 우려하는 이들도 있습니다. 온 세상이 지금 무서운 재앙을 향해 나아가는 중인지도 모릅니다. 오늘날 삶을 심각하게 바라보는 비그리스도인 사상

* 브라우닝Robert Browning, 「피파의 노래」Pippa's Song

가들은 깊은 우려와 불안감에 휩싸여 있습니다. 우려와 두려움을 느끼고 있으며 불길한 예감에 휩싸여 있습니다.

그런데 이쯤에서 그들이 보여주는 다소 모순되는 태도가 있습니다. 그토록 두려워하면서도 여전히 힘을 내고자 애를 쓰며 완전한 비관론자가 되길 거부하는 것입니다. 상황이 참으로 절망적이라는 사실, 우리가 할 수 있는 일이 하나도 없다는 사실을 인정할 수 없다고 생각합니다. 그래서 신년 초마다 낙관론이 등장합니다. 신문마다 광적으로 우리를 안심시키려 들며 우리가 매달릴 만한 것을 제공하려 듭니다. 그러나 해를 거듭할수록 그 확신은 약해지고 있습니다. 실제로 상황이 좋아지지 않는데 말로만 계속 좋아질 것이라고 할 수는 없기 때문입니다. 문명 역사상 최악의 전쟁을 겪은 오늘날, 인간이 진화해서 점점 나아지리라는 말은 헛된 것이 되어 버렸습니다. 현실이 눈앞에 뻔히 보이고 있습니다. 오랜 세월 굳게 믿어 온 방책들이 다 수포로 돌아갔습니다. 많은 사람이 정치 활동이나 교육이나 서로 알아가려는 노력을 통해 문제를 해결하고 전쟁을 종식하면 모두 함께 행복해질 뿐 아니라 유례없는 번영기를 누릴 것이라고 믿었으나, 그런 날은 오지 않았습니다. 지금도 미래를 기대하며 희망과 위로의 말을 찾는 이들이 있지만, 이미 오래전부터 해왔던 말, 본인들조차 의심하며 주저하는 말 외에 다른 말을 하지 못합니다. 예컨대 신문과 라디오에서 명성을 떨치고 있는 전형적인 현대 사상가 버트런드 러셀Bertrand Russel과 그의 책『변화하는 세상을 위한 새로운 희망』New Hope for a Changing World을 보십시오. 그가 제시하는 새로운 희망이 무엇입니까? 그는 이성을 사용하지 않고 생각하지 않는 데서 모든 문제가 비롯된다고 말합니다. 철학을 아는 이 사람의 해결책은 생각하라고 권하는 것입니다. 그러나 이것은 예수 그리스도께서 오시기 3-4세기 전에 이미 아리스토텔레스와 플라톤과 소크라테스가 했던 말입니다. 지난 100년간 우리가 들은 말도 "생각하라. 이성으로 문제를 바로잡으라"라는 것이었습니다. 초등학교와 중등학교를 세우고 대학을 증설해서 사람들에게 할 일만 알려 주면 저마다 일어나서 행동하리라는 것이었습니다. 그런데 세계대전이 두 차례나 일어났고, 패륜과 악덕이 무섭게 증가했습니다. 생각할 기회가 이전 어느 때보다 많아졌는데도 이런 일들이 일어났습니다. 최근처럼 생각하는 훈련을 많이 받은 시대는 없습니다. 이 방책은 새로운 희망이 되지 못한다고 저는 말하고 싶습니다. 인간이 최소한 배웠어야 하는 교훈은 '생각하라고 말하는 것만으로는 안 된다'는 것임이 분명합니다. 과음이 해롭다는 것, 계속 술을 찾으면 몸이 망가진다는 것은 의사라면 누구나 아는 사실입니다. 그렇다고 모든 의사가 술을 마시지 않을까요? 그렇지 않습니다. 문제는 추론하지 않거나 생각하지 않는 데 있지 않습니다. 그러면 어디 있습니까? 비기독교적인 관점은 이 질문에 대답하지 못합니다.

이처럼 비기독교적 관점이 항상 우리를 실망시키는 이유는 인간과 세상의 삶에 관한 세 가지 기본사실을 모르는 데 있습니다. 첫 번째 사실은 인간 자신과 그의 본성에 전적인 문제가 있다는 것입니다. 문제가 우리를 찾아오는 것이 아닙니다. 우리 자신이 문제입니다. 예컨대 전쟁의 책임은 하나님께 있지 않습니다. 전쟁을 일으키는 장본인이 누구입니까? 전쟁이 어디에서 시작됩니까? 야고보서 4:1에 대답이 나옵니다. "너희 지체 중에서 싸우는 정욕으로부터 나는 것이 아니냐?" 전쟁을 일으키는 장본인은 다름 아닌 인간입니다. 평범한 사람들은 전쟁을 원치 않는다고, 정치인들이나 악의적인 인간들이 국가의 물리력을 조종해서 전쟁을 일으키는 것이라고 주장하는 이들이 있습니다. 그러나 사랑하는 여러분, 그들도 우리와 같은 인간입니다. 사람들은 히틀러의 폴란드 침공을 보며 "정말이지 역겨운 짓이야. 왜 저런 짓을 하는 거지?"라고 했습니다. 다른 나라를 향해 "내가 갖고 싶으니 빼앗겠다"라고 말하는 독일 지도자를 보며 경악하는 이들이 많았습니다. 그러나 사생활에서 자기가 남의 아내한테 똑같은 짓을 하는 것에 대해서는 그리 경악하지 않습니다. 사실 두 가지는 똑같은 것입니다. 집단이 하는 행위나 개인이 하는 행위나 똑같이 악합니다. 개인도, 국가도 그 본성이 악하고 왜곡되고 부정하기 때문에 그런 짓을 하는 것입니다. 비그리스도인 사상가들은 결코 상황이 나아지길 바랄 수 없는 이 이유, 즉 타락한 인간의 본성을 알지 못합니다. 그리스도는 말씀하셨습니다. "그 정죄는 이것이니 곧 빛이 세상에 왔으되 사람들이 자기 행위가 악하므로 빛보다 어둠을 더 사랑한 것이니라"(요 3:19). 무엇이 옳은 일인지 알려 주는 것만으로는 부족합니다. 그 옳은 일을 사랑하게 해야 합니다. 그러나 사람들은 어둠을 더 좋아합니다. 빛보다 어둠을 더 사랑합니다. 이 점을 생각지 못하는 것이 비기독교적 관점의 첫 번째 오류입니다.

두 번째 오류는 마귀의 존재를 잊고 있는 것입니다. 이런 개명한 시대에 누가 마귀를 믿겠느냐고 말하는 이들이 있습니다. 그러나 저는 세상을 볼 때마다 "대체 무엇이 사람들을 조종해서 저런 짓을 하게 만들까?"라고 묻게 됩니다. 성경이 줄곧 내놓는 대답은 마귀가 그렇게 한다는 것입니다. 성경은 마귀를 "이 세상의 신"(고후 4:4), "공중의 권세 잡은 자……곧 지금 불순종의 아들들 가운데서 역사하는 영"(엡 2:2)으로

마틴 로이드 존스 히브리서 강해

묘사합니다. 알든 모르든, 저와 여러분이 살고 있는 세상에는 보이지 않는 사악하고 더럽고 악의적인 영들이 거주하고 있습니다. 그들의 유일한 관심사와 목표는 세상을 엉망으로 만들고 인간과 역사의 전 과정을 파괴하는 것입니다. 악한 세력과 권세가 지금도 우리에게 손을 써서 파멸시키려 하고 있습니다. 비기독교적 관점은 이런 말을 우습게 여깁니다. 그래서 자신들이 그토록 교육에 힘쓰는데도 세상이 여전히 이 모양인 이유를 이해하지 못하는 것입니다. 비기독교적 관점의 신봉자들은 상황이 점점 악화되는 이유를 물으면서도, 이 악한 통치자 때문이라는 사실은 깨닫지 못합니다.

그들이 항상 잊고 있는 세 번째 사실은, 인간이 죄를 짓고 하나님께 반역함으로 그의 진노 아래 있게 되었으며 그 때문에 평강을 누리지 못한다는 것입니다. "여호와께서 말씀하시되 악인에게는 평강이 없다 하셨느니라"(사 48:22). 이것은 그들이 완전히 잊고 있는 사실이자 성경이 시종일관 진술하는 사실입니다. 성경은 우리가 하나님과 바른 관계를 맺지 않는 한 행복해질 수 없다고 말합니다. 엄청난 지식은 습득할 수 있고 세상의 부는 축적할 수 있으며 무수한 일 또한 할 수 있지만, 행복해질 수는 없다고 말합니다. 하나님과 바른 관계를 맺지 않으면 그의 진노 아래 있게 됩니다. 그의 노여움을 사게 되며, 그의 저주 아래 있게 됩니다.

비그리스도인은 세상이 비참한 상태에 있다는 사실과 하나님을 떠난 미래에는 아무 희망이 없다는 사실을 알지 못합니다. 자기 문제의 원인을 이해하지 못합니다. 이처럼 진단이 잘못된 탓에 치료법도 잘못 찾습니다. 인간은 오랜 세월 같은 해결책을 시도해 왔지만, 그 시도는 완전히 잘못된 것입니다. 이것이 비기독교적 관점의 특징입니다.

기독교적 관점은 본문에 완벽하게 나와 있습니다. 히브리서 기자는 비기독교적 관점과 똑같이 출발합니다. 현 세상을 바라보는 방식은 기독교적 관점이나 비기독교적 관점이나 크게 다를 바가 없습니다. 그리스도인은 말합니다. "지금 우리가 만물이 아직 그에게 복종하고 있는 것을 보지 못하고." 이 점을 아주 분명히 짚고 넘어갑시다. 현 세상에 대한 견해는 그리스도인이나 비그리스도인이나 똑같습니다. 그리스도인이 불신자보다 훨씬 더 분명하게 말한다는 점이 다를 뿐입니다. 그리스도인은 더 깊이 분석합니다. 기독교적 인생관은 비기독교적 인생관보다 훨씬 더 현실적이고 정직하며 용감합니다. 비그리스도인은 사실을 인정하면서도 덮으려 듭니다. 상황이 나아지고 있다고, 어쨌든 인간에게도 좋은 점이 있다고 말하려 듭니다. 그리스도인은 그러지 않습니다. 현실을 있는 그대로 바라봅니다. 위장막을 걷어치웁니다. 전에도 말했지만, 이 이유 하나만으로도 저는 성경이 하나님의 말씀임을 믿습니다. 나의 모든 것을 알며 나에 대해 철저하고 적나라한 진실을 말해 주는 책은 오직 성경뿐입니다. 신문이나 다른 사람들은 그저 듣기 좋은 말을 하지만, 이 책은 완벽한 진실을 알려 줍니다. 인간의 마음은 거짓되고 심히 부패하며 악이 가득하다고 말합니다(렘 17:9, 마 12:34). 우리는 시기하고 질투하며 추하고 더러운 생각을 하는 피조물입니다. 천성적으로 서로 미워하는 피조물입니다. 성경은 우리에 대해 이렇게 말하며, 그 말은 진실입니다. 그뿐 아니라 성경은 앞으로 더 나쁜 일들이 일어날 것이라고 예고합니다. 세상이 점차 개선되는 장밋빛 그림을 그리지 않습니다. 전쟁과 전쟁의 소문이 끝까지 계속될 것이라고 말하며, 마지막 때 세상의 모습이 홍수 이전과 아주 흡사할 것이라고 말합니다. 홍수 이전 사람들은 홍수가 나서 다 쓸려 갈 때까지 먹고 마셨습니다. 마지막 때도 그럴 것이라고 그리스도는 말씀하셨습니다(마 24:38).

복음의 첫 진술은 "지금 우리가 만물이 아직 그에게 복종하고 있는 것을 보지 못하고"라는 것입니다. 그리스도인도 비그리스도인처럼 상황이 나쁘다고 말합니다. 인간은 피조세계의 주인으로 만물을 다스리기는커녕 혼란한 상태에 빠져 있으며 외부 세력에게 조종당하고 있습니다. 다스리기는커녕 다스림을 받고 있습니다. 우리는 아직 만물이 그에게 복종하는 것을 보지 못하고 있습니다. 어떤 이는 반박할 것입니다. "현 세상을 정말 비관적으로 보는군요. 이것이 당신이 해줄 말의 전부입니까?" 아닙니다. 본문은 세상 어느 곳에서도 들을 수 없는 말을 연이어 해주는데, 그 말은 세 글자로 된 짧은 단어입니다. "지금 우리가 만물이 아직 그에게 복종하고 있는 것을 보지 못하고 오직[그러나]……." 기독교 복음 전체가 "그러나"라는 이 한 단어에 담겨 있습니다. 비기독교적 관점과 기독교적 관점의 본질적인 차이가 여기 있습니다. 비그리스도인은 자기가 과거에 제시했던 방법 외에 다른 방법을 모르기에 현 상황에 "그러나"라는 말을 붙이지 못합니다. 그에게는 소망이 없습니다. 반면에, 그리스도인은 "그러나"라는 이 말에서 출발합니다. "오직[그러나]……영광과 존귀로 관을 쓰신 예수를 보니." 기독교는 모든 사람에게 사랑을 가르치는 교리일 뿐이라고, 그 말만 잘 따르면 전쟁이 종식될 것이라고 주장하는 이들이 있습니다. 아주 이론적이고 멋진 주장처럼 들리지만, 그것은 기독교 메시지가 아닙니다.

오늘밤 우리 눈에 보이는 세상은 아주 비관적입니다. 개선의 희망 없이 어둡기만 합니다. 그런데 복음의 초청은 무엇입니까? 세상의 암울한 모습은 이제 그만 보고 예수를 보라는 것입니다. "영광과 존귀로 관을 쓰신 예수를 보니." 이 말이 무슨 뜻일까요? 예수의 무엇을 보라는 뜻일까요? 복음은 베들레헴에 태어나 구유에 누운 아기를 보라고 합니다. 아무도 정죄할 수 없었던 분을 보라고 합니다. 이적을 행하신 놀라운 분, "나와 아버지는 하나"라고 하신 분(요 10:30), 생업을 버리고 따라올 것을 요구하신 분, 그래서 사람들이 따라갔던 분, 3년간 모두가 놀랄 만한 설교를 하신 후 연약한 모습으로 체포당하신 분을 보라고 합니다. 그는 십자가에 손발이 못 박힌 채 죽으셨고, 무덤에 장사되셨습니다. 사람들은 돌을 굴려 무덤 입구를 막으면서, 그가 자신에 대해 주장한 모든 말도 함께 종지부를 찍었다고 했습니다.

이 모든 일은 실제 사실이요 역사입니다. 인간의 철학이나 가르침이나 사상이 아닙니다. 복음은 처음부터 하나님의 아들이 세상에 오셨다고 말합니다. 그는 마귀와 그 무리에 종속된 인간의 상태와 실패와 문제를 해결하고자 오셨습니다. 복음은 그가 완전한 삶을 사셨다고, 하나님의 법에 완전히 순종하셨으며 어느 점에서도 실패하지 않으셨다고 말합니다. 홀로 시험에 맞서 사탄을 완전히 정복하셨다고 말합니다. 더 나아가 죽음과 무덤도 정복하셨으며, 부활을 통해 자신이 하나님의 아들임을 입증하셨다고 말합니다. 하나님은 그를 지극히 높이셨고, 영광과 존귀로 관 씌우셨습니다. 세상에 계셨던 예수는 지금 그 관을 쓰시고 하나님 우편에 앉아 계십니다. 이처럼 인간의 본성을 입고 인간이 되어 인류가 풀지 못한 문제들을 풀어 주셨습니다. 예수 그리스도가 땅에서 이런 일들을 하셨기에, 하나님은 그에게 세상과 세상의 미래를 넘겨주셨습니다. 땅에서 사시고 죽으시고 부활하셨기에 세상을 넘겨주셨습니다. 세상은 이제 그의 수중에 있습니다. 그가 얼마든지 마음대로 하실 수 있습니다.

이것이 신약 복음의 메시지로서, 저와 여러분은 세상에서 그 영향을 받고 있는 사람들입니다. 이 세상과 세상의 나라들은 사탄, 마귀의 것입니다. 그러나 그리스도께서 새 백성, 새 나라를 세우고 계십니다. 악한 세상에서 사람들을 불러내 자신의 새 나라로 옮기고 계십니다. 주님은 거의 2천 년간 이 일을 해오셨고, 이 일을 위해 성령을 보내 주셨습니다. 사람들은 수세기에 걸쳐 한 사람씩 이 진리를 깨닫고 그의 나라로 들어왔습니다. 주님은 자신의 나라가 온전히 완성되는 날까지 이 일을 계속하실 것이며, 완성되는 날 세상에 다시 오실 것입니다. 사탄과 죄로 가득한 모든 것과 모든 악을 멸하시고 새 시대를 시작하실 것이며, 새 하늘과 새 땅을 여실 것입니다. 친히 그 나라에 거하시며 다스리실 뿐 아니라 자신에게 속한 모든 자, 자신이 영광으로 이끄신 많은 아들들도 그 나라에 참여시키실 것입니다. 친히 그들을 위해 예비하고 계시는 세상, 장차 올 세상에 참여시키실 것입니다. 그들은 새 나라의 삶을 누릴 것이며, 그것이 그들의 영원한 운명이 될 것입니다. 바울이 고린도전서 15장에서 말하듯이, 주님은 세상을 대속하시고 구원하시며 온전케 하신 후에 다시 아버지께 바치실 것입니다.

이것이 기독교 복음입니다. 복음은 그저 도덕적으로 선한 사람이 되라거나 작년보다 조금 나은 사람이 되라는 메시지가 아닙니다. 물론 그 권면도 포함되지만, 그 권면을 훨씬 뛰어넘습니다. 복음은 예수와 그의 계획에 대한 것입니다. 우리가 지금 다루는 것들은 전부 사실입니다. 그가 세상에 계시면서 이제껏 말한 모든 일을 하셨습니다. 그는 이렇게 오셨고, 장차 다시 오실 것입니다. 처음 오셨을 때도 사람들은 믿지 않았습니다. 그 일을 예언한 선지자들을 비웃었으며, 오신 그를 믿지 않고 못 박아 죽였습니다. 사람들은 재림도 믿지 않는다고 말하며, 초림 때 믿지 않았던 자들과 같은 무리가 되길 자청하고 있습니다. 그러나 그는 다시 오실 것입니다. 다시 오셔서 하나님을 대적하는 세상 모든 것을 멸하실 것입니다. 그러나 그에게 속한 자들은 영광 가운데 그와 함께할 것입니다.

이 사실이 우리 각 개인에게 의미하는 바가 무엇일까요? 첫째는 그리스도께서 우리를 하나님과 화목케 하셨다는 것입니다. 세상이 이 모양인 것은 인간이 하나님의 진노 아래 있기 때문입니다. 하나님의 진노와 저주가 사라지지 않는 한 우리는 행복해질 수 없습니다. 그리스도는 우리 대신 저주의 대상이 되어 십자가에서 죽으셨습니다. 우리 죄를 지신 주님께 하나님의 진노가 쏟아졌고, 우리는 사함을 받았습니다. 더 나아가 인간에게는 새로운 본성이 필요합니다. 인간의 삶이 이 모양인 것은 악한 본성 때문입니다. 옛 본성이 남아 있는 한 인간은 영광스러운 상태로 살 수 없습니다. 그리스도는 인간에게 필요한 새 본성을 주십니다. 스스로 인간의 본성을 입으시고 인간에게는 자신의 본성을 입히심으로 "많은 형제 중에서 맏아들"이 되셨으며(롬 8:29), 새로운 인류의 선도자가 되셨습니다. 또한 우리는 사탄과 악과 지옥을 이길 수 없지만, 그는 전부 이기셨습니다. 사탄을 정복하셨습니다. 그리고 자신을 바라보는 자들도 똑같이 정복하게 해주십니다. 그가 다시 오시면 마침내 사탄을 불 못에 던지실 것이며, 세세토록 거기 가두실 것입니다(계 20:10).

히브리서 기자는 오늘날처럼 악했던 당시의 삶을 있는 그대로 직시하면서도 "지금 우리가 만물이 아직 그에게 복종하고 있는 것을 보지 못하고 오직[그러나]……영광과 존귀로 관을 쓰신 예수를 보니"라고 말할 수 있었습니다. 히브리서를 끝까지 읽어 보면 계속 이 말로 도움을 주는 것을 알 수 있습니다. 히브리서 기자는 믿음의 주요 또 온전케 하시는 이인 예수께 시선을 고정하라고 말합니다. 이것이 차이점입니다. 여러분은 세상을 보듯 예수를 보고 있습니까? 영광과 존귀로 관을 쓰신 예수를 보고 있습니까? 이제껏 말한 모든 사실을 믿고 있습니까? 그를 떠난 세상은 정죄를 받고 길을 잃었다는 것, 아무 소망도 없다는 것을 알고 있습니까? 세상이 죄로 가득하고 악할 뿐 아니라 여러분의 본성 또한 죄로 가득하고 악하다는 것, 여러분의 힘으로는 그 죄를 제할 수 없다는 것을 알고 있습니까? 여러분 자신이 죄인임을 알고 있습니까? 세상을 미워하고 있습니까? 여러분 안에 있는 악한 본성도 미워하고 있습니까? 그 본성에서 해방되길 갈망하고 있습니까? 예수 없이는 아무 소망이 없음을 알고 있습니까? 예수께서 모든 것을 정복하셨다는 사실, 그를 바라보고 의지하며 의탁하는 모든 자들에게 똑같이 정복할 힘을 주고 해방시켜 주며 장차 올 그의 영광에 참여시켜 주겠다고 말씀하신 것을 알고 있습니까? 예수를 이런 분으로 보고 있습니까?

영광과 존귀로 관 쓰신 예수를 보느냐 보지 못하느냐에 따라 저와 여러분의 영원한 운명과 미래가 달라집니다. 이 문제가 시급한 것은, 마음에 들든 들지 않든 우리 모두 예수를 볼 날이 다가오고 있기 때문입니다. 지금 영광과 존귀로 관을 쓰신 예수를 보지 못하는 자들에 대해 성경은 이렇게 말합니다.

땅의 임금들과 왕족들과 장군들과 부자들과 강한 자들과 모든 종과 자유인이 굴과 산들의 바위틈에 숨어 산들과 바위에게 말하되 "우리 위에 떨어져 보좌에 앉으신 이의 얼굴에서와 그 어린양의 진노에서 우리를 가리라. 그들의 진노의 큰 날이 이르렀으니 누가 능히 서리요?" 하더라(계 6:15-17).

제가 이 복음을 전하는 것은 모든 눈이 그를 보게 될 날, 아무도 피하지 못할 날이 확실히 다가오고 있기 때문입니다. 이것이 복음 메시지입니다. 우리 모두 그를 볼 것입니다. 인류의 죄를 위해 죽임 당하신 어린양의 진노보다 무서운 것은 세상에 없습니다.

지금 영광과 존귀로 관 쓰신 예수를 보고 있습니까? 나사렛 예수야말로 하나님의 독생자시라는 사실, 인간의 본성을 입으신 그가 무력한 아기의 모습으로 마리아의 태에서 태어나 구유에 누우셨다는 사실을 진실로 믿고 있습니까? 저와 여러분을 위해 복음서에 기록된 모든 일을 겪으셨다는 사실을 믿고 있습니까? 예수께서 그 모든 일을 겪지 않으셨다면 여러분은 세세토록 비참하게 고통당했을 것이라는 사실, 그러나 그를 믿기에 그와 함께 임할 나라에서 그의 영광에 참여할 것이라는 사실을 알고 있습니까? 마침내 세상에 다시 오셔서 모든 원수를 발등상으로 삼으실 예수, 여러분을 자신에게로 영접하여 장차 올 뛰어난 영광과 말할 수 없는 지복을 누리게 하실 예수께서 지금 영광과 존귀로 관 쓰고 계신 모습을 보고 있습니까?

제가 이처럼 여러분에게 촉구하는 것은 심판 날 "너는 그들에게 좋은 조언이나 즐거움이나 더 나은 행복감을 주는 대신 예수에 대해 알려 주었느냐?"라는 질문에 대답해야 하기 때문입니다. 그날 주께서 제게 던지실 질문, "너는 그들을 해방하고 구원하기 위해 하늘을 떠나 땅으로 내려간 예수에 대해 알려 주었느냐? 죽은 자 가운데서 살아나 지금 영광과 존귀로

마틴 로이드 존스 히브리서 강해

관 쓰고 내 우편에 앉아 있는 예수에 대해 알려 주었느냐?"라는 질문에 대
답해야 하기 때문입니다. 그날에 우리 모두 예수께 충성된 자로 나타나게
되길 바랍니다.

8

형제를
부끄러워하지 않으심

오직 우리가 천사들보다 잠시 동안 못하게 하심을 입은 자 곧 죽음의 고난받으심으로 말미암아 영광과
존귀로 관을 쓰신 예수를 보니 이를 행하심은 하나님의 은혜로 말미암아 모든 사람을 위하여 죽음을
맛보려 하심이라.   히 2:9

'하나님은 모든 인간의 아버지시요 모든 인간은 형제'라는 가르침은 성경에 나오지 않습니다. 기독교의 요점은 혈과 육을 지닌 우리 모든 사람이 양과 염소, 오른편과 왼편, 그리스도인과 비그리스도인, 거룩하게 된 자들과 그렇지 못한 자들로 구분되고 나뉜다는 것입니다.

이보다 더 중요한 사실이 없습니다. 여러분 중에는 지금 곤경에 빠져 사방에서 필요한 해답을 찾지만 찾지 못하는 분들이 있을지 모릅니다. "이런 나한테 기독교회가 과연 해줄 말이 있을지 의문이에요"라고 말하는 분들이 있을지 모릅니다. 그러나 여러분이 알아야 할 사실은 이것입니다. 예수 그리스도야말로 해답이시요, 여러분의 형제시요, 여러분에게 필요한 전부십니다. 여러분에게 예수는 이런 분입니까?

성경은 이 점을 아주 명확히 밝히며, 매번 사람들을 구분합니다. 주님도 그렇게 하셨습니다. 주님이 큰 무리를 가르치고 계시는데, 사람들이 찾아와 "잠깐만요, 어머니와 형제들이 밖에서 기다리는데요"라고 알린 적이 있습니다. 그때 주님은 이렇게 대답하셨습니다. "나의 어머니와 나의 동생들을 보라! 누구든지 하늘에 계신 내 아버지의 뜻대로 하는 자가 내 형제요 자매요 어머니이니라"(마 12:49-50). 모든 사람이 아닌 "하늘에 계신 내 아버지의 뜻대로 하는 자"가 주님의 형제라는 것입니다. 조금도 변하지 않은 채 그대로 있는 세상을 향해 "그리스도는 세상의 형제"라고 말하는 것은 무엇보다 큰 잘못입니다. 그렇지 않습니다.

마지막 심판 때 임금으로서 보좌에 앉아 모든 민족을 오른편과 왼편으로 나누시며 양과 염소로 구분하겠다고 하시면서 언급하신 종말론적인 말씀도 들어 보십시오. "임금이 대답하여 이르시되 내가 진실로 너희에게 이르노니 너희가 여기 내 형제 중에 지극히 작은 자 하나에게 한 것이 곧 내게 한 것이니라 하시고"(마 25:40). 이번에도 마찬가지입니다. 특정한 자들만 형제라고 부르시며, 그들에게 한 일이 곧 자신에게 한 일이라고 하십니다. 부활 이후에 사용하신 단어들도 살펴보십시오. "예수께서 [부활하신 모습을 보고 놀라 주님을 붙든 마리아에게] 이르시되 나를 붙들지 말라. 내가 아직 아버지께로 올라가지 아니하였노라. 너는 내 형제들에게 가서 이르되 내가 내 아버지 곧 너희 아버지, 내 하나님 곧 너희 하나님께로 올라간다 하라"(요 20:17). 주님이 어떻게 단어들을 연결하시는지 주목해서 보십시오. "내 형제들에게 가서"라고 말씀하신 후 "내 아버지 곧 너희 아버지, 내 하나님 곧 너희 하나님께로 올라간다 하라"라고 하십니다. 그는 우리와 하나이시면서도 영원히 구별되시는 분입니다.

복음 메시지는 그가 "형제"라고 부르시는 이 특정한 자들에게만 적용되는 것입니다. 이 호칭을 들으려면 일정한 위치에 있어야 합니다. 일정한 조건에 부합해야 복음의 놀라운 약속을 적용하고 사용할 수 있습니다. 모든 필요의 해답과 모든 문제의 해결책은, 이처럼 주님이 자신을 믿는 자들을 형제자매라 부르길 부끄러워하지 않으신다는 사실을 깨닫는 데 있습니다(히 2:11).

이제 이 진술과 관련된 사실들을 살펴봅시다. 우리를 형제자매라 부르시기 위해 그가 당하신 일이 무엇입니까? 이번에도 우리는 가장 위대한 비밀 앞에 서게 됩니다. 이 비밀을 살펴본 사도 바울은 디모데에게 말했습니다. "크도다, 경건의 비밀이여, 그렇지 않다 하는 이 없도다. 그는 육신으로 나타난 바 되시고"(딤전 3:16). 이분은 어떤 분입니까?

> 하나님이 이 모든 날 마지막에는 아들을 통하여 우리에게 말씀하셨으니 이 아들을 만유의 상속자로 세우시고 또 그로 말미암아 모든 세계를 지으셨느니라. 이는 하나님의 영광의 광채시요 그 본체의 형상이시라. 그의 능력의 말씀으로 만물을 붙드시며 죄를 정결하게 하는 일을 하시고 높은 곳에 계신 지극히 크신 이의 우편에 앉으셨느니라(히 1:1-3).

예수는 이런 분입니다. "이 말씀이 하나님과 함께 계셨으니……지은 것이 하나도 그가 없이는 된 것이 없느니라"(요 1:1, 3). 그는 하나님이시요 하나님의 영원한 아들이십니다.

말은 이 일을 묘사하기에 적합지 못한 도구입니다. 이것은 우리 정신과 상상을 초월하는 일이요 이해가 불가능한 일입니다. 그러나 진실입니다. 이 진실을 믿어야 합니다. 이처럼 영화로우신 분, 하나님을 온전히 나타내신 독생자께서 우리를 형제자매라 부르길 부끄러워하지 않으시기 위해 감수하신 일들이 있습니다. 그 일들이 무엇입니까? 이것은 성경 전체의 주제로서 전부 다루려면 많은 시간이 필요한 만큼, 지금은 믿음의 골자만 일깨워 보도록 하겠습니다. 이런 분이 자신에게 관심을 쏟고 계신다는 사실만 깨달아도 개인적인 문제는 절로 해결될 것입니다. 그러므로 각 개인의 특정 문제는 다루지 않고, 예수만 가리켜 보여드리겠습니다. 예수께 모든 해답이 있습니다. 예수를 바로 알고 예수와 바른 관계를 맺어야 합니다.

그가 당하신 일이 무엇입니까? 예수 그리스도는 "하나님의 영광의 채시요 그 본체의 형상"이시며 "능력의 말씀으로 만물을 붙드시"는 입니다. 만물이 그를 통해 지어졌습니다. 하나님이 그를 온 우주와 만 의 상속자로 세우셨습니다. 그런 분이 "천사들보다 잠시 동안 못하 하심을" 입으셨습니다. 그는 천사들을 만든 장본인이심을 기억하십 오. 천사들은 한때 존재하지 않았던 피조된 대상이요 피조된 영입니 . 그러나 아들은 존재하지 않았던 적이 한순간도 없는 분, 천사들을 직 만드신 분, 천사들보다 무한히 크고 뛰어나신 분입니다. 그런데 그런 잠시 동안 그들보다 못하게 되셨다는 것입니다. 이토록 가슴 떨리 는 을 들어 본 적이 있습니까? 천사들을 만드신 장본인이 그들보다 조금 못하게 되셨습니다. 여러분을 형제자매라 부르길 부끄러워하지 않으시기 그렇게 되셨습니다. "하나님과 동등됨을 취할 것으로 여기지 않"으셨 다(빌 2:6). 하나님과 동일하시며 성부, 성령과 동등하신 하나님의 본 이심에도 그 높은 이름을 내려놓으셨습니다. 그 영광을 일부 내려놓 시고 천사들보다 조금 못하게 되셨습니다.

도 모자라 더 자신을 낮추셨습니다. 천사들은 그나마 인간보다 큰 존재입니다. 우리를 "섬기는 영"이기는 하지만, 큰 힘과 능력을 가지고 있습니다(히 1:14). 주님은 그런 천사들보다 조금 못하게 되시는 것도 모자라 우리 인간과 같이 되는 자리까지 내려오셨습니다. "죄 있는 육신의 모양"을 입으셨습니다(롬 8:3). "자녀들은 혈과 육에 속하였으매 그도 또한 같은 모양으로 혈과 육을 함께 지니심은"(히 2:14). 이 말씀의 의미만 깨달아도, 주님께 이 일이 의미하는 바와 그가 이 일을 하신 이유 및 그 사랑의 결과만 깨달아도, 주체할 수 없는 기쁨이 넘칠 것이요 우리의 모든 어려움과 문제들이 절로 처리될 것입니다.

"말씀이 육신이 되어 우리 가운데 거하시매"(요 1:14). 그는 인간이 되어 이 세상에서 사셨습니다. 여전히 하나님이셨음에도 한낱 인간처럼 땅 위에서 사셨습니다. 이것은 참으로 불가사의한 일입니다. 그가 기도하셔야 했던 이유, 때로 밤을 새우면서까지 기도하셔야 했던 이유가 여기 있습니다. 신적인 속성을 여전히 지니고 계셨지만 사용하지 않으셨습니다. 그렇다고 신성을 비우신 것은 아닙니다. 그것은 불가능한 일입니다. 그러나 자신의 높은 이름은 내려놓으셨습니다. 이것은 한낱 인간처럼 살면서 우리의 연약함―피곤하기도 하고 지치기도 하는 연약함―에 종속되셨다는 뜻입니다.

그뿐 아니라 율법 아래로 들어가셨습니다. 사도 바울은 이것을 다음과 같이 표현하고 있습니다. "하나님이 그 아들을 보내사 여자에게서 나게 하시고 율법 아래에 나게 하신 것은"(갈 4:4). 영원부터 영원까지 계시며 율법을 제정하신 장본인이 인간이 되어 율법에 종속되셨으며, 율법의 모든 요구를 받아들이셨습니다. 그것도 모자라 "종의 형체"까지 가지셨습니다(빌 2:7). 왕궁이 아닌 마구간에서 태어나셨고, 심한 가난과 허기와 갈증을 경험하셨으며, 평범한 자들과 어울려 사셨습니다. 그처럼 복되신 분이 이 모든 일을 감수하셨습니다.

우리를 형제자매라 부르길 부끄러워하지 않으시기 위해 이 모든 일이 필요했습니다. 우리를 형제자매라 부르시기 위해 인간이 되셔야 했습니다. 이것이 히브리서 2장의 전적인 주장입니다. 우리를 형제자매로 삼으시기 위해 혈과 육을 지니셔야 했고, 그래서 혈과 육을 지니셨다는 것입니다. 그런데 우리는 왜 이 모든 일에 눈을 감고 있는 것일까요? 왜 거의 묵상하지 않는 것일까요? 왜 자기 자신이나 자신의 주관적 기분과 상태와 형편에만 그토록 몰두하는 것일까요? 하나님이 "육신으로 나타난 바" 되신 이 일을 세상은 알 필요가 있습니다(딤전 3:16).

이처럼 그가 육신으로 나타나서 하신 일이 무엇입니까? 우리처럼 사신 것입니다. 그는 무력한 아기로 산다는 것이 무엇인지 아시며, 어린 소년으로 산다는 것이 무엇인지 아십니다. 구약 율법을 배운다는 것이 무엇인지 아시며, 한 성인成人이자 목수로서 육체노동을 한다는 것이 무엇인지 아십니다. 사람들과 어울려 평범한 삶을 산다는 것이 무엇인지 아십니다. 그는 뜬소문과 질투심과 경쟁심과 시기심에 항상 둘러싸여 지내셨습니다. 저와 여러분이 살고 있는 세상과 똑같은 세상에서 사셨습니다. 그래서 모든 것을 아십니다! 그는 끝까지 우리와 같은 삶을 사셨습니다. 진정한 인간이 되셨습니다.

그뿐만이 아닙니다. 히브리서 2장 뒷부분에 나오듯이 시험도 받으셨습니다. 이 일이 그에게 무엇을 의미했는지 알겠습니까? "하나님은 악에게 시험을 받지도 아니하시고 친히 아무도 시험하지 아니하시느니라"(약 1:13). 그는 모든 시험 위에 계시며 시험 밖에 계신 분입니다. 그런데 복되신 삼위의 제2위께서 사람이 되고 육신이 되어 시험을 받으셨습니다. 광야에서 40일 밤낮 시험을 받으셨습니다. 마귀가 직접 나서서 그를 시험하고 공격했습니다. "그러므로 그가 범사에 형제들과 같이 되심이 마땅하도다. 이는 하나님의 일에 자비하고 신실한 대제사장이 되어 백성의 죄를 속량하려 하심이라. 그가 시험을 받아 고난을 당하셨은즉 시험받는 자들을 능히 도우실 수 있느니라"(히 2:17-18). 그가 이처럼 시험을 당하신 것은 우리를 형제자매라 부르길 부끄러워하지 않으시기 위해서였습니다. 우리를 도우시기 위해, 우리의 신실한 대제사장이 되시기 위해, 형제들을 도우시기 위해 이 모든 일을 자청해서 당하셨습니다. 우리를 위해 시험을 받으셨고, 마귀 안에 있는 모든 악과 지옥의 폭격을 받으셨습니다.

그는 고난이 무엇인지도 아십니다. "만물이 그를 위하고 또한 그로 말미암은 이가 많은 아들들을 이끌어 영광에 들어가게 하시는 일에 그들의 구원의 창시자를 고난을 통하여 온전하게 하심이 합당하도다." 저와 여러분이 아는 고난 중에 그가 모르시는 것은 없습니다.

그뿐만이 아닙니다. 우리 죄도 자기 것으로 삼으셨습니다. 그가 세례 받길 청하셨을 때 세례 요한은 이렇게 만류했습니다. "내가 당신에게서 세례를 받아야 할 터인데 당신이 내게로 오시나이까?" 그러자 주님은 대답하셨습니다. "우리가 이와 같이 하여 모든 의를 이루는 것이 합당하니라"(마 3:14-15). 그가 이처럼 세례를 받으신 이유가 무엇입니까? 형제들과 나란히 서시기 위해서였습니다. 그는 형제들을 돕기 위해 하늘에서 내려오셨고, 그들과 자신을 동일시하셨습니다. 마치 자신도 죄인인 양 그들과 함께 서셨습니다. 그들과 한자리에 서서 그들의 짐을 지셨습니다.

이것이 끝이 아닙니다. "오직 우리가 천사들보다 잠시 동안 못하게 하심을 입은 자 곧 죽음의 고난받으심으로 말미암아 영광과 존귀로 관을 쓰신 예수를 보니 이를 행하심은 하나님의 은혜로 말미암아 모든 사람을 위하여 죽음을 맛보려 하심이라." 이 모든 일의 의미가 여기 있습니다. 그가 오신 이유가 여기 있습니다. 형제들을 위해 죽음을 맛보고자 하늘에서 내려오신 것입니다. 그들을 형제자매라 부르는 것이 부끄럽지 않도록 죽음의 고통을 겪고자 하늘에서 내려오신 것입니다.

　그가 이 모든 일을 하신 것은 바로 우리를 위해서였습니다. 우리를 거룩하게 하시기 위해서, 자신의 것으로 구별하시기 위해서였습니다. "거룩하게 하시는 이와 거룩하게 함을 입은 자들이 다 한 근원에서 난지라." 성전에 있는 그릇은 거룩한 그릇이었습니다. 하나님이 모세에게 율법을 주신 산도 오직 그 목적을 위해 구별된 거룩한 산이었습니다. '거룩하다'sanctified는 것은—맥락상 명확히 다른 의미를 지닌 몇몇 경우를 제외하면—하나님을 위해 구별되었다는 뜻이며, 하나님과 새로운 관계가 시작되었다는 뜻입니다. 악하고 속된 모든 것에서 구별되어 하나님을 섬기는 일에 바쳐지고 드려졌다는 뜻입니다.

　"하나님의 영광의 광채시요 그 본체의 형상"이신 주님은 죽임을 당하신 후 다시 살아나 하늘로 돌아가셨습니다. 그 이유가 무엇입니까? 저와 여러분을 거룩하게 하시기 위해서였습니다. 거룩하다는 것은 구원 전체—칭의와 성화와 영화—를 포괄하는 말입니다. 이 말에는 죄로 가득한 인간의 자식들인 우리를 취하여 하나님을 위해 구별하시고 자기 백성으로 삼으셨다는 뜻이 담겨 있습니다. 천사들보다 조금 못하게 되신 예수는 우리를 형제자매라 부르길 부끄러워하지 않으십니다. 그가 세상에 오신 것은 무엇보다 하나님과 우리 사이에 있는 모든 장애물을 제하시기 위해서였습니다. 우리가 축복을 받지 못한 채 불행하고 비참하게 사는 것은 하나님을 모르기 때문이며 하나님께 기도할 수 없기 때문입니다. 우리는 하나님과 화목케 되어야 합니다. 예수는 하나님과 우리를 갈라놓는 이 죄를 제하시기 위해 오셨습니다. 그래서 죽임을 당하셨고 십자가로 나아가셨습니다. 자신을 믿는 백성이자 "형제"인 우리를 위해 죽음을 맛보셨습니다.

주님은 이 모든 일을 하시고 우리를 하나님의 자녀로 삼아 주셨습니다. 그가 우리를 형제자매라 부르길 부끄러워하지 않으신다는 것은 우리에게 자신과 같은 신분과 지위를 주셨다는 뜻입니다. 하나님의 아들이 친히 우리를 하나님의 아들로 삼아 주셨다는 뜻입니다. 우리가 예수 그리스도 안에서 하나님의 자녀가 되었으며 그와 함께 장차 올 영광의 상속자가 되었다는 뜻입니다.

히브리서 1:2은 말합니다. "이 모든 날 마지막에는 아들을 통하여 우리에게 말씀하셨으니 이 아들을 만유의 상속자로 세우시고." 그런데 히브리서 2장은 이 상속자가 우리를 형제라 부르길 부끄러워하지 않으신다고 말합니다. 그 의미가 무엇인지 알겠습니까? 상속자와 사이가 돈독한 것은 좋은 일입니다. 왜 그럴까요? 그가 물려받은 유산을 나누어 쓸 것이기 때문입니다. 그런데 만유의 상속자가 우리를 형제라 부르길 부끄러워하지 않으신다는 것입니다! 자기 자신이 의지할 데 없이 약하고 가난한 빈털터리로 느껴집니까? 가진 것 하나 없는 하찮은 존재로 느껴집니까? 여기 여러분에게 주는 대답이 있습니다. 여러분이 그리스도인이라면, 거룩해지는 과정 중에 있는 사람이라면, 주 예수 그리스도께서 여러분을 형제자매라 부르길 부끄러워하지 않으실 것입니다. 그는 만유의 상속자십니다. "만물이 다 너희 것임이라." 왜 우리 것일까요? 우리는 "그리스도의 것이요 그리스도는 하나님의 것이"기 때문입니다 (고전 3:21, 23).

마틴 로이드 존스 히브리서 강해

이 모든 사실이 알려 주는 바는 주님이 우리에게 큰 관심을 쏟고 계신다는 것입니다. "내가 주[아버지]의 이름을 내 형제들에게 선포하고 내가 주를 교회 중에서 찬송하리라 하셨으며 또 다시 내가 그를 의지하리라 하시고 또 다시 볼지어다, 나와 및 하나님께서 내게 주신 자녀라 하셨으니"(히 2:12-13). 천사들에게 하신 이 말씀의 요지는 "이들은 내 형제들이다. 내게 속한 내 특별한 백성이다"라는 것입니다. 우리는 주님의 특별한 관심대상입니다. 절대 외롭다거나 버림받았다거나 의지할 데 없다고 느낄 필요가 없습니다. 주님이 이제껏 설명한 모든 일을 당하신 것은 바로 여러분과 하나가 되시기 위함이며 여러분을 형제자매라 부르시기 위함입니다.

그가 우리를 동정하신다는 사실도 생각하기 바랍니다. "그러므로 그가 범사에 형제들과 같이 되심이 마땅하도다. 이는 하나님의 일에 자비하고 신실한 대제사장이 되어 백성의 죄를 속량하려 하심이라. 그가 시험을 받아 고난을 당하셨은즉 시험받는 자들을 능히 도우실 수 있느니라"(히 2:17-18). 어떤 이는 말할 것입니다. "내가 지금 겪고 있는 시험을 주님이 아실 리가 없어요. 마귀의 공격이 어찌나 심한지 내가 하나님의 자녀인지 아닌지조차 모르겠어요." 사랑하는 여러분, 주님은 그 시험도 아십니다. 여러분이 무슨 일을 겪든 주님이 겪으신 일에는 비할 수가 없습니다. 그는 최악의 죄를 경험하셨습니다. 죄로 물든 인간의 증오와 원한과 앙심을 목도하셨습니다. 그는 모든 시험을 아십니다.

가슴을 찢는 온갖 고통
그 슬픔의 사람 당하셨네.

우리의 큰 슬픔 함께하며

고통받는 자에게 안식을 주시네.

"전에는 땅에 계셨지만 지금은 영광스러운 곳으로 돌아가셨으니 땅의 삶을 아실 리가 없어요"라고 말할 수도 있습니다. 그러나 주님은 지금도 아십니다!

우리 고통의 동반자

지금도 우리 아픔 느끼시며,

친히 흘리셨던 눈물과 번민과 외침

하늘에서 기억하고 계시네.

—마이클 브루스 Michael Bruce

"우리에게 있는 대제사장은 우리의 연약함을 동정하지 못하실 이가 아니요"(히 4:15). 주님은 모든 점에서 우리와 같이 시험을 받으셨으나 죄는 없으신 분입니다. 형제자매를 동정하시는 이 복되신 구주로 인해 하나님을 찬양하십시오. 그가 능히 우리에게 주실 수 있는 도움, 곧 "때를 따라 돕는 은혜"도 살펴보기 바랍니다(히 4:16). 그는 모든 시험을 겪으셨고, 모든 시험의 의미를 아십니다. 그의 손발에는 여전히 못 자국이 남아 있습니다. 그는 유다 지파의 사자이신 동시에 죽임당한 어린양이십니다.

그가 마귀를 정복하셨다는 사실도 기억하십시오. 히브리서 기자는 이 점을 상기시키고 있습니다. 그는 "죽음의 세력을 잡은 자 곧 마귀"

를 멸하셨습니다. 시험하는 마귀를 패배시키셨고, 죽음과 부활로 패배시키셨습니다. 이 주님이 항상 살아계시면서 하나님 우편에서 우리를 위해 간구하십니다. 지금 이 순간도 간구하고 계시며, 앞으로도 항상 간구하실 것입니다. 히브리서 기자는 7장에서 이 점을 충분히 논증하는데, 그 요지는 다음과 같습니다. "예수의 놀라운 점이 바로 이것이다. 너희가 지금 회귀하고 싶어 하는 이 땅의 제사장들은 죽게 되어 있고, 그러면 또 새 제사장을 세워야 한다. 이처럼 그들은 왔다가 사라지지만, 예수는 영원한 제사장으로 영영히 계신다.""그러므로 자기를 힘입어 하나님께 나아가는 자들을 온전히 구원하실 수 있으니 이는 그가 항상 살아계셔서 그들을 위하여 간구하심이라"(히 7:25). 이 모든 일의 영광은, 지금 이 순간에도 우리의 위대한 중보자요 대언자로서 하나님의 영광 우편에 앉아 계신 예수 그리스도께서 아버지와 하늘 천군 앞에서 우리를 가리키시며 "이는 내 형제라"라고 말씀하신다는 데 있습니다. "이는 그가 항상 살아계셔서 그들을 위하여 간구하심이라." 그가 저와 여러분의 미약한 기도에 자기 영광의 향을 더하여 아버지께 올리고 계십니다.

그뿐만이 아닙니다. 저와 여러분이 모든 시험과 환난을 겪고 마침내 죽음에 이를 때까지 그는 계속 이 일을 하실 것이며, 마침내 "그[하나님의] 영광 앞에 흠이 없이 기쁨으로 서게 하실" 것입니다(유 24절). 이 얼마나 큰 위안입니까! "형제라 부르시기를 부끄러워하지 아니하시고." 그는 우리와 확연히 다른 분입니다. 이로 인해 하나님께 감사드리십시오. 세상에는 자기 친척과 가족을 부끄러워하는 이들이 많습니다. 인생에서 성공을 거둔 후 가난한 부모의 억양을 부끄러워하며 그들의 자식이 아닌 척 위장하는 경우도 있습니다. 그러나 온 세계를 지으신 "만유의 상속자", "하나님의 영광의 광채시요 그 본체의 형상"이신 분, "능력의 말씀으로 만물을 붙드시며 죄를 정결하게 하는 일을 하시고 높은 곳에 계신 지극히 크신 이의 우편에" 앉으신 하나님의 아들은 우리를 부끄러워하지 않으십니다(히 1:2-3). 그는 하나님 우편에 앉아 계신 분입니다. 천군이 그를 찬양하며 성부와 성자를 노래하고 있습니다. 그런데도 우리를 형제자매라 부르길 부끄러워하지 않으십니다. 이 진리를 깨달으십시오. 이 진리를 따라 행하십시오. 그의 임재 안에 들어가십시오. 그를 통해, 성령을 힘입어, 하나님께 나아가십시오. "믿음의 주요 또 온전하게 하시는 예수를 바라보"며 여러분의 기업으로 받은 땅에 들어가십시오(히 12:2). 넉넉히 이김으로 기쁨이 넘치는 자가 되십시오.

9
이같이 큰 구원

그러므로 만물이 그를 위하고 또한 그로 말미암은 이가 많은 아들들을 이끌어 영광에 들어가게 하시는
일에 그들의 구원의 창시자를 고난을 통하여 온전하게 하심이 합당하도다.   히 2:10

히브리서 2장 첫 네 구절의 주제에 다시 한 번 주의를 환기시키고 싶습니다. 이번 연구에서는 특히 "이같이 큰 구원"이라는 표현을 설명하고자 합니다. "우리가 이같이 큰 구원을 등한히 여기면 어찌 그 보응을 피하리요?"라고 히브리서 기자는 말합니다(히 2:3). 복음을 등한시하거나 나태함으로 흘러 떠내려가지 말 것을 히브리 그리스도인들에게 경고합니다. 복음에 유념하길 권면하며, 그 이유를 제시합니다. 복음이 하나님께로부터 온 메시지임을 상기시킵니다. 성부 하나님이 성자를 통해, 성령으로 말미암아 주시고 입증하신 메시지이니 유념하라고 말합니다. 이 복음을 잘 들으라고, 이 복음을 등한시하면 무서운 결과가 뒤따를 수 있으니 조심하라고 말합니다. "우리가 이같이 큰 구원을 등한히 여기면……."

다행히 그는 이처럼 소극적인 권면을 하는 데서 더 나아가, 복음은 "이같이 큰 구원"이기에 잘 들어야 한다고 촉구합니다. 그러므로 개인의 정당한 필요에 집중하기 전에, 신약성경이 펼쳐 보여주는 이 큰 복음부터 살펴보아야 합니다. 행복을 찾는 가장 좋은 길은 복음을 먼저 살펴보는 것입니다. 행복 자체가 아닌 복음의 진리를 먼저 추구하는 것입니다. 복음이 주는 바를 얻으면 행복은 물론이요 여러분이 떠올릴 수 있는 다른 모든 축복도 같이 따라오게 되어 있습니다.

마틴 로이드 존스 히브리서 강해

복음이 큰 것은 그 목적 자체가 크기 때문입니다. 복음은 능히 우리 같은 사람들과 우리가 사는 세상을 붙들어 변화시킬 수 있습니다. 하나님의 구원 계획은 단순히 우리가 세상에 사는 동안 몇 가지 도움을 주시다가 죽을 때 지옥에서 구해 주시는 것이 아닙니다. 온 세상을 죄에서 정결케 하시는 것이며, 온 우주를 대속하시는 것입니다. 말할 수 없이 영광스럽고 경이로운 세상을 만드시는 것입니다. 히브리서 기자가 상기시키는 가장 놀라운 사실은 바로 저와 여러분이 그 엄청난 미래와 놀라운 구원의 상속자라는 것입니다. 하나님이 지금 그 목적을 향해 우리를 이끌어 가고 계신다고 생각하면 거의 현기증이 날 정도입니다. 죄와 악으로 가득한 세상 모든 것이 정결해질 것이요, "의가 있는 곳인 새 하늘과 새 땅"이 임할 것입니다(벧후 3:13). 우리는 그리스도와 함께 그 세상에서 다스릴 것입니다.

온 세상의 주, 만물의 창조주께서 이렇게 하시는 것은 우리에게 그만한 가치가 있기 때문이 아니라(그렇지 못함을 우리 자신이 잘 알고 있습니다) 오직 그의 은혜 때문입니다. 그의 자비하시고 긍휼하신 마음 때문입니다. 하나님은 아들 주 예수 그리스도를 통해, 그로 말미암아 이 모든 일을 하십니다. 예수는 우리 구원의 창시자십니다. 구원의 지휘관이라고 해도 좋습니다. 하나님이 그에게 이 계획을 맡기셨습니다. 하나님의 아들이 세상에 오신 전적인 목적, 초림의 전적인 이유와 의미는 죄로 가득한 인간을 구하여 하나님의 자녀로 삼으시려는 이 계획을 이루시는 데 있습니다. 자녀들은 하나님의 영광에 참여할 것이며 새로운 세상에서 다스릴 것입니다. 이 얼마나 큰 계획이요, 큰 전망이요, 큰 구원입니까!

그런데 여기에서 제기되는 의문이 한 가지 있습니다. 히브리서는 나사렛 예수야말로 하나님의 독생자시요 모세와 선지자들뿐 아니라 첫자리를 이탈한 적 없는 천사들보다 뛰어나신 분이라고 주장합니다. 예수는 하나님의 아들이십니다. 어떤 천사에 대해서도 이렇게 말할 수 없습니다. 우리의 의문은 그처럼 높으신 하나님의 아들과 여기 묘사된 예수(천사보다 못한 한낱 인간 예수)가 어떻게 서로 어울릴 수 있느냐는 것입니다. 다시 말해서 하나님은 왜 굳이 이런 방법으로 인간과 세상을 구원하길 원하셨느냐는 것입니다. 전능하신 사랑의 하나님이 이 방법 아니면 인간을 구원하시고 해방하실 수 없었느냐는 것입니다.

또는 이렇게 물을 수도 있습니다. "구원 계획을 이루기 위해 하나님의 아들이 굳이 세상에 오셔야 했던 이유가 무엇입니까? 영원하신 성자께서 무력한 아기의 모습으로 베들레헴에 태어나셔야 했던 이유가 무엇입니까? 하나님의 아들이 그토록 낮아지셔야 했던 이유가 무엇입니까?" "오직 우리가 천사들보다 잠시 동안 못하게 하심을 입은 자 곧 죽음의 고난받으심으로 말미암아 영광과 존귀로 관을 쓰신 예수를 보니 이를 행하심은 하나님의 은혜로 말미암아 모든 사람을 위하여 죽음을 맛보려 하심이라"(히 2:9). 하나님의 아들이 이처럼 인간의 한계 안에 갇히신 이유가 무엇입니까? 천사들보다 조금 못하게 되신 이유가 무엇입니까? 시험을 받으시고 죄인들의 거역을 참으신 이유가 무엇입니까? 그 모든 일을 당하신 이유가 무엇입니까? 무엇보다 갈보리에서 그토록 잔혹하고 수치스럽고 고통스럽게 죽임당하신 이유가 무엇입니까? 육신이 되신 이유, 그처럼 사시고 죽으신 이유, 그 모든 일을 당하신 이유가 무엇입니까? 히브리 그리스도인들은 특히 자신들의 메시아관 때문에 이 문제에 심각하게 부딪쳤을 것입니다. 그러나 오늘날 많은 이들에게도 이것은

마틴 로이드 존스 히브리서 강해

불편한 문제입니다.

어떤 의미에서 히브리서 2장은 이 질문에 대한 상세한 대답이라고 할 수 있습니다. 히브리 그리스도인들은 이 문제에 걸려 넘어졌습니다. 히브리서 기자의 주장처럼 예수께서 그토록 높으신 분이라면 왜 굳이 인간이 되셨느냐는 것입니다. 이제부터 우리는 "이같이 큰 구원"이라는 주제를 다시 살펴보려 합니다. 성육신과 고난과 십자가 죽음의 이유를 묻는 질문에 답하기 위해 이 주제를 한 번 더 살짝 들여다보려 합니다.

10절에 나오는 한 가지 표현에서 그 대답을 찾아볼 수 있습니다. "그러므로 만물이 그를 위하고 또한 그로 말미암은 이가 많은 아들들을 이끌어 영광에 들어가게 하시는 일에 그들의 구원의 창시자를 고난을 통하여 온전하게 하심이 합당하도다." 여기에서 "그"는 하나님 자신을 가리키는 말입니다. 우리 구원의 창시자를 고난을 통해 온전하게 하심으로써 이 일을 하시며 구원 계획을 이루시는 것이야말로 "만물이 그로부터 나오고 또한 그로 말미암은" 하나님께 합당한 방법이라는 것입니다. "합당하도다"라는 이 표현이 아주 중요합니다. 이 말에 담긴 의미는 이것이야말로 하나님께 어울리며 부합하는 방법이라는 것입니다. 하나님의 성품과 본질에 맞는 방법이라는 것입니다. 히브리 그리스도인들이 품었고 다른 많은 이들 또한 품고 있을 의문에 대한 대답의 열쇠, 해답의 열쇠가 여기 있습니다.

이 대답은 기독교의 구원과 관련된 거의 모든 질문을 해결하는 열쇠이기도 합니다. 우리의 궁극적 문제와 난관과 의문에 대해 성경이 항상 제공하는 열쇠가 이것입니다. 기독교 신앙을 이해하고 싶거나 자연인의 정신에 절로 떠오르는 여러 가지 문제를 풀고 싶을 때 우리가 해야 할 일은 하나님 자신의 본질과 성품부터 먼저 살펴보는 것입니다. 그렇게 하지 않는 탓에 많은 이들이 종종 난관에 부딪칩니다. 기독교의 구원과 관련한 질문들이 다수 있습니다. 왜 어떤 사람은 구원받고 어떤 사람은 구원받지 못할까요? 왜 어떤 사람은 선택받고 어떤 사람은 선택받지 못할까요? 하나님과 영벌이 어떻게 서로 어울릴 수 있을까요? 이런 질문을 던지는 사람들이 대부분 난관에 봉착하는 원인은 예외 없이 출발을 잘못한 데 있습니다. 이런 질문은 철학적 문제를 다루듯 하면 안 됩니다. 인간의 문제나 질문을 다루듯 하면 안 됩니다. 문제 자체가 아닌 하나님의 본질에서부터 출발해야 합니다. 최대한 성경에 비추어 하나님에 대해 상고해 보아야 합니다. 그의 본질과 영광과 성격을 조금이라도 이해하고자 애쓴 후에, 그 맥락 안에서 질문을 던져야 합니다. 지금 우리는 인간의 문제를 다루는 것이 아니라는 사실, 하나님의 방법을 이해하려는 것이라는 사실을 기억하십시오. 이 생각을 하는 즉시 저는 모세가 불타는 떨기나무 앞에서 취한 행동, 여호수아가 또 다른 때에 취한 행동—자신이 거룩한 땅에 있음을 알고 신을 벗는 행동—을 따르게 됩니다(출 3:1-5, 수 5:15). 이처럼 "경건함과 두려움으로" 이런 질문들에 다가서면 난관의 절반이 사라져 버립니다(히 12:28). 우리의 태도 자체가 가장 큰 난관으로 작용할 때가 종종 있습니다. 히브리서 기자는 이 방법이 "[하나님께] 합당하도다"라고 대답하면서, 그 즉시 우리를 하나님의 성품으로 이끌어 갑니다.

그는 이 진술을 여러 요소로 나누어 표현함으로써 우리에게 도움을 줍니다. 이렇게 구원하시는 것이 하나님께 합당하다는 말이 의미하는 바가 대체 무엇일까요? 한 가지는 '하나님이 하신 일은 그 자체로 옳다'

는 것임이 분명합니다. 제가 아주 고의적으로 이 말부터 하는 것은, 하나님의 말씀을 연구하고 숙고하며 그 안에서 살고자 애쓸수록 도달하게 되는 결론이 이것이기 때문입니다. 지난 분석에서도 말했듯이, 믿음의 가장 좋은 정의는 '내가 이해한 바가 아닌 하나님이 계시하신 바에 만족하는 것'입니다. 인간은 천성적인 반역자로서, 모든 것을 이해해야만 직성이 풀립니다. "하나님은 왜 이런 일을 하는 거지? 정말 하나님이시라면 왜 저런 일을 허용하고 허락하는 거지?"라고 묻습니다. 이렇게 질문하는 방식만 보아도 하나님에 대한 태도 자체가 잘못된 것을 알 수 있습니다. 그런 태도를 고수하면 아무것도 이해할 수 없습니다. 마음에 들든 들지 않든, 지적 교만이야말로 우리의 궁극적인 죄입니다. 고린도전서에서 바울이 주저 없이 밝히듯, 예수 그리스도의 복음과 하나님의 구원 방법이 이런 내용과 형식으로 이루어진 것은 인간의 지적 교만을 꺾고 세상의 지혜를 미련하게 하시기 위함입니다.

이 말은 저와 여러분이 묻지 말아야 할 질문들이 있다는 뜻입니다. 잘못된 방식으로만 묻지 않는 것이 아니라 아예 묻지 말아야 합니다. 이 세상에 사는 동안 우리는 하나님을 다 이해하지 못합니다. 장담컨대 우리가 쉽게 이해하지 못할 일, 하나님이 그 지혜와 섭리로 행하실 일들이 앞으로도 있을 것입니다. 하나님의 방법을 다 이해한다는 것은 하나님과 동등하다는 뜻인데, 저와 여러분은 절대 그렇지 못합니다. 감사하게도 하나님이 우리에게 계시해 주신 사실들이 있으며, 그 사실들만 아는 것으로도 충분합니다. 믿음은 하나님이 계시하신 바에 만족하는 것입니다. 질문에 봉착할 때는 아브라함처럼 "세상을 심판하시는 이가 정의를 행하는 것이 아니니이까?"라고 말할 것을 성경은 권면합니다(창 18:25).

아브라함이 할 수 있는 말은 그것뿐이었습니다. 하나님이 그 주권적인 지혜와 뜻으로 정하신 구원 방법 앞에서 저와 여러분이 해야 할 말도 그 것뿐입니다. "하나님이 이렇게 하셨다는 사실만으로 충분합니다. 온전히 이해되지는 않지만 겸손히 받아들입니다. 제가 이해하든 이해하지 못하든 하나님이 하시는 모든 일은 옳은 것을 알기에 다만 엎드려 감사 드릴 뿐입니다."

이것이 "합당하도다"라는 표현에 대한 첫 번째 설명입니다. 좀 더 자세히 살펴봅시다. 다른 방법으로도 죄로 가득한 사람의 아들들을 하나님의 아들딸로 삼으시고 장차 올 영광의 상속자로 삼으실 수 있었다면, 아들의 성육신과 고난과 죽음 없이도 우리를 붙들어 자녀로 삼으실 수 있었다면, 그 방법을 쓰셨을 것입니다. 성경에 기록된 이런 전능하신 분이 다른 방법이 있는데도 굳이 하나밖에 없는 아들을 세상에 보내 모욕과 오해와 침 뱉음을 당하게 하시고 겟세마네 동산에서 땀을 핏방울처럼 흘리게 하셨겠습니까? 다른 방법은 없었습니다.

더 나아가 적극적인 설명도 할 수 있습니다. 성경은 우리를 더 깊은 곳으로 데려갑니다. "그러므로 만물이 그를 위하고 또한 그로 말미암은 이가 많은 아들들을 이끌어 영광에 들어가게 하시는 일에 그들의 구원의 창시자를 고난을 통하여 온전하게 하심이 합당하도다." 이것은 하나님의 성품에 맞는 유일한 방법입니다. 여기에서 조심해야 할 위험이 한 가지 있습니다. 하나님에 대해 생각할 때는 전체적으로 생각해야지, 성품의 일부 측면이나 일부 속성만 따로 떼어 내 생각하면 안 됩니다. 우리는 가끔 그런 잘못을 범합니다. 이처럼 중요하고 중대한 질문을 살펴보면서도 하나님의 사랑만 떼어 내 이야기하는 경우가 있습니다. 그러면서 하나님의 사랑과 다른 일들이 서로 어떻게 어울릴 수 있는지 의문을 품는데, 여기에서부터 문제가 발생합니다. 신약성경에 나오는 구원 방법은 하나님의 모든 측면과 본질과 성품과 본성을 보여줍니다. 그래서 "이같이 큰 구원"이라고 말하는 것입니다. 구원은 흠 없이 완전한 하나님의 성품을 보여줍니다.

이 모든 내용을 다루는 히브리서 2장을 통해 설명해 보겠습니다. 2장이 첫 번째로 말하는 바는 이것입니다. 예수 그리스도 안에서 이루시는 구원 방법은 온 우주의 최고 통치자이신 하나님의 성품을 보여줍니다. 이것이야말로 "만물이 그를 위하고 또한 그로 말미암은 이"에게 합당한 방법이라고 히브리서 기자는 말합니다. 하나님은 만물의 조성자요 창조자요 보전자이신 동시에 모든 측면에서 우주를 다스리시는 최고 통치자십니다. 말하자면 만물은 그를 통해 균형을 유지하고 있습니다. 어떤 일도 그와 상관없이 일어나지 않습니다. 그가 세상을 운행하고 계십니다. 이처럼 하나님은 마땅히 순종과 경배와 영광을 받으셔야 할 분입니다. 그의 영광을 나타내는 것이야말로 피조세계의 전적인 의미이자 목적입니다. 특히 인간의 중대한 목적이 이것입니다. 「웨스트민스터 소요리 문답」에 나오듯이 "인간의 제일가는 목적은 하나님을 영화롭게 하고 그를 영원토록 즐거워하는 것"입니다. 하늘도 그의 영광을 선포합니다. 만물은 우주의 큰 통치자이신 하나님을 영화롭게 하기 위해 존재합니다.

이 말은 하나님이 완전하고 절대적인 순종을 받으셔야 한다는 뜻입니다. 모든 만물은 하나님을 위해 살고 그를 영화롭게 해야 한다는 뜻이며, 무엇이든 그의 영광을 훼손하는 것은 규탄받고 정죄받아야 한다는 뜻입니다. 죄는 하나님과 그의 통치에 순종하지 않음으로써 하나님을 알고 영화롭게 하는 이 목적의 핵심부를 타격합니다. 마귀는 에덴동산에서 아담과 하와에게 말했습니다. "하나님이 그랬다고? 하나님이 뭔데 너희한테 그런 말을 하는 거야?" 인간은 그 말을 받아들였고 계속 반복해 왔습니다. 우리 모두 그랬습니다. 하나님이 왜 이런 일을 허용하시며 저런 일을 허용하시느냐고 반발했습니다. 하나님의 영예를 더럽히는 이런 죄는 반드시 규탄해야만 합니다. 죄를 규탄하지 않는 구원 방법은 하나님께 합당치 않습니다.

다시 말해서 하나님은 온 우주의 통치자답게 인간을 구원하셔야 하는데, 그러려면 죄를 폭로하시고 규탄하시며 제거하셔야 합니다. 신약성경에 계시된 구원 방법, 십자가를 통한 방법으로 하시는 일이 바로 이것입니다. 주 예수 그리스도의 삶과 죽음만큼 죄의 전적인 무서움을 보여주는 것은 없습니다. 죄가 무엇인지 알고 싶습니까? 예수 그리스도와 자기 자신을 비교해 보십시오. 그는 설교하셨을 뿐 아니라 실천하셨습니다. 산상설교를 하셨을 뿐 아니라 그대로 사셨습니다. 점도 없고 흠도 없었습니다. 그를 바라보고 자기 자신을 바라보십시오. 그러면 죄가 무엇인지 보일 것입니다.

특히 십자가를 보기 바랍니다. 죄는 오직 십자가로만 처리될 만큼 끔찍하고 무섭고 심각한 것입니다. 하나님은 이 방법을 통해 구원 계획을 이루심으로 온 우주에 대한 도덕적 통치권을 주장하셨으며, 자신을 대적하여 높아진 것을 폭로하시고 제거하심으로 만물에 대한 통치권을 주장하셨습니다. 죄를 규탄하고 폭로하며 벌하지 않는 것은 하나님의 구원 방법이 아닙니다. 물론 우리 생각은 다릅니다. 그렇지 않습니까? 저와 여러분이 생각하는 구원 방법은 하나님이 사랑으로 "괜찮다. 내가 다

마틴 로이드 존스 히브리서 강해

용서해 주마"하시는 것입니다. 하지만 그렇게 구원하시면 우리가 어떻게 죄를 알겠습니까? 어떻게 죄의 실제 성격을 알며, 사탄과 그 무리를 통해 세상에 들어와 삶을 망쳐 놓은 원인이 무엇인지 알겠습니까? 하나도 모를 것입니다. 이 구원 방법이야말로 하나님의 성품에 부합하는 것입니다.

이것은 하나님의 크심에 부합하는 방법일 뿐 아니라 그의 공의와 의에도 부합하는 방법입니다. 바울은 로마서 3장에서 이 문제를 제기하고 있습니다. 경건치 않지만 그리스도를 믿는 자를 의로우신 하나님이 어떻게 의롭다 하시느냐는 것입니다. 이 질문 앞에 서야 왜 이런 구원 방법을 쓰셨는지 이해할 수 있습니다. 하나님은 사랑이실 뿐 아니라 공평하시고 거룩하시며 불변하시는 분입니다. 바울은 그가 인간을 용서하시면서도 공평하셔야 하는 중대한 문제에 봉착하셨다고 말합니다. 물론 그 해결책은 오직 한 가지, 아들을 세상에 보내 십자가에서 죽게 하시는 것이었습니다. 하나님은 율법을 주셨습니다. 율법은 그의 본성과 성품이 표현된 것이기에 마땅히 준수되어야 합니다. 그의 공의와 의가 그것을 주장합니다. 하나님은 죄를 벌하겠다고 말씀하셨고, 한번 말씀하신 것은 번복하지 않으시기에 반드시 벌하셔야 합니다. 그렇지 않으면 더 이상 공평하거나 의롭거나 거룩하지 않으신 분이 됩니다. 그뿐 아니라 빛과 어둠은 섞일 수 없으며, 죄로 가득하며 거룩하지 못한 것은 거룩한 것과 공존할 수 없습니다. 하나님의 거룩한 본질이 이것을 요구합니다.

그래서 문제가 되는 것입니다. 거듭 말하지만, 공의와 의와 거룩하심에 부합하지 않는 방식으로 죄를 사하시는 방법은 하나님께 합당치 않습니다. 신약성경이 말하는 구원은 하나님의 법과 질서가 무엇인지, 요구되는 처벌과 죄의 형벌이 무엇인지 보여줍니다. 그 형벌이 죄 없이 순결하고 거룩한 다른 이에게 부과됨으로써 저와 여러분은 용서받을 수 있게 되었습니다. 하나님은 이 방법으로 자신의 공평함을 지키시는 동시에, 경건치 않지만 예수 그리스도를 믿는 자를 의롭다 하십니다.

큰 구원은 이처럼 하나님의 크심을 명백히 보여주고 입증할 뿐 아니라 그의 율법도 굳게 세웁니다. 바울이 로마서 3장 말미에서 말하는 바가 이것입니다. "그런즉 우리가 믿음으로 말미암아 율법을 파기하느냐? 그럴 수 없느니라. 도리어 율법을 굳게 세우느니라"(롬 3:31). 율법을 굳게 세우지 않는 방법은 하나님께 합당치 않습니다. 율법은 하나님 자신의 법이기 때문입니다.

또한 이 큰 구원은 하나님이 하시는 모든 일의 완전성을 보여줍니다. 하나님은 하나님이시기에, 인간을 대속하고 구원하는 계획도 자신만큼 크게 세우셨습니다. 죄만 사해 주길 원치 않으시고, 태초에 아담을 에덴 동산에 두셨을 때와 똑같은 상태로 우리를 회복시킬 뿐 아니라 장성한 자녀로 성장시키려는 목적을 세우셨습니다. 그러나 이처럼 하나님의 자녀가 되어 친밀한 관계를 누리기 전에, 그가 예비하신 영광에 들어가 온 세상뿐 아니라 천사들까지 다스리는 주인이 되기 전에 선행되어야 할 일들이 있습니다. 그 일들이 히브리서 2장에 나옵니다.

그중 첫 번째는 하나님의 율법을 지키고 이행하는 것입니다. 하나님은 인간에게 율법을 주시면서 이 법을 지키지 않으면 받아 주지 않겠다고 하셨습니다. 어떻게든 하나님의 법을 지키고 이행하지 않으면 정죄받게 되어 있습니다.

다음으로 필요한 일은 우리의 대적이자 원수인 마귀, 하나님과 우리 사이를 악으로 가로막고 있는 마귀를 정복하는 것입니다. 계속해서 우리를 시험하며 공격하는 마귀를 처리해야 합니다.

다음으로 필요한 일은 하나님의 법을 지키지 못한 우리의 실패를 어떻게든 온전히 해결하는 것입니다. 하나님과 화목케 되는 것입니다. 하나님의 법에 진 빚을 청산하고 정리하는 것입니다. 이와 더불어 인간을 집어삼키고자 입 벌리고 달려드는 "쏘는 것", 즉 죽음도 정복해야 합니다(고전 15:55). 어떻게 해야 우리가 죽음을 피하고 하나님과 영원히 분리되는 운명을 피할 수 있겠습니까?

우리는 하나님 앞에 나아갈 자격이 없습니다. 우리 대신 나아가 간구해 주실 대제사장이 필요합니다. 하나님의 자녀가 되기 전에 새 본성을 주실 분이 필요합니다. 하나님과 화목케 된 것을 알고 확신할 때에야 비로소 그분 앞에 자신 있게 나아갈 수 있습니다. 하나님이 우리 아버지 되시고 우리가 그의 자녀 된 것을 반드시 알아야 합니다. 그런데 어떻게 알 수 있습니까? 나는 원래 하나님의 원수이며, 내 본성은 무가치하기에 정결케 되어야 합니다. 그런데 어떻게 하나님이 나의 아버지 되시고 내가 그의 자녀 된 것을 알 수 있습니까?

삶과 그 유혹에 맞서도록 도와주실 분, 나를 동정해 주실 분, 곤궁하고 무력한 나를 지원해 주실 분 또한 필요합니다. 강한 팔로 나를 지켜 주시고 붙잡아 주실 분, 결국 하늘의 하나님 앞에 흠 없이 서게 해주실 분이 참으로 필요합니다. 인간에게는 이 모든 것이 필요합니다.

그리스도께서 인간이 되셔야 했던 이유가 무엇입니까? 천사들보다 조금 못하게 되셔야 했던 이유가 무엇입니까? 시험받으신 이유가 무엇입니까? 그처럼 고난받으시고 십자가로 나아가신 이유가 무엇입니까?

그런 일들 없이 우리를 구원하실 수 없었던 이유가 무엇입니까? 이제껏 말한 우리의 모든 필요 때문입니다. 그리스도는 세상에 와서 죽으심으로, 그 모든 일을 당하심으로 이 모든 필요를 채워 주셨습니다.

그는 사람이 되셨고, 사람으로서 율법을 만족시키셨습니다. 바울이 로마서 3장에서 말하듯이(또한 성경 전체가 말하듯이) 기독교의 구원은 이런 그리스도의 의가 곧 나의 의가 되는 것입니다. 그리스도께서는 율법을 지키셨기에, 하나님은 우리에게 말씀하십니다. "내가 너를 그리스도 안에 두고 그의 의를 네 위에 두었으니, 이제 그 의가 너를 덮어 줄 것이다." 찬송시인 오거스터스 탑레이디Augustus Toplady가 노래한 그대로입니다.

율법도, 하나님도
나 두렵지 않도다.
구주의 순종과 피
내 모든 죄 가려 주시니.

예수 그리스도는 우리 죄를 위해 죽으셨고, 하나님은 그의 의를 우리에게 전가하셨습니다. 그리스도는 하나님의 율법을 지키셨습니다. 율법을 준수하지 않는 구원 방법은 하나님의 성품에 부합하지 않습니다. 그리스도께서 우리를 대속하시려면 사람이 되어 사람의 삶을 사셔야 했습니다. 갈라디아서에 나오는 바울의 말처럼 "율법 아래에 있는 자들을 속량"하기 위해 "여자에게서" 나셔야 했고 "율법 아래에" 나셔야 했습니다(갈 4:4-5).

또한 그리스도는 우리 대신 사탄과 싸워 그를 정복하셨습니다. 사탄

마틴 로이드 존스 히브리서 강해

이 찾아와 시험할 때마다 패배시켜 달아나게 하셨습니다. 우리는 우리 대신 사탄을 정복해 주신 분, 우리 또한 능히 정복하게 해주시는 분을 알고 있습니다. 성자가 인간이 되어 세상에 오지 않으셨다면 이 일을 해주실 수 없었을 것입니다.

우리가 갚아야 할 빚도 십자가에서 다 갚아 주셨습니다. 저와 여러분이 받을 죄의 형벌을 대신 받아 주셨습니다. 이처럼 그가 빚을 청산하시고 율법을 이행하셨기에 우리는 하나님과 화목케 되었습니다. 율법을 지키지 않는 것은 하나님께 빚을 지는 일과 같습니다. 우리는 거룩한 율법에 빚진 자들이었는데, 우리가 도저히 갚을 수 없었던 그 빚을 그리스도께서 대신 갚아 주셨습니다. 그가 인간으로 오지 않으셨다면 죽으실 수 없었을 것이고, 저와 여러분은 여전히 빚에 매여 있을 것입니다.

그는 죽음도 정복하셨습니다. 죽음의 결박을 끊으셨으며, 무덤을 밟고 당당히 다시 살아나셨습니다. 죽음은 그를 붙잡아 둘 수 없었습니다. 그는 죽음을 뚫고 나가 승리하셨습니다.

또한 우리는 그가 하나님 앞에서 우리를 대신하는 큰 대제사장이 되어 주신 것을 알고 있습니다. 그는 하늘에 오르셨고, 그곳에서 우리를 위해 간구하고 계십니다. 우리는 그가 보내 주신 성령으로 말미암아 하나님의 자녀가 되었습니다. "영접하는 자 곧 그 이름을 믿는 자들에게는 하나님의 자녀가 되는 권세를 주셨으니"(요 1:12). 우리는 성령으로 태어나 그의 "신성한 성품에 참여하는 자"가 되었습니다(벧후 1:4). 성령은 하나님을 "아빠 아버지"라고 부르도록 가르쳐 주셨습니다(롬 8:15). 하나님은 더 이상 멀리 계신 분이 아닙니다. 그리스도 안에서 우리 아버지가 되셨고, 우리가 이 땅에 머무는 동안 삶을 헤쳐 나가도록 도와주십니다.

주님은 우리와 똑같이 시험을 받으셨습니다. "그가 시험을 받아 고난을 당하셨은즉 시험받는 자들을 능히 도우실 수 있느니라"(히 2:18). 우리에게 필요한 일이 바로 이것입니다! 그는 땅 위에서 살아 보셨기에 우리를 이해하십니다. 사람이 되지 않았다면 동정하지 못하셨겠지만, 모든 일에 똑같이 시험을 받으셨기에 우리의 연약함과 무지함을 동정하시며 참아 주십니다. 그러면서도 강하시기에 우리가 그에게 굴복할 때 강한 손으로 붙드시고 인도하시며 힘을 주십니다. 실제로 넉넉히 이기게 해주십니다. 특정한 죄에 빠져 한 번도 이겨 보지 못한 허약한 자도 예수 그리스도를 힘입어 넉넉히 이길 수 있으며, 그리스도께서 주시는 힘으로 유혹을 비웃어 줄 수 있습니다.

그뿐 아니라 그는 "항상 살아계셔서" 우리를 위해 간구하시며, 이처럼 영원히 계시기에 "자기를 힘입어 하나님께 나아가는 자들을 온전히 구원하실 수 있"습니다(히 7:25). 오늘만 함께 계시다가 떠나시는 것이 아닙니다. 영원히 계시며 "어제나 오늘이나 영원토록 동일하"게 행하십니다(히 13:8). 남은 여정을 끝까지 인도하여 마침내 "그 영광 앞에 흠이 없이 기쁨으로 서게" 하십니다(유 24절). 이 얼마나 큰 구주십니까! 이 얼마나 큰 구원입니까! "이같이 큰 구원"이라는 표현이 참으로 맞습니다. 단순히 내 죄를 눈감아 주시며 "네가 믿든 안 믿든 사랑으로 용서해 주마" 하시는 것이 아닙니다. 은혜로 우리를 택하여 자녀의 자격을 주시고, 장차 올 영광으로 이끌어 주십니다. "이같이 큰 구원"은 이처럼 오직 그의 아들이 우리를 위해 세상에 오셔서 사시고 죽으시고 다시 사심으로만 이루어질 수 있었습니다.

"이같이 큰 구원"은 하나님의 크심과 공의, 그 계획과 방법의 완전성

마틴 로이드 존스 히브리서 강해

뿐 아니라 하나님의 사랑 또한 최고로 보여줍니다. 예수께서 우리를 위해 행하신 이 모든 일을 믿기 전까지, 우리가 생각하는 하나님의 사랑은 사랑이라는 이름에 값하지 못하는 맥 빠진 감상에 불과할 뿐입니다. 여기에 사랑이 있습니다. 이 일을 통해 하나님의 사랑이 나타났습니다. 아버지는 자기 독생자를 죄와 수치의 세상에 보내셨고, 아들은 이제껏 말한 모든 일을 당하심으로 저와 여러분을 살려 주시고 죄를 사해 주셨습니다. 하나님의 사랑을 가늠하는 진정한 척도는 영원한 영광에서 갈보리 골짜기 사이의 거리입니다. 그 거리를 헤아려 보기 전까지는 하나님의 사랑을 논하지 마십시오. 그 전까지는 하나님의 사랑을 하나도 모르는 것입니다. "이같이 큰 구원"이야말로 하나님의 구원 방법이요, 하나님의 성품 전체를 계시하는 방법입니다. 하나님은 아들을 세상에 보내 우리 대신 죽게 하시는 이 방법으로 구원을 이루셨습니다.

할렐루야, 이 얼마나 큰 구주십니까! 여러분은 이 구주를 알고 있습니까? 이처럼 구주를 바라본 적이 있습니까? 그가 여러분을 위해 세상에 오셔서 이 모든 일을 하셨습니다. 그를 바라보십시오. 그를 믿으십시오. 그에게 굴복하고, 그에게 자신을 드리십시오. 그를 힘입어 살며, 그를 위해 사십시오. 그에게 전적으로 의탁하십시오.

10
형제

거룩하게 하시는 이와 거룩하게 함을 입은 자들이 다 한 근원에서 난지라. 그러므로 형제라 부르시기
를 부끄러워하지 아니하시고.   히 2:11

신약 서신서 중에서도 가장 긴 편에 속하는 중대한 서신 히브리서는 위로의 편지입니다. 히브리서 기자는 히브리 그리스도인들 사이에 발생한 상황 때문에 이 편지를 썼습니다. 그들은 곤경에 처해 불행했고 당황했습니다. 거기에는 여러 가지 이유가 있었습니다. 그들은 박해와 오해와 비방과 위협을—죽음의 위협까지—받았습니다. 그뿐 아니라 일종의 실망에 빠진 자들도 생겨났습니다. 그들은 복음을 믿었습니다. 주 예수 그리스도와 그의 승리에 대한 설교, 특히 마지막 때 승리자로 오신다는 설교를 들었습니다. 그런데 당장 살기가 너무 힘들었습니다. "우리는 하나님께 기도했다. 그런데 어떻게 되었는지 보라. 기도가 과연 소용이 있는 걸까?" 세월이 지나도 예수는 오시지 않았고, 기독교 신앙을 받아들인 결과는 주로 곤경으로 나타나는 듯했습니다. 함께 나고 자란 동족 유대인들이 그들을 곤경에 빠뜨렸습니다. 이 때문에 히브리서 기자가 그들을 위로하며 격려하기 위해 편지를 쓴 것입니다.

이 서신에서 즉시 눈에 띄는 흥미로운 특징은, 비교적 길 뿐 아니라 표면적으로는 아주 다양한 문제를 다루는 것 같지만 사실은 단 하나의 주제, 하나의 메시지만 전한다는 것입니다. 그는 특정한 적용점들을 언급하면서도, 우리가 쉽게 쓰는 방식과 달리 문제를 일일이 다루며 구체적인 답을 제시하지 않습니다. 사실은 신약성경 자체가 그렇게 하지 않습니다. 이 중대한 서신과 마찬가지로 신약성경이 언제나 곧장 가리키는 것은 모든 문제를 푸는 단 하나의 해결책, 곧 우리 주와 구주 되신 예수 그리스도의 뛰어나심입니다. 히브리서의 중대한 주제도 이것입니다.

히브리 그리스도인들이 곤경에 빠진 것은 오직 우리 주와 구주 되신 예수 그리스도에 관한 진리를 깨닫지 못한 탓이라고 히브리서 기자는 말합니다. 그리고 곧장 그 진리를 밝히는 일에 착수합니다. 첫 장 첫 두 구절부터 시작하여 매 장에서 그 진리를 설명합니다. "옛적에 선지자들을 통하여 여러 부분과 여러[다양한] 모양으로 우리 조상들에게 말씀하신 하나님이 이 모든 날 마지막에는 아들을 통하여 우리에게 말씀하셨으니"(히 1:1-2). 그는 도입부도 없이 바로 도전합니다. 그들이 겪고 있는 모든 문제의 원인을 보여줍니다. 주 예수 그리스도를 제시합니다. 그리스도의 참모습을 보고 그에 관한 진리를 알며 그와 자신의 관계만 알면 어떤 문제에도 더 이상 지배당하지 않는다고 말합니다. 영광스러운 믿음의 중심으로 돌아가 기쁨으로 모든 어려움과 시련을 이길 수 있다고 말합니다.

이것이 히브리서 기자가 사용하는 방식입니다. 그는 모세와 아론을 비롯한 모든 인간들보다 뛰어나시며 천사들보다 탁월하신 주님을 보여줍니다. 그의 뛰어나심은 이 긴 서신을 처음부터 끝까지 관통하는 중대한 주제입니다. 이 사람의 전적인 주장은 '주 예수 그리스도를 믿는 믿음이야말로 인생에서 중요한 단 한 가지'라는 것입니다.

실제로 이것은 신약성경 도처에 나오는 가르침이기도 합니다. 이 점에서 복음은 이런저런 문제나 난관을 이기도록 돕기 위해 사람들이 제시하는 여러 다양한 가르침과 구별됩니다. 복음의 영광은 이 중요한 한 가지, 곧 주 예수 그리스도와 그의 뛰어나심으로 돌아가게 하는 데 있습니다. 우리가 이번에 살펴볼 2:11은 이 중대한 주제를 아주 놀랍고도 아름다우며 따뜻하게 표현하고 있습니다. 곤란하고 난감한 상황에 처한 자들, 심각한 문제와 긴급히 해결해야 할 짐을 진 자들이 많은데, 그들에게 주는 답변이 바로 이것입니다. "그러므로 [주 예수 그리스도께서 그들을] 형제라 부르시기를 부끄러워하지 아니하시고."

모든 문제, 모든 난감한 상황의 해답이 여기 있습니다. 예수께서 우리를 형제자매라 부르길 부끄러워하지 않으신다는 이 말씀에 있습니다. 이 말씀이 사실임을 알고 있습니까? 이 말씀의 의미를 알고 있습니까? 이 복되신 분이 우리를 형제자매라 부르길 부끄러워하지 않으신다는 것을 아는 자답게 행동하고 있습니까? 이 특권을 알고 있습니까? 이 말씀을 분명히 깨달을 때 "여호와는 내 편이시라. 내가 두려워하지 아니하리니 사람이 내게 어찌할까?"라고 말하는 행복한 자리에 참으로 이르게 된다는 것을 알고 있습니까?(시 118:6) 히브리서 기자는 후반부에서 직접 이 시편을 인용합니다. 그는 우리를 도우실 뿐 아니라 형제자매라 부르길 부끄러워하지 않으십니다.

이 놀라운 말씀의 부요함을 알기 위해 잠시 살펴보도록 하겠습니다. 여기에 모든 필요의 해답이 있습니다. 다른 해답은 없습니다. 이 말씀만 올바로 알면 다른 문제는 절로 해결됩니다. 기도하는 일이든 사는 일이든 죽는 일이든 영원한 운명이든 무엇이든 문제가 되지 않습니다. 히브리서 기자는 말합니다. "왜 옛 종교를 돌아보느냐? 왜 잠시라도 옛 종교가 너희를 도울 수 있고 지금보다 더 좋은 것을 줄 수 있다고 생각하느냐? 왜 그토록 눈이 감기고 지각이 어두워진 것이냐? 예수 그리스도에 관한 진리를 모르는 것이냐? 그와 너희의 관계를 모르는 것이냐? 그는 너희를 형제라 부르길 부끄러워하지 않으신다."

이 서신의 중대한 문학적 특징 한 가지는, 격려하는 교리와 위협하고 정죄하는 구절이 놀랍게 병치되어 있다는 것입니다. 히브리서 기자는 "들은 것에 더욱 유념"하라고 하면서 "우리가 흘러 떠내려가지 않도록 함이 마땅하니라. 천사들을 통하여 하신 말씀이 견고하게 되어 모든 범죄함과 순종하지 아니함이 공정한 보응을 받았거든 우리가 이같이 큰 구원을 등한히 여기면 어찌 그 보응을 피하리요?"라고 말합니다(히 2:1-3). 우리도 이렇게 생각하고 있습니까? 자신이 "이같이 큰 구원"에 참여한 자임을 알고 있습니까? 그 승리감과 확신을 충만히 누리고 있습니까? 세상이 아무리 엉망이고 언제 무슨 일이 닥칠지 모른다 해도, 자신은 "이같이 큰 구원"을 받은 자임을 알고 있습니까? 그가 우리를 형제자매라 부르길 부끄러워하지 않으신다는 이 사실에 모든 해답의 핵심이 있습니다. 우리가 이런 위치에 있음을 확신하고, 우리 마음이 찬양과 감사와 기쁨으로 충만해질 수 있도록 이 점을 주의 깊게 살펴봅시다.

먼저 그의 위격에 관한 진리부터 알아보겠습니다. 신학이 중요치 않다는 어리석은 생각보다 더 큰 오류는 세상에 없습니다. 히브리서 자체가 신학입니다! 히브리서 기자는 이분에 대한 그들의 생각에 혼동이 있으므로 이분부터 분명히 알아야 한다고 말합니다. 그들은 나사렛 예수가 인간에 불과하다는 유대인들의 말, 유대교인들의 말에 귀를 기울였습니다. 그래서 주 예수 그리스도에 관한 교리를 확신하지 못했습니다. 무엇을 믿고 무슨 생각을 하든 중요치 않다고 말하는 어리석은 자들은 진리를 부인하는 것입니다. 그런 자들은 가치 있는 일을 하지 못할 뿐 아니라 비참하고 불행해지며, 성경의 모든 위로를 놓치게 됩니다. 그렇기 때문에 우리는 그리스도의 위격에서부터 출발해야 하는 것입니다.

이 구절에 사용된 용어들에 주목하십시오. "거룩하게 하시는 이와 거룩하게 함을 입은 자들이 다 한 근원에서 난지라. 그러므로 형제라 부르시기를 부끄러워하지 아니하시고." 여기에는 양자 간에 동일성과 일치성이 있음을 알려 주는 용어들이 나옵니다. "한 근원"과 "형제"라는 말 자체가 서로 간에 공유하며 일치하는 특징이 있음을 암시합니다. 이 용어들을 얼핏 보면 나사렛 예수도 사람에 불과하다는 생각—예전이나 지금이나 많은 이들이 가지고 있는 생각—을 할 수 있습니다. 그런 자들은 "성경도 이 둘을 하나라고 하며, 예수도 그들을 형제라고 부른다. 그러니 예수도 인간인 것이다. 세상에서 가장 위대한 인간일지는 몰라도 어쨌든 남들과 똑같은 한 인간에 불과하다." 그러면서 예수는 위대한 종교적 스승이자 위대한 도덕적 본보기였다고, 정치 등에 관심을 가진 인물이었다고, 그가 그 당시 그 세대 사람들에게 가르친 내용은 우리에게도 여전히 가치가 있다고 주장합니다.

그러나 이 용어들을 좀 더 유심히 검토해 보면 그것이 아주 잘못된 관점임을 알게 됩니다. 히브리 그리스도인들은 예수에 관한 진리를 잊어버렸습니다. 바리새인과 서기관 같은 자들은 예수가 사람에 불과하다고 말했고, 가련한 히브리 그리스도인들은 그 말에 영향을 받았습니다. 우리가 지금 다루는 용어들에 주의하지 못했습니다. 그렇습니다. 성경은 그가 우리와 한 근원에서 나셨으며 우리를 형제자매라 부르신다고 말합니다. 그러나 그와 우리 사이에는 차이가 있습니다. "거룩하게 하시는 이"와 "거룩함을 입은 자들"의 차이가 있습니다. 우리는 즉시 이 구분에 부딪치게 됩니다. 형제들은 "거룩함을 입은 자들"입니다. 그러나 그는 "거룩하게 하시는 이"입니다. 이 차이가 있습니다. 히브리서 기자의 모든 주장은 이 차이를 분명히 강조합니다. 이 차이를 보지 못하면 이 일의 영광 또한 볼 수 없습니다.

또 다른 흥미로운 구절도 보십시오. "그들을 형제라 부르시기를 부끄러워하지 아니하시고." 여기에서도 차이를 알 수 있습니다. 주 예수 그리스도께서 한낱 인간에 불과하시다면 굳이 이렇게 말할 필요가 없습니다. 이 말 자체가 그와 우리는 다르다는 사실, 오직 한 측면에서만 같을 뿐이라는 사실을 알려 줍니다. "그들을 형제라 부르시기를 부끄러워하지 아니하시고"는 깜짝 놀랄 만한 말입니다. 왜 이것이 경이로운 말이요 하나님을 찬양케 하는 말일까요? 그 대답은 그가 우리와 같으면서도 영원히 다른 분이시기 때문이라는 것입니다. 많은 이들이 동료 인간을 형제라 부르길 부끄러워하지 않는 것은 놀랄 일이 아닙니다. 오히려 부끄러워하는 자가 비열한 것입니다. 누군가 높은 단상에 올라 "나는 본질적으로 너희와 다르다"라고 말한다면 어떻겠습니까? 그러나 이분이 우리를 형제라 부르길 부끄러워하지 않으시는 것은 놀라운 일입니다.

이 용어들―"한 근원에서 난지라", "거룩하게 하시는 이와 거룩하게 함을 입은 자들", "형제라 부르시기를 부끄러워하지 아니하시고"라는 표현들―은 같이 묶어서 살펴보아야 합니다. 이 모든 용어들이 의미하는 바가 무엇입니까? 지금 우리는 세상이 이제껏 알았고 앞으로 알게 될 모든 비밀 중에서도 가장 큰 비밀과 경이, 즉 성육신이라는 중대한 중심 교리 앞에 서 있습니다. 하나님의 아들이 사람이 되셨습니다. 우리와 같은 인간의 본성을 취하셨습니다. 히브리서 기자가 말하는 바가 이것입니다. 나사렛 예수, 주 예수 그리스도는 우리처럼 진정한 인간이 되셨다는 점에서 우리와 "한 근원에서" 나셨다는 것입니다. 히브리서 2:14도 이 점을 아주 명확히 밝히고 있습니다. "자녀들은 혈과 육에 속하였으매 그도 또한 같은 모양으로 혈과 육을 함께 지니심은." 이 점을 절대 잊으면 안 됩니다. 그는 저나 여러분과 똑같은 인간의 본성을 취하셨습니다. 아, 그렇습니다. 그러면서도 우리와 영원히 다르십니다. 성육신하시기 전에는 우리와 하나가 아니셨기에 우리를 형제라 부르실 수 없었습니다. 그러나 이제는 하나가 되셨기에 형제라 부르십니다.

이것이 이 서신 전체의 주장이며, 2장이 특히 명확하게 강조하는 주장입니다. 이처럼 예수를 바라보는 데서부터 출발해야 합니다. 예수를 완전히 명확하게 알지 못한 채 앞으로 나아가 봐야 소용이 없습니다. 복되신 분의 영광과 뛰어나심은 바로 이 사실, 그가 온전한 하나님이시며 참된 인간이시라는 사실에 있습니다. 한 분 안에 두 본성을 가지고 계신다는 사실에 있습니다. 이처럼 그는 우리와 영원히 다르시면서도 몇 가지 측면에서 우리와 하나가 되셨기에 우리를 형제라 부르길 부끄러워하지 않으십니다.

이제까지 그를 살펴보았으니, 우리 자신도 잠깐 살펴보도록 합시다. 주 예수 그리스도께서 형제자매라 부르길 부끄러워하지 않으시는 대상이 누구입니까? 이 또한 2천여 년 전과 거의 똑같이 오늘날 사람들이 크게 혼동하고 있는 긴요한 요점입니다. 이번에도 여기 사용된 용어들이 해답의 열쇠를 제공해 줍니다. 예수는 모든 사람을 형제라 부르지 않으십니다. 우리도 온 세상을 향해 "하나님의 아들 예수 그리스도께서 여러분을 형제자매라 부르길 부끄러워하지 않으십니다"라고 말하지 않습니다. 그렇다면 이 말씀에 해당하는 자들은 누구입니까? "거룩하게 함을 입은 자들"입니다. "거룩하게 하시는 이와 거룩하게 함을 입은 자들이 다 한 근원에서 난지라."

이것은 모든 인류에게 보편적으로 적용되는 말씀이 아니라 세상에서 구별된 특정한 자들에게만 적용되는 말씀입니다. 오직 그리스도인들에게만 적용되는 말씀입니다. 히브리서는 이 점을 여러 번 지적합니다. "볼지어다, 나와 및 하나님께서 내게 주신 자녀라"(2:13). 하나님은 온 세상에 예수를 주신 것이 아닙니다. 그리스도께서 형제라 여기시는 대상은 오직 그를 믿는 자들뿐입니다.

11

온전한 하나님,
온전한 사람

자녀들은 혈과 육에 속하였으매 그도 또한 같은 모양으로 혈과 육을 함께 지니심은.　　　히 2:14상

히브리서 2장은 우리 주와 구주 되신 예수 그리스도 안에 있는 큰 구원에 대한 메시지입니다. 우리는 지금 복음에 더욱 유념함으로 흘러 떠내려가지 말라는 히브리서 기자의 촉구를 따르는 중입니다. 실제로 복음을 등한시하면 위험해진다고 그는 말합니다. 다시 말해서 그가 다루는 주제는 예수 안에 있는 큰 구원으로서, 우리는 그 구원의 몇 가지 측면을 살펴보았습니다. 구원의 목적이 사람을 대속하여 하나님의 아들 자신이 거하고 계신 영광의 높이까지 끌어올리시려는 데 있음을 고찰했습니다. 구원이 이런 방법으로 이루어진 것은 하나님 자신의 본질과 본성과 성품 때문이라는 사실, 이런 방법으로 구원하시는 것이 하나님께 합당하다는 사실도 알아보았습니다. 이 구원을 위해 치르신 대가, 주님이 세상에 와서 사시는 동안 당하고 견디신 고난도 살펴보았습니다.

그가 당하고 견디신 모든 일은 어떤 의미에서 우리가 이해할 수 없는 것입니다. 성육신의 의미를 온전히 이해하려면 그의 위격부터 알아야 합니다. 히브리서가 강조하는 점이 이것입니다. 예수를 "생각하라"라는 것입니다(히 12:3). 히브리서의 전적인 목적은 그가 이전 모든 사람, 모든 것보다 뛰어나신 분임을 밝히려는 데 있습니다. 이 사실을 아는 것이 절대적으로 필요합니다.

그러므로 이 비밀을 들여다보고 이해하는 데 도움이 되는 히브리서

2장의 여러 진술과 표현에 여러분의 주의를 집중시키고자 합니다. 9절은 "천사들보다 잠시 동안 못하게 하심을 입"었다고 하며, 10절은 "고난을 통하여 온전하게" 되셨다고 말합니다. 11절은 "거룩하게 하시는 이―그리스도―와 거룩하게 함을 입은 자들―우리들―이 다 한 근원에서" 났다고 하는데, 이 말의 의미를 반드시 고찰해 보아야 합니다. 마찬가지로, 그리스도께서 우리를 비롯하여 자신에게 속한 모든 사람을 "형제라 부르시기를 부끄러워하지" 않으신다는 말도 나옵니다. 14절에는 "자녀들은 혈과 육에 속하였으매 그도 또한 같은 모양으로 혈과 육을 함께 지니"셨다는 구체적인 진술이 나오며, 17절에는 "그가 범사에 형제들과 같이 되"셨다는 진술이 나옵니다. 그리고 마지막 18절은 "그가 시험을 받아 고난을 당하셨"다고 말합니다.

이처럼 2장은 우리가 살펴보고 있는 주 예수 그리스도의 위격에 대해 많은 진술을 하는데, 이제부터 그 의미를 알아보도록 합시다. 이 진술들에 접근하여 해석하기에 가장 좋은 방법은 아마도 히브리서 기자가 2장에서 사용하는 논거를 살펴보는 것이리라 생각합니다. 그 논거는 "이는 확실히 천사들의 본성을 입으려 하심이 아니요 아브라함 자손의 본성을 입으려 하심이라"라는 것입니다(히 2:16, KJV). 이 구절의 흠정역 번역이 좋지 않다는 것은 대부분 동의하는 사실입니다. "이는 확실히 천사들을 붙들어 주려 하심이 아니요 오직 아브라함의 자손을 붙들어 주려 하심이라"*라고 번역하는 편이 더 좋습니다. 이 구절이 말하려는 바는 예수께서 인간의 본성을 입으셨느냐 천사의 본성을 입으셨느냐가 아니라, 그가 **붙들어 주시는 대상**이 천사들이 아닌 인간이라는 것입니다. 인간

* 우리말 성경 개역개정판은 이렇게 번역하고 있다.

을 붙들어 높이 끌어올리시기 위해 하나님의 아들이 세상에 오셨다는 것입니다. 이처럼 주님이 천사들이 아닌 인간을 위해, 인간과 함께 이 일을 하셨다는 점을 히브리서 기자는 상기시킵니다. 성육신을 살펴볼 때 반드시 출발점으로 삼아야 할 사실이 이것입니다.

우리는 또 다시 큰 비밀 앞에 서게 되었습니다. 인간만 하나님을 거역하는 죄를 짓고 타락한 것이 아닙니다. 인간이 타락하기 전에, 인간이 지어지고 창조되기 전에, 일부 천사들이 이미 타락했습니다. 마귀는 이처럼 타락한 천사로서, 성경은 다른 천사들도 그의 말을 듣고 하나님께 반역함으로 함께 타락했다고 말합니다. 그러므로 타락과 죄와 악을 고찰할 때 인간의 측면에서만 살펴보면 안 됩니다. 그러면 아주 놀라운 사실을 놓치게 됩니다. 인간도 타락하고 일부 천사들도 타락했습니다. 그런데 복음의 깜짝 놀랄 메시지는 주 예수 그리스도께서 천사들이 아닌 아브라함의 자손을 붙들어 구원해 주시고 대속해 주셨다는 것입니다. 여기에서 "아브라함의 자손"이란 믿음의 자손, 주 예수 그리스도를 믿는 자들, 히브리서 기자가 말하는 "구원받을 상속자들"을 가리키는 말입니다(히 1:14). 그렇다면 천사들은 왜 구원하지 않으셨을까요? 성경은 왜 "심판과 멸망의 날까지" 그들을 보존해 둔다고 말하는 것일까요?(벧후 3:7) 우리 앞에 있는 이 일은 큰 비밀입니다. 그러나 제 관심은 이 일의 놀라운 메시지를 깨닫는 데 있습니다. 그리스도께서 붙들어 주시는 대상은 천사들이 아닌 저와 여러분, 아브라함의 자손, 타락한 인간들입니다. 제가 이렇게 말하는 근거는 그리스도께서 다름 아닌 저와 여러분의 본성을 입기로 작정하시고 결정하셨다는 사실에 있습니다. 이것이 성육신에 대한 설명이요 성육신에 담긴 의미입니다.

그렇다면 히브리서의 이 진술들이 말하는 바는 무엇일까요? 첫째로, 이 진술들은 예수께서 이제껏 세상에 태어난 모든 사람과 다른 방식으로 세상에 오셨다고 주장합니다. 그가 다른 모든 사람과 다른 유일무이한 분이요 완전히 구별된 분임을 각인시킵니다. 붙들어 주신다는 개념을 보십시오. 이 말 자체가 우리를 돕기 위해 외부에서 누군가 우리 세상으로 찾아왔다는 사실, 어디에선가 우리 곤경을 보고 찾아와 무언가 조치를 취했다는 사실을 암시하고 있습니다. 성육신에 대한 신약 가르침의 핵심이 여기 있습니다. 히브리서 1장은 전체적인 배경을 설명하며 그리스도에 대해 다음과 같은 비상한 진술을 합니다. "하나님이 이 모든 날 마지막에는 아들을 통하여 우리에게 말씀하셨으니 이 아들을 만유의 상속자로 세우시고 또 그로 말미암아 모든 세계를 지으셨느니라. 이는 하나님의 영광의 광채시요 그 본체의 형상이시라. 그의 능력의 말씀으로 만물을 붙드시며 죄를 정결하게 하는 일을 하시고 높은 곳에 계신 지극히 크신 이의 우편에 앉으셨느니라"(히 1:1-3).

히브리서 2장의 다른 진술들도 보십시오. 천사들보다 못하게 되셨다는 구절을 다시 보십시오(히 2:7, 9). 천사들보다 못하게 되셨기에 그가 겪으셔야 했던 일들이 있었습니다. 혈과 육에 속한 자녀들과 "같은 모양"이 되셨다는 비상한 구절도 보기 바랍니다(히 2:14). 이것은 아주 흥미로운 주제입니다. 이 두 진술―"자녀들은 혈과 육에 속하였으매"와 "그도 또한 같은 모양으로 혈과 육을 함께 지니심"―에는 그와 우리 사이에 원래 유사성이 없다는 사실, 오히려 차이가 있다는 사실이 암시되어 있습니다. 저와 여러분은 공통의 인성을 가지고 있지만, 예수 그리스도는 외부에서 찾아와 우리의 인성에 참여하셨습니다. 히브리서 기자는 "그가 범사에 형제들과 같이 되심이 마땅하도다"라고 말합니다(히 2:17). 이 모든 진술에서 유일하게 끌어낼 수 있는 합리적인 결론은 그가 우리와 다른 분이라는 것입니다. 주 예수 그리스도는 인성에서 나오신 분이 아니요 인성 안으로 들어오신 분입니다. 저와 여러분은 인성에서 나왔습니다. 저와 여러분을 비롯한 모든 사람은 인간의 본성에서 생겨났습니다. 그러나 그는 아닙니다. 그는 외부에서 인성 안으로 들어오셨습니다. 다시 말하자면 인간의 본성을 덧입으신 것입니다. 이것이 성경의 가르침입니다.

이제 우리는 그리스도에 관한 비밀의 중심에 이르렀습니다. 신약성경은 베들레헴에서 태어난 아기야말로 영원하신 하나님의 아들이요 하나님의 본체라고 말합니다. 하나님의 아들이 세상 누구와도 다른 방식으로 세상에 찾아오셨다고 말합니다. 그는 여느 사람들처럼 태어나지 않으셨습니다. 처녀에게서 태어나셨습니다. 히브리서 10장은 아들을 위해 "한 몸을 예비하셨"다는 구약성경의 노래를 인용합니다(5절). 그는 성령으로 잉태되셨습니다. 복음서는 이 점을 아주 분명하게 밝힙니다. 천사의 말을 들은 마리아는 "나는 남자를 알지 못하니 어찌 이 일이 있으리이까?"라고 물었습니다(눅 1:34). 요셉도 마리아처럼 이 소식을 듣고 고민하다가 천사를 통해 이 아기가 성령으로 잉태되었음을 알았습니다. 그 이야기가 마태복음에 나옵니다(마 1:19-20). 영원하신 하나님의 아들이 저와 여러분을 구원하여 하나님의 자녀로 삼아 주시기 위해 놀랍고 신비한 방식으로 처녀에게서 태어나셨습니다. 이처럼 그가 영원한 세계에서 찾아오셨다는 놀라운 생각을 붙잡고 놓치지 말아야 합니다. 그는 혈과 육을 입으시고 혈과 육에 속하셨습니다. 영원하신 하나님의 아들이 이처럼 자신을 낮추셨다는 진리, 베들레헴의 아기야말로 성육신하신 하나님이시라는 진리, 말씀이 육신이 되셨다는 이 높고 존귀하며 놀라운 진리에서부터 출발해야 합니다. 그러면서도 그는 우리와 다르신 분이라는 사실을 강조해야 합니다. 그는 하나님이십니다. 평범한 인성에서 나온 분이 아니요 인성 안으로 들어오신—내려오신—분입니다. 그래서 이 비밀이 그토록 큰 것입니다. 그는 참 하나님이신 동시에 참 사람이십니다.

실제로 그는 천사보다 못하게 되셨습니다. 이것은 그가 고통을 당하실 수도 있고 죽음을 당하실 수도 있다는 뜻이었습니다. 성경은 그가 고난을 통해 온전하게 되셨다고 말하는데, 이것은 그의 인성과 관련된 말입니다. 또한 우리는 "거룩하게 하시는 이와 거룩하게 함을 입은 자들이 다 한 근원에서 난지라"라는 비상한 진술도 살펴보았습니다. 이것은 난해한 구절로서 각기 다른 해석들이 많이 있습니다. 그러나 제가 생각하는 필연적인 결론은 주 예수 그리스도와 그에게 속한 모든 사람이 한 본성을 지녔다는 것, 우리의 대속을 확실히 이루시기 위해 우리의 본성을 입으셔야만 했다는 것, 우리를 자신에게로 끌어올리시기 위해 우리에게로 내려오셔야만 했다는 것입니다. 이 비상한 가르침에는 놀라운 위로와 위안이 담겨 있습니다.

그가 우리를 형제라 부르길 부끄러워하지 않으셨다는 구절도 다시 살펴보기 바랍니다. 이것은 구약성경이 여러 곳에서 확인해 주는 사실입니다. 14절에는 그가 혈과 육을 지니셨다는 구체적 진술이 나옵니다. 17절은 그가 범사에 형제들과 같이 되심이 마땅하다고 하며, 18절은 세상에 계신 동안 시험을 받아 고난을 당하셨다고 합니다. 이 구절들의 단순한 주장은 그가 참 하나님이시면서 또한 참 사람이셨다는 것입니다. 교회사를 보면 사람들이 이 점에서 종종 어긋난 길로 갔던 것을 알게 됩니다. 그의 신성을 부인하며 하나님의 아들로 여기지 않는 자들이 있었는가 하면, 참 사람으로 여기지 않는 자들도 있었습니다. 그러나 히브리서 2장의 진술들은 신약성경의 대표적 주장으로서, 하나님이 그저 사람처럼 보인 것이 아니었음을—즉, 일종의 허깨비 몸을 지닌 것이 아니었음을—상기시킵니다. 예수는 일종의 육신의 막 내지 덮개를 쓰고 세상에 나타나셨던 것이 아닙니다. 또는 육신으로 계신 동안에만 사람이셨다고 생각해서도 안 됩니다. 성경은 그가 참 하나님이시면서 또한 참 사람이셨다고 가르칩니다. "혈과 육"은 이 점을 단번에 확증해 주는 표현입니다. "자녀들은 혈과 육에 속하였으매 그도 또한 같은 모양으로 혈과 육을 함께 지니심은." 성경에서 "혈과 육"은 인간 본성을 가리키는 말입니다. 베드로가 가이사랴 빌립보에서 "주는 그리스도시요 살아계신 하나님의 아들이시니이다"라는 위대한 고백을 하자 주님은 말씀하셨습니다. "바요나 시몬아, 네가 복이 있도다. 이를 네게 알게 한 이는 혈육이 아니요 하늘에 계신 내 아버지시니라"(마 16:16, 17). 이처럼 혈과 육은 인간 본성을 가리키는 말입니다.

고린도전서 15장에 나오는 사도 바울의 중대한 주장도 기억하십시오. "혈과 육은 하나님 나라를 이어받을 수 없고"(50절). 이것은 우리가 변해야 한다는 뜻이며, 우리에게 무언가 조치가 필요하다는 말입니다. 여기에도 히브리서 2장에 쓰인 표현과 같은 표현이 쓰이고 있습니다. 예수는 인성의 외양만 입으신 것이 아니라 실제로 우리와 같은 인성을 지니셨습니다. 17절의 주목할 만한 진술도 다시 보기 바랍니다. "그러므로 그가 범사에 형제들과 같이 되심이 마땅하도다." 이 서신에서 "범사에"
는 한정적 의미를 갖는 말입니다. "범사에" 같이 되셨다고 해서 타락하
고 부패한 인간 본성까지 입으셨다는 뜻이 아닙니다. 15절에 나오는 대
로 "모든 일에 우리와 똑같이 시험을 받으신 이로되 죄는 없으시"기 때
문입니다. 그에게는 악이 없었습니다. 그의 본성은 정결하고 완전했습니
다. 여기에서 "범사에"는 죄와 무관한 인간의 상태와 조건에 적용되는
말입니다. 이처럼 2장의 진술들을 보면 그가 참 하나님이실 뿐 아니라
참 사람이셨음을 알 수 있습니다.

이 사실들을 이해하고 붙잡기 위해 애써야 합니다. 예컨대 성경이 육
신의 차원에서 그에 대해 하는 말들을 보십시오. 성경은 그가 연약함에
시달리는 것이 무엇인지 아셨다고 말합니다. 연약했기에 십자가에 못 박
히셨다고 말합니다. 배고픔이 무엇인지, 목마름이 무엇인지, 피곤함이 무
엇인지 아셨다고 말합니다. 사마리아 여인의 이야기에는 제자들이 먹을
것을 사러 동네에 들어간 동안 지치고 피곤하여 우물가에 앉아 계신 모
습이 나옵니다. 타고 가시던 배 안 고물에서 잠이 드신 적도 있었습니다.
물리적 의미에서 육신을 가진 인간이 겪는 일을 주님도 한 인간으로서
겪으셨습니다. 허깨비 몸으로 겪으신 것이 아닙니다. 실제 혈과 육 안으
로 들어오셨습니다. 물리적이고 신체적인 의미에서 사람이 되셨습니다.

정신의 측면에서도 보십시오. 성경은 그의 지성이 발달하고 지혜와
키가 자랐다고 말합니다. 성경을 보면 그가 참 하나님이실 뿐 아니라 참
사람으로, 한 어린아이로 아버지 요셉과 어머니의 가르침을 받고 성장
하며 배우셨던 것이 아주 분명합니다. 또한 그는 마리아와 마르다와 그
형제 나사로를 사랑하셨고, 젊은 부자 관원을 사랑하셨으며, "사랑하시

는 자"라고 불렸던 사도 요한을 사랑하셨습니다(요 13:23). 그는 만인의 구주셨음에도 요한에게 특별한 애정을 품으셨던 것 같습니다. 이처럼 개별적으로 좋아하신 이들이 있었던 것 또한 그가 인성을 지니신 표시입니다. 성경을 보면 놀라시거나 이상히 여기셨다는 말도 나옵니다. 이처럼 그는 참 하나님이시면서도 참 사람이셨습니다. 성경은 그가 비통해 하시고 슬퍼하셨다고 말합니다. 우리는 그가 우시는 모습을 보며, "내 마음이 심히 고민하여 죽게 되었으니"라고 말씀하시는 소리를 듣습니다(막 14:34). 이 또한 정신과 육신을 지닌 참 사람이셨다는 표지입니다. 그가 구약성경을 인용하며 논거로 사용하실 수 있었던 것은 실제로 성경을 읽고 마음을 쏟아 묵상하는 일에 많은 시간을 쓰셨기 때문이었습니다.

그런데 제가 생각할 때 그보다 훨씬 더 인상적이고 놀라운 모습이 히브리서 2장에 나옵니다. 13절에서 예수는 "내가 그를 의지하리라"라고 하십니다. 주 예수 그리스도는 참 사람으로서 하나님을 신뢰하셨습니다. 그리고 다른 사람들에게도 자신을 본받으라고 하십니다. 그는 하나님과 동일하신 분이요 동등하신 분이면서도 한 인간으로서 "내가 그를 의지하리라"라고 하셨습니다.

그보다 더 놀라운 모습이 있습니다. 그의 기도생활을 보십시오. 성경에는 그가 새벽 미명에 일어나 홀로 산에 가서 기도하셨다는 말이 종종 나옵니다. 특별한 제자들을 택하시는 막중한 일을 앞두었을 때는 밤새워 기도하기도 하셨습니다. 이처럼 그가 기도하신 이유는 오직 한 가지, 인간의 한계 안에서 사셨기 때문이었습니다. 그래서 아버지의 도움이 필요했고, 그 도움에 기대셨던 것입니다. 이처럼 그는 참 하나님이실 뿐 아니라 참 사람이셨습니다.

성경은 또한 그가 순종을 배우셨다고 말합니다. 복음서를 읽어 보면 "내 말은 내가 하는 것이 아니요 내 일도 내 생각으로 하거나 나 스스로 하는 것이 아니다"라고 계속 말씀하셨던 것을 알 수 있습니다. 그는 아버지께 들으신 것을 그대로 반복해서 사람들에게 전하셨습니다. 그가 하신 모든 일은 아버지께서 명하신 것이었습니다. 그는 성령을 받아 그 힘으로 모든 일을 하셨습니다. 히브리서에는 그가 "영원하신 성령으로 말미암아" 자기를 하나님께 드리셨다는 놀라운 말이 나옵니다(히 9:14). 그가 "고난을 통하여 온전하게" 되셨다는 표현을(히 2:9) 비롯한 히브리서의 모든 표현은(히 5:8도 보십시오) 그가 실제로 참 사람이셨음을 크게 강조하고 있습니다.

이것이야말로 성육신의 기이한 비밀입니다. 한 분이 참 하나님이신 동시에 참 사람이 되셨습니다. 한 분이 두 본성을 가지셨습니다. 구분된 별개의 두 본성을 가지셨습니다. 이처럼 그는 참 하나님이시요 또한 참 사람이십니다. 빌립보서 2장에 나오는 사도 바울의 가르침에 따르면, 이 땅에서 인간으로 사시는 동안에도 여전히 하나님이셨습니다. 여전히 하나님이시요 하나님의 아들이셨음에도 의도적으로 인간처럼 사셨습니다. 신의 특권을 사용치 않으셨습니다. 이 사실을 모르면 그가 성령을 받으셔야만 했던 일의 의미도 알 수 없고, 그의 기도생활이나 아버지를 믿고 의지하셨던 일 또한 이해할 수 없습니다. 그 기이한 낮추심의 핵심이 여기 있습니다. 그는 하나님이시면서도 인간의 본성을 입고 인간으로 살면서 아버지를 전적으로 의지하고 율법을 지킴으로 우리 구원의 창시자가 되셨습니다. 동정녀 탄생은 이 모든 일에 꼭 필요한 요소였습니다.

여자에게서 태어나지 않으면 죄 있는 인간의 본성을 입으실 수 없었기 때문입니다. 그는 "죄 있는 육신의 **모양으로**" 오셨습니다(롬 8:3). 이것은 우리가 이해할 수 없는 비밀입니다. 그러나 한 가지 분명히 아는 사실은, 성령이 정결케 하시고 깨끗케 하신 인간의 본성을 마리아를 통해 입으셨다는 것입니다. 마리아가 깨끗해진 것이 아닙니다. 예수께서 마리아를 통해 입으신 인간의 본성이 깨끗해지고 완전해지며 정결해진 것입니다. 그리하여 주님은 "많은 형제 중에서 맏아들"이 되셨고, 둘째 아담이 되셨으며(롬 8:29), 그 결과 우리 구원의 창시자요 지휘관이요 지도자가 되셨습니다. 인간을 붙들어 주시고 속죄하시기 위해, 완전한 제사를 드리시기 위해, 만인을 위한 죽음으로 하나님의 공의와 거룩하심을 만족시키시기 위해 성육신과 동정녀 탄생이라는 이 신비한 일—한 분이 구분된 별개의 두 본성을 지니시는 일—이 필요했습니다.

또한 히브리서 기자는 예수께서 우리의 대제사장이 되기 위해 오셨다고 말합니다. 대제사장은 하나님 앞에서 우리를 대표하며 우리를 위해 간구하고 죄 사함을 얻게 하는 직분입니다. 율법은 우리와 같은 형제를 대제사장으로 세울 것을 명합니다. 그래서 예수도 우리의 대제사장이 되시기 위해 성육신하여 우리와 같은 모습으로 오셔야 했던 것입니다. 감사하게도 예수 그리스도는 우리를 동정하시는 대제사장, 충성되고 자비하신 대제사장이 되어 주셨습니다. 그는 이 땅에서 살아 보셨기에 우리를 이해하십니다. "우리의 연약함을 동정"하십니다(히 4:15). 그는 친히 시험을 받으셨고 고난을 당하셨습니다. 인생의 시련을 아시며 육신의 필요를 아십니다. 믿었던 친구에게 실망한다는 게 무엇인지 아십니다. 친히 이 모든 일을 겪으셨습니다. 그는 완벽한 지휘관이요 지도

자십니다. 악을 정복하신 강하고 능한 분임에도 우리를 동정해 주십니다. 그처럼 강한 분임에도 우리 연약함을 이해해 주시며, 우리와 눈높이를 맞추어 주십니다.

이 모든 일을 하신 또 다른 이유에 대한 암시가 히브리서 2장에 나옵니다. 그가 인간이 되신 것은 마귀를 영원히 잠잠케 하시기 위해서였습니다. "자녀들은 혈과 육에 속하였으매 그도 또한 같은 모양으로 혈과 육을 함께 지니심은 죽음을 통하여 죽음의 세력을 잡은 자 곧 마귀를 멸하시며"(히 2:14). 하나님은 이 방법으로 마귀를 멸하시며 영원히 잠잠케 하십니다. 마귀는 고소자입니다. 혹시라도 다른 방법으로 용서하셨다면 그의 거룩하신 성품을 들먹이며 "당신 같은 분이 어떻게 이런 자들의 죄를 사해 줄 수 있습니까?"라고 반발했을 것입니다. 그리스도의 십자가는 하나님이 마귀에게 내놓으신 영원한 답변입니다. 이제 원수는 할 말이 없습니다. 하나님이 성육신을 통해 아들을 세상에 보내지 않고 인간을 대속하셨다면 "율법이 이처럼 훼손되었는데, 어떻게 율법도 지키지도 않은 인간을 의롭다 하실 수 있습니까?"라고 따졌을 것입니다. 그러나 예수 그리스도께서 한 인간으로 사심으로써 이 점에서도 그를 잠잠케 하셨습니다. 예수 그리스도는 한 인간으로 하나님의 율법에 순종하심으로써 하나님 자신께 순종하셨습니다. 어떤 지점에서도 실패하지 않으셨습니다. 이처럼 예수의 성육신과 삶과 고난과 죽음이 마귀를 잠잠케 했고, 그의 일을 멸했으며, 결국 영원한 형벌을 기다리게 했습니다.

이것이 성육신의 의미와 목적에 대한 히브리서 2장의 주장입니다. 오, 우리가 이 일을 마땅히 이해해야 할 만큼 이해한다면! 하나님이 저와 여러분을 이처럼 사랑하여 이 모든 일을 하셨습니다. 영원하신 아들이 인간의 본성을 입으셨고 혈과 육을 입으셨습니다. 영원하신 하나님의 아들이 마리아의 태에서 나시고 구유에 누우신 것은 비밀 중에서도 비밀입니다. 하나님의 아들이 오직 우리를 붙들어 사탄의 손아귀에서 건져 주시기 위해, 지옥과 영원한 저주에서 구해 주시기 위해, 우리를 일으켜 하나님의 자녀로 삼아 주시기 위해, 상상도 할 수 없는 영원한 영광을 누리도록 준비시켜 주시기 위해, 영원히 자신과 함께 살게 하시기 위해 이 모든 일을 당하셨습니다. 오, 저와 여러분을 그러한 영광으로 끌어올리시기 위해 이처럼 내려오신 일을 우리가 이해한다면!

말할 수 없는 그의 은사로 인해 하나님께 감사드리십시오.

12

신실하고 불변하신
대제사장

그러므로 그가 범사에 형제들과 같이 되심이 마땅하도다. 이는 하나님의 일에 자비하고 신실한 대제사장이 되어 백성의 죄를 속량하려 하심이라. 그가 시험을 받아 고난을 당하셨은즉 시험받는 자들을 능히 도우실 수 있느니라.   히 2:17-18

히브리서 기자는 이 편지를 받을 히브리 그리스도인들에게(그리고 우리에게) 예수 그리스도의 복음을 고찰해야 하는 이유와 복음에서 절대 흘러 떠내려가지 않도록 조심해야 하는 중대한 이유들을 알려 줍니다. 그 내용을 요약하면 다음과 같습니다. 복음은 하나님이 주신 메시지입니다. 인간의 메시지가 아닙니다. 일개 철학이 아니며, 세상살이의 필요에 대해 사람들이 내놓은 사상이 아닙니다. 하나님이 아들을 통해 친히 주신 말씀입니다. 선지자나 시편 기자가 아닌 아들을 통해 최종적으로 주신 말씀, 기독교회 초기부터 기사와 표적과 다양한 이적과 성령의 은사로 내내 입증해 주신 말씀입니다. 우리가 복음 메시지를 듣는 것은 이런 이유들 때문이며, 히브리서 기자의 표현대로 "이같이 큰 구원을 등한히 여기면" 보응을 피할 길이 없기 때문입니다(히 2:3). 하나님의 최종 제안까지 거절하면 멸망과 상실과 영원히 비참해지는 일 외에 무엇이 남겠습니까? 우리가 복음 메시지를 고찰해야 하는 것은 복음이 제시하는 구원이 크기 때문입니다.

지금까지는 "이같이 큰 구원"을 다소 객관적으로 살펴보았습니다. 예수 그리스도 안에 있는 하나님의 큰 계획과 목적—많은 아들들을 영광에 들어가게 하시려는 것—을 살펴보았습니다. 하나님의 궁극적인 목적은 자신과 함께 영광 가운데 거하며 세상을 다스릴 백성을 친히 만드시려는 것입니다. 죄로 가득한 자들을 붙들어 자녀로 삼으시며, 영원하고 최종적인 영광으로 이끌어 자신과 함께 누리게 하시려는 것입니다. 우리는 하나님이 아들의 성육신과 고난, 특히 십자가 죽음을 통해 이 계획을 이루신 이유, 성육신이 반드시 필요했던 이유, 영원하신 아들이 죄로 말미암아 죄 있는 육신의 모양으로 세상에 오신 이유를 아주 자세히 살펴보았습니다. 주로 히브리서 2장의 가르침에 한정하여 그 모든 이유를 살펴보았습니다. 2장은 히브리서 전체의 훌륭한 요약이자 사실상 기독교 신학의 개요로서, 하나님의 장대한 계획과 목적 및 이 방법으로 구원 계획을 이루신 이유를 밝혀 줍니다. 그뿐 아니라 복음의 아주 놀라운 특징도 알려 줍니다. 그리스도의 복음을 살펴볼 때는 항상 객관적인 사실에서부터 출발해야 합니다. 복음은 결국 하나님에 관한 진리로서, 진리는 객관적으로 고찰할 필요가 있습니다. 다시 말해서 주관적인 체험이나 삶의 큰 변화는 그리스도인이라는 증거가 되지 못합니다. 중요한 체험을 제공하는 단체들은 많습니다. 여러 요인들이 삶의 변화를 가져올 수 있고, 그러면 그리스도인이 된 것처럼 보이지만 사실은 그렇지 않습니다. 진리에서부터 출발해야 합니다. 자신이 믿는 바가 무엇인지 알아야 합니다. 히브리서 기자는 더욱 유념하라는 말로 2장을 시작합니다. 무엇에 유념하라고 합니까? "들은 것", 즉 성경이 말하는 복음에 유념하라고 합니다(히 2:1).

이처럼 크고 영광스러운 객관적 진리에서 출발하는 일이 반드시 필요합니다. 그러나 기독교의 구원에는 주관적인 요소도 있습니다. 단순히 구원의 계획과 개요만 살펴보면 되는 것이 아닙니다. 지금 이곳에서 경험할 수 있는 복, 복음이 즉시 주는 복 또한 고찰해야 합니다. 장차 주실 미래가 있고 그 영광을 위해 지금 우리를 준비시키고 계시지만, 그렇다고 영원한 영광의 놀라운 전망만 보여주시고 그 전까지는 우리 혼자 어떻게든 세상에서 생존하도록 버려두시는 것이 아닙니다. 하나님은 우리가 처음 깨달은 순간부터 최종적 영광에 이르는 그날까지 적극적으로 개입하십니다. 지금 이곳에서부터 경험하고 누릴 수 있는 구원의 측면들, 세상의 부를 다 합친 것보다 비할 수 없이 큰 복들이 있습니다. 이 또한 "이같이 큰 구원"의 필수요소입니다. 히브리서 기자는 이 점을 강조하고자 애씁니다. 어떤 의미에서는 이것이 편지를 쓴 이유라고도 할 수 있습니다. 박해를 받고 문제에 둘러싸여 힘든 시간을 보내고 있는 자들에게 지금 이곳에서 주어진 복이 무엇인지, 장차 얻을 복뿐 아니라 지금 이 순간 얻을 수 있는 복이 무엇인지 일깨우고자 애씁니다.

이 복들을 분리해서 생각하면 안 됩니다. 전부 동일한 구원의 요소이자 일부입니다. 사도 바울은 로마서에서 "성령의 처음 익은 열매"라는 표현을 씁니다(롬 8:23). 구원의 본체는 장차 올 영광 가운데 얻을 것입니다. 그런데 감사하게도 지금부터 주시는 맛보기와 첫 열매가 있습니다. 주 예수 그리스도를 믿는 자들에게 주시는 복, 그 무한한 은혜와 자비로 지금 이곳에서 즉시 주시는 복을 살펴보면 엄청난 찬양이 터져 나올 것입니다.

먼저 간단한 질문부터 드리겠습니다. 이제부터 언급할 복들을 우리는 경험하고 있습니까? 이 복들은 단순한 이론이 아닙니다. 경험 가능한 것입니다. 객관적이고 이론적으로 아는 바가 아무리 많아도 실제로 경험하지 못하는 사람은 그리스도인이 아닙니다. 기독신앙의 영광이 여기 있습니다. 신앙은 객관적이면서도 주관적인 것으로서, 이 두 가지를 분리하면 안 됩니다. 이 복들을 다 믿고 경험해야 합니다. 이 복들은 생명을 주는 생명입니다. 그렇기에 자신이 실제로 경험하고 즐기며 누리고 있는지 자문해 보아야 합니다. 이 복들을 모르는 탓에 불행하고 괴롭고 비참하게 사는 자들이 너무 많다는 것이야말로 세상에서 가장 슬픈 일이 아닐까 생각합니다. 신약성경은 우리에게 승리의 삶, 풍성한 삶을 그려 줍니다. 저와 여러분은 어두운 세상 앞에서도 사도 바울처럼 "내가 확신하노니 사망이나 생명이나 천사들이나 권세자들이나 현재 일이나 장래 일이나 능력이나 높음이나 깊음이나 다른 어떤 피조물이라도 우리를 우리 주 그리스도 예수 안에 있는 하나님의 사랑에서 끊을 수 없으리라"라고 말할 수 있는 사람들입니다(롬 8:38-39). 하나님을 "아빠 아버지"라고 부르는 복된 상태를 경험할 수 있는 사람들입니다(롬 8:15). 하나님의 자녀로서 영광스러운 자유를 누릴 수 있는 사람들입니다. 이제 다시 묻겠습니다. 우리는 이 복들을 알고 있습니까? 경험하고 있습니까?

주 예수 그리스도를 믿는 자, 예수 그리스도 안에 있는 자에게 즉시 찾아오는 복이 무엇입니까? 일종의 이론적인 순서에 따라 설명해 보겠습니다. 주 예수 그리스도를 믿는 자에게 가장 먼저 찾아오는 복은 죄사함을 받고 하나님과 화목케 되는 것입니다. "그러므로 그가 범사에 형제들과 같이 되심이 마땅하도다. 이는 하나님의 일에 자비하고 신실한 대제사장이 되어 백성의 죄를 속량하려 하심이라." 이것이 주님이 맡으신 큰 과업이었습니다. 주님이 오신 이유이자 목적이었습니다. 죄인에게 가장 먼저 필요한 일은 하나님과 화목케 되는 것입니다. 이 일을 위해, 이 일을 하고자 대제사장이 존재하는 것입니다. 그렇습니다. 히브리서 기자는 그리스도께서 세상에 오셔서 이 일을 하셨다고 말합니다. 누구를 위해 하셨습니까? 대제사장은 백성의 대표입니다. 하나님과 관련된 일에서 백성을 위해 화목을 이루어 내는 존재입니다. 하나님 앞에서 백성을 대표하는 존재입니다. 예수 그리스도는 믿는 자들을 위해 이 일을 하셨습니다. 자신이 하나님 앞에 형언할 수 없는 죄인이요 지옥에 떨어져 마땅한 자임을 깨달은 모든 사람을 위해 이 일을 하셨습니다. 자신이 율법의 정죄 아래 있음을 알고, 하나님 앞에 힘도 소망도 없는 자임을 참으로 깨달은 모든 사람을 위해 이 일을 하셨습니다. 스스로 하나님께 나아갈 수 없음을 알며, 그럴 자격이 없음을 참으로 깨달은 모든 사람을 위해 이 일을 하셨습니다. 우리는 예수 그리스도로 인해 "믿음으로 의롭다 하심을" 받았고, "하나님과 화평을 누리자"라고 말할 수 있게 되었습니다(롬 5:1).

과거의 삶이 걱정됩니까? 짐이 됩니까? 전에 지은 죄가 자꾸 떠오릅니까? 그 죄가 자꾸 생각나 괴롭고 비참합니까? 그 때문에 하나님을 대면하기가 두렵습니까? 여러분은 하나님을 알고 있습니까? 이것은 신약 성경이 던지는 간단하고 실제적이면서도 긴요한 질문들입니다. 주 예수 그리스도를 믿고 그분께 온전히 의탁한 자는 하나님과 화목케 되며, 본인도 그 사실을 깨닫습니다. 자신이 구원받았음을 확신합니다. 신약 서신서들은 이 확신을 주고자 기록되었습니다. 의심에서 벗어나게 하고자, 자신이 부름받고 택함받았음을 확실히 알게 하고자, 영원한 나라에 넉넉히 들어가게 하고자 기록되었습니다. 이처럼 하나님과 화목케 되는 것이 우리가 아는 첫 축복이자 처음 사도들이 전한 메시지입니다. 바울은 사도들이 화목케 하는 일을 맡았다고 하면서 "우리가 그리스도를 대신하여 사신이 되어……간청하노니 너희는 하나님과 화목하라"라고 말합니다(고후 5:19-20). 이것이 복음 메시지입니다. 우리는 자신이 죄 사함 받은 것과 하나님과 화목케 된 것을 알고 누려야 합니다. 전처럼 비겁한 두려움이 아닌 경건한 두려움과 경외함으로 하나님께 나아가야 합니다. 그리스도를 통해 그 앞에 나아갈 수 있음을 알아야 합니다. 히브리서 기자가 10:19에서 어떻게 말하는지 보십시오. "그러므로 형제들아, 우리가 예수의 피를 힘입어 성소에 들어갈 담력을 얻었나니." 여러분은 확신을 가지고 담대하게 하나님께 기도할 수 있습니까? "그러므로 우리는 긍휼하심을 받고 때를 따라 돕는 은혜를 얻기 위하여 은혜의 보좌 앞에 담대히 나아갈 것이니라"라는 권면에 유념하며 따를 수 있습니까?(히 4:16) 그리스도인은 하나님을 아는 자로서 거룩한 담대함으로 하나님께 나아갈 수 있어야 하며, 나아갈 수 있음을 확신해야 합니다. 하나님을 알기에 그 앞에 나아가 필요한 은혜를 받을 수 있어야 합니다. 그러면 이전과 다른 기도생활이 시작됩니다. 확신하지 못하고 의심하며 주저하던 마음이 사라집니다. 예수의 피를 힘입어 화목을 누리며 거룩한 담대함을 가지고 아버지 앞에 나아가게 됩니다.

우리가 고찰할 두 번째 단어는 "거룩하게 함을 입은 자"입니다. 11절은 이렇게 말합니다. "거룩하게 하시는 이─주 예수 그리스도─와 거룩하게 함을 입은 자들이 다 한 근원에서 난지라. 그러므로 형제라 부르시기를 부끄러워하지 아니하시고." 우리는 "거룩하게 함을 입은 자들"입니다. 저는 이것이 무엇보다 놀라운 축복이라고 생각합니다. 거룩해졌다는 말이 항상 가리키는 첫 번째 의미는 구별되었다는 것입니다. 구약성경에는 하나님을 위해 구별된 거룩한 산이 나옵니다. 여호와를 위해 쓰도록 구별된 거룩한 기구와 그릇들도 나옵니다. 그것들은 절대로 다른 용도에 쓰이지 않았습니다. 우리가 예수의 피로 거룩해졌다는 성경말씀의 의미는 오직 하나님을 위해 구별되었다는 것입니다. 저는 이보다 큰 위로를 알지 못합니다. 인간은 오직 두 부류로 나뉩니다. 하나님이 자기 것으로 구별하신 인간과 그렇지 않은 인간이 있는 것입니다. 신약성경 복음이 전하는 메시지가 이것입니다. 하나님이 죄로 가득한 세상에서 자신을 위해 붙들어 구별하신 자들이 있다는 것입니다. 자신의 특별한 소유가 될 백성을 만들어 가신다는 것입니다. 바울이 에베소 교인들을 위해 뭐라고 기도했는지 기억해 보십시오. "너희 마음의 눈을 밝히사 그의 부르심의 소망이 무엇이며 성도 안에서 그 기업의 영광의 풍성함이 무엇이며……너희로 알게 하시기를 구하노라"(엡 1:18-19). 하나님의 기업은 성도입니다. 사도 베드로는 우리를 "그의 소유가 된 백성"이라고 일컫는데(벧전 2:9), 이것은 우리가 하나님의 특별한 재산이라는 뜻입니다. 하나님은 자신을 위해 우리를 구별하셨고, 우리 안에서 영광을 받으실 것입니다.

그리스도인, 즉 그리스도 예수 안에 있는 자는 하나님이 보시기에 특별한 대상입니다. 아무것도 없는 데서 우주를 만들어 내신 하나님, 만물이 그로 말미암아 존재하는 전능하신 주 하나님, 감히 상상할 수 없는 영광 가운데 거하시는 전능하시고 영원하신 분이 특별히 아끼시는 대상입니다. 친히 안수하시며 특별한 관심을 쏟으시는 대상입니다. 자신이 이런 존재라는 생각을 해본 적이 있습니까? 세상은 지금 다른 많은 사람들을 대하는 방식과 똑같이 여러분을 가혹하게 대하며 비웃을 수 있고, 얼굴에 침 뱉을 수 있으며, 옥에 가둘 수 있습니다. 그러나 무슨 일이 닥친다 해도 하나님이 자신을 위해 여러분을 구별하셨다는 이 사실을 기억하십시오. 여러분이 하나님의 손안에 있다는 사실, 영원하시고 전능하시며 완전하신 하나님이 이같이 여러분을 굽어보고 계신다는 사실을 아는 것은 엄청난 일입니다. 주님의 말씀처럼 하나님은 여러분의 머리털까지 세고 계십니다. 그가 모르시거나 허락지 않으시는 일은 단 한 가지도 일어날 수 없고 일어나지 않습니다. 물론 하나님의 백성도 이해할 수 없는 일을 많이 겪으며, 때로 원망하고픈 유혹을 받습니다. 그러나 "하나님을 사랑하는 자 곧 그의 뜻대로 부르심을 입은 자들에게는 모든 것이 합력하여 선을 이"룹니다(롬 8:28).

우리는 "거룩하게 함을 입은 자"입니다. 하나님이 구별하신 자, 예비하신 영광을 위해 준비시키고 정결케 하시며 완전케 하시는 자입니다. 10절은 하나님이 많은 아들들을 이끌어 영광에 들어가도록 준비시키신다고 말합니다. 그는 우리를 구별하셨고, 우리는 그가 돌보시는 특별한 대상이 되었습니다. 그는 "자기의 기쁘신 뜻을 위하여" 우리에게 소원을 주시고 행하게 하십니다(빌 2:13). 때로는 징계하시지만, 그 또한 우리를 사랑하시기 때문입니다. 아들들을 영광으로 이끌어 가고자 채찍질하시는 것입니다. 징계야말로 우리가 그의 자녀라는 증거이기에 어떤 의미에서는 고난당할수록 더 감사드릴 수 있습니다. 하나님은 우리를 사랑하시기에 자신이 이끌어 가려는 영광을 위해 우리를 구별하시며, 그 영광에 합당하게 만들어 가십니다. 사랑하는 자를 징계하심으로 거룩하게 하십니다.

다른 표현들도 살펴봅시다. 하나님은 단지 우리를 구별하는 데서 그치지 않으십니다. "거룩하게 하시는 이와 거룩하게 함을 입은 자들이 다 한 근원에서 난지라. 그러므로 형제라 부르시기를 부끄러워하지 아니하시고." 이보다 앞서 나오는 말은 이것입니다. "만물이 그를 위하고 또한 그로 말미암은 이가 많은 아들들을 이끌어 영광에 들어가게 하시는 일에 ……"(히 2:10). 히브리서 기자는 이렇게 덧붙입니다. "자녀들은 혈과 육에 속하였으매 그도 또한 같은 모양으로 혈과 육을 함께 지니심은"(히 2:14). 하나님의 자녀, 하나님의 아들들, 주 예수 그리스도의 형제는 전부 그리스도인을 묘사하는 말입니다. 우리는 주 예수 그리스도와 한 본성을 가지고 있습니다. 하나님의 아들, 영원하신 말씀이 육신이 되신 이유가 무엇입니까? 자녀들이 지닌 혈과 육을 자신도 지님으로써 그들을 동정하는 대제사장이 되시기 위해서였습니다. 그뿐만이 아닙니다. 우리를 자신처럼 만들기 위해 자신은 우리처럼 되셨습니다. "거룩하게 하시는 이와 거룩하게 함을 입은 자들이 다 한 근원에서 난지라." 그는 저와 여러분을 하나님의 아들딸로 삼기 위해 육신이 되시고 사람이 되셨습니다. 자신의 본성을 우리에게 주기 위해 우리의 본성을 입으셨습니다. 그리하여 우리는 "신성한 성품에 참여하는 자"가 되었습니다(벧후 1:4). 우리는 그를 영접했고, 그는 우리 안에 찾아와 거하고 계십니다.

저와 여러분이 이런 사실들을 참으로 안다면, 기독교회는 오늘날과 다른 모습이 될 것입니다. 사람도, 미래도 두려워하지 않을 것입니다. 그리스도 안에 있는 모든 사람은 하나님의 자녀라는 사실, 그리스도께서 친히 우리를 형제자매라 부르신다는 사실, 우리가 그의 본성을 가졌다는 사실, 그리스도 안에 있기에 지금 이곳에서 이미 그의 영광에 참여할 뿐 아니라 그와 함께 하늘 처소에 앉아 있다는 사실, 결국 그와 함께 하나님이 예비하신 영광을 누리게 되리라는 사실을 붙잡는다면 아무것도 두렵지 않을 것입니다. 기독신앙을 비웃는 자들에게 우리가 할 말은 오직 한 가지, 그들은 무지하고 눈이 멀어 이런 사실들을 모른다는 것입니다. 어리석은 자들은 불과 몇 년만 지나도 무가치해질 세상 명예를 얻고자 서로 경쟁합니다. 가련하고 눈멀고 저주받은 영혼들은 하나님의 자녀요 그리스도와 함께한 상속자가 될 수 있는데도 그 가능성을 외면하고 이런 것을 자랑하며 자부합니다. 그러나 참 그리스도인, 회개하여 주 예수 그리스도를 믿고 하나님께 자신을 양도한 자는 즉시 하나님의 자녀가 됩니다. 그리스도께서 그를 형제라 불러 주십니다.

2장에 나오는 그다음 복은 사탄의 속박에서 해방되는 것입니다. "자녀들은 혈과 육에 속하였으매 그도 또한 같은 모양으로 혈과 육을 함께 지니심은 죽음을 통하여 죽음의 세력을 잡은 자 곧 마귀를 멸하시며." 그리스도인이 되는 순간, 여러분은 마귀의 속박에서 벗어납니다. 이것은 엄청난 말로서, 신약성경은 이 말을 거듭 반복합니다. 우리는 더 이상 죄와 사탄의 지배를 받지 않습니다. 사탄의 영토에 속해 있지 않습니다. 흑암의 나라에서 하나님의 참 아들의 나라로 옮겨졌습니다. 더 이상 사탄의 종이나 노예나 포로가 아닙니다. 그리스도께서 우리를 사탄의 영역에서 건져 내 영광스럽고 영원한 자신의 나라에 따로 옮기셨습니다. 사탄의 권세를 무시하면 안 되지만, 그리스도 안에서는 전혀 두려워할 필요가 없습니다. 그리스도인은 성경처럼 말할 수 있습니다. "마귀를 대적하라. 그리하면 너희를 피하리라"(약 4:7). "우리 형제들이 어린양의 피와 자기들이 증언하는 말씀으로써 그를 이겼으니"(계 12:11). 우리는 믿음으로 두려움 없이 단호하게 마귀를 대적할 수 있습니다. 이것은 만용이 아닙니다. 그리스도를 아는 데서 나온 확신입니다. 우리는 육신을 입고 사탄을 정복하시며 패주시키신 그리스도, 십자가에서 공개적으로 사탄에게 치욕을 주신 그리스도 안에 있는 형제들입니다. 그리스도는 자기 안에 있는 모든 자, 자기를 바라보는 모든 자를 구원하십니다. 우리는 사탄의 속박에서 구원받았습니다.

그렇다고 죄 없이 완전해진다는 말은 아니지 않느냐, 그리스도인도 분명히 죄에 빠지지 않느냐고 지적하는 이가 있는데, 그 지적이 맞습니다. 저는 지금 그리스도인이 죄에 빠지지 않는다고 말하는 것이 아닙니다. 그리스도인도 죄에 빠집니다. 그러나 아예 피할 수 없는 것은 아닙니다. 그리스도를 바라보지 못한 탓에 죄에 빠질 뿐입니다. 그런데 하나님은 무한한 자비로 그 대책 또한 마련해 주셨습니다. 그리스도의 대제사장 직분에 대한 중대한 가르침이 의미하는 바가 이것입니다. 그리스도는 우리 대신 하나님 앞에 나아가셨고, 항상 살아서 우리를 위해 간구하십니다. 사도 요한의 말 그대로입니다. "만일 누가 죄를 범하여도 아버지 앞에서 우리에게 대언자가 있으니 곧 의로우신 예수 그리스도시라"(요일 2:1). 우리는 그리스도인으로서 이런 큰 복들을 누리면서도, 때로 어리석게 사탄의 말을 듣고 넘어진 후 어쩔 줄 몰라 합니다. 그런데 그 해결책이 여기 있습니다. 아버지 앞에서 우리를 대리해 주시는 대제사장이 계시는 것입니다. 그가 항상 살아서 우리를 위해 간구해 주십니다. 하나님의 보좌 앞에서 우리를 위해 중보해 주십니다. 자기 자신에게 실망할 뿐 아니라 그리스도와 교회를 실망시켰다는 정죄감과 자괴감이 찾아올 때, 여러분에게 해드리고 싶은 말이 이것입니다. 여러분을 알고 이해해 주시는 대언자, 중보자가 계십니다. 여러분의 죄를 인정하고 문제를 맡길 때 풍성하고 온전하며 값없는 죄 사함을 보장해 주시는 분이 계십니다.

이 또한 그리스도 안에 있는 자에게 주시는 복입니다. 그뿐만이 아닙니다. 시험받을 때도 도와주십니다. 죄에 빠져 침체하고 낙심할 때도 우리에게는 위대한 대언자가 계십니다. 그렇습니다. 죄 사함이 보장되었다고 해서 세상이나 마귀나 죄나 시험 자체가 사라지는 것은 아닙니다. 또 다시 죄에 빠지면 어떻게 합니까? 죄에 빠지지 않을 방법이 있습니까? 우리 구주는 시험받는 자를 능히 도우시는 분입니다. 혼자 버려두지 않고 늘 곁을 지켜 주시는 분입니다. 그를 의지하면 죄에 빠지지 않습니다. 그는 자신을 의지하며 믿음으로 사는 자를 능히 지켜 죄에 빠지지 않게 하십니다.

> 매순간 주가 필요하오니
> 가까이 계시옵소서.
> 주 가까이 계시면
> 시험도 힘을 잃사옵니다.
> ─ 애니 호크스^{Annie S. Hawks}

그가 여러분 가까이 계신다는 사실, 능히 붙들어 주시며 힘 주신다는 사실을 기억하십시오. 친히 시험을 받아 고난을 당하셨기에 시험받는 자들을 능히 도우신다는 사실을 기억하십시오. 그는 자비하고 신실한 대제사장이십니다. 능히 우리 연약함을 굽어보시며 허약함을 동정해 주십니다. 그도 세상에서 살아 보셨습니다. 인간으로 세상에서 살아 보셨기에 모든 사정을 아십니다. 죄를 짓거나 한순간이라도 죄에 끌리신 적은 없지만 그 극악한 힘은 느껴 보셨기에 능히 우리를 동정하시고 참아 주실 수 있으며, 따라서 도와주실 수 있습니다.

그뿐만이 아닙니다. 그는 항상 동일하시며 불변하십니다. 우리는 가변적인 세상에 살고 있습니다. 우리는 시시각각 기분이 바뀌는 가변적인 피조물입니다. 그러나 우리 대제사장은 결코 변하지 않으십니다. 이것이 히브리서의 중대한 주제입니다. 예수 그리스도는 "어제나 오늘이나 영원토록 동일"하십니다(히 13:8). 앞으로도 변하지 않으실 것입니다. 항상 살아서 우리를 위해 간구하시며 끝까지 구원하실 것입니다. 어리석은 자들은 이 말을 밑바닥 인생까지 구원하신다는 뜻으로 설명하는데, 이 진리는 그보다 무한히 더 큰 것입니다. 영원토록 동일하시기에 구원의 과정을 시작하시고 그만두시는 법이 없다는 것입니다. 반드시 마치신다는 것입니다. 우리가 티나 주름 잡힌 것이나 흠 없이 온전해지고 영화로워지는 순간까지 구원하신다는 것입니다. 자신을 힘입어 하나님께 나아가는 모든 자를 온전히 구원하신다는 것입니다. 신자의 영원한 안전은 신약성경이 말하는 가장 영광스러운 복이자 확신을 주는 복입니다.

그의 선함으로 시작하신 일
그의 능한 팔로 이루시리.
그의 약속은 예와 아멘이니
취소된 적 없도다.
장래 일이나 현재 일이나
땅의 것이나 위의 것이나
그의 약속 폐할 수 없으며
그의 사랑에서 내 영혼 끊어 낼 수 없도다.
―오거스터스 탑레이디

마틴 로이드 존스 히브리서 강해

우리 대제사장은 항상 살아서 온전히, 끝까지, 완성될 때까지 우리를 구원하실 것입니다. 우리의 필요는 전부 채워졌습니다. 생명과 경건에 속한 모든 것이 충만히 주어졌습니다. 저와 여러분이 미처 필요를 깨닫기도 전에 미리 예견되고 채워졌습니다. 여기에는 우리가 죄 사함을 받고 하나님과 화목케 되어 그 앞에 나아갈 수 있게 되었음을 아는 지식, 우리가 하나님을 위해 따로 구별된 자들이요 특별한 관심의 대상이요 하나님의 자녀임을 아는 지식이 포함되어 있습니다. 그의 도움으로 사탄의 속박에서 해방되었다는 확신과 죄와 어둠의 영역에서 벗어나 하나님 나라에 들어갔음을 아는 지식이 포함되어 있습니다. 실패할 때 받는 도움과 회복, 평강, 힘, 지원, 도움이 포함되어 있습니다. 그가 우리 구원을 시작하실 뿐 아니라 마치신다는 확신이 포함되어 있습니다. 아, 죽음은 어찌 되느냐고, 우리는 오늘 있다가 내일 사라질 것이 분명한데 그 문제는 어찌 되느냐고 묻는 이가 있을 것입니다. 복음이 죽음에 대해 해주는 말이 있느냐고 묻는 이가 있을 것입니다.

"자녀들은 혈과 육에 속하였으매 그도 또한 같은 모양으로 혈과 육을 함께 지니심은 죽음을 통하여 죽음의 세력을 잡은 자 곧 마귀를 멸하시며 또 죽기를 무서워하므로 한평생 매여 종노릇하는 모든 자들을 놓아 주려 하심이니"(히 2:14-15). 죽음을 진지하게 생각해 본 사람은 확실히 두려움을 느낄 것입니다. 죽음에 대한 성경의 가르침을 아는 사람은 죽음을 생각하기만 해도 겁이 날 것입니다. 성경은 우리가 죽음의 문을 지나 영원한 운명—하나님과 그리스도를 모를 경우 괴로움과 고통과 슬픔과 아픔을 당하게 될 영원한 운명—으로 나아간다고 말하기 때문입니다. 죽음을 생각하며 무서워하지 않을 자는 없습니다. 불신자에게 죽음은 섬뜩한 것입니다. 물리적인 죽음만 무서운 것이 아닙니다. 복음을 믿지 않고 죽을 때 뒤따르는 결과가 무섭습니다. 죽으면 끝이고 그 후에는 아무것도 없다고 확신할 수만 있다면 아무도 죽음을 두려워하지 않을 것입니다. 심지어 환영하는 자들도 많을 것입니다. 그러나 죄는 죽음의 권능이요 "쏘는 것"입니다(고전 15:56). 이 말은 하나님을 거슬러 죄를 지은 자가 죽으면 벌을 받는다는 것을 직감적으로 안다는 뜻입니다. 이것이 죽음의 "쏘는 것"입니다. 죽음이 우리에게 권능을 갖는 것은 하나님의 율법이 그같이 선언하기 때문입니다. "사망이 쏘는 것은 죄요 죄의 권능은 율법이라"(고전 15:56). 그래서 사람들이 죽음을 겁내는 것입니다. 율법이 형벌을 선고하는 순간, 우리는 죽음을 두려워하게 되며 죽음을 생각하기만 해도 겁을 먹게 됩니다.

그런데 복음은 그리스도께서 우리 죄를 처리하심으로 죽음에서도 구원하신다고 말합니다. 우리 죄책을 처리하시고 율법을 처리하심으로 죽음의 "쏘는 것"을 제거하셨다고 말합니다. 그가 우리 죄를 지고 죽으셨기에, 적극적인 순종으로 율법을 만족시키셨기에 죽음의 "쏘는 것"은 힘을 잃었습니다. 다시 말해서, 그리스도인은 죽음을 무서워할 필요가 없습니다. 사탄이 권력을 행사하는 대상은 율법의 정죄를 받는 자들과 사탄의 나라에 속한 자들뿐입니다. 사탄이 그 나라를 지배하기에 거기 속한 자들의 죽음도 지배하고 두려움도 지배하는 것입니다. 그러나 그리스도께서 율법에 대해 하신 일을 깨닫는 순간 죽음의 "쏘는 것"은 제거되며, 바울처럼 "사망아, 너의 승리가 어디 있느냐? 사망아, 네가 쏘는 것이 어디 있느냐?"라고 말할 수 있게 됩니다(고전 15:55). 하나님께 감사드리십시오. 그리스도께서 온전하고 거룩한 하나님의 율법을 만족시키심으로 죽음의 "쏘는 것"을 제거하시고 죽음과 무덤을 정복하셨습니다. 그리하여 마귀의 주된 일을 멸하시고, 율법의 정죄가 몰고 온 죽음의 두려움과 속박에서 우리를 구원하셨습니다. 그리스도인은 죽음을 무서워하지 않을 뿐 아니라―죽음의 공포가 사라질 뿐 아니라―오히려 죽는 것이 그리스도와 함께하는 더 좋은 일임을 깨닫습니다.

　사랑하는 여러분, 여러분은 이런 복들을 알고 있습니까? 실제로 경험하고 있습니까? 그리스도인이 된다는 것은 여러분 스스로 무언가 하는 것이 아닙니다. 여러분 대신 필요한 일을 해주신 분께 자신을 드리는 것입니다. 이제껏 살펴본 복들은 전부 하나님의 선물입니다. 여러분은 이 복들을 누리고 있습니까? 그 빛 안에서 살고 있습니까? 그 빛으로 이 어두운 세상에서 미래의 삶을 맞이하고 있습니까? 이 모든 복은 예수 그리스도께서 주시는 것입니다. 장차 온전하고 충만하게 누릴 놀라운 영광의 맛보기이자 첫 열매입니다.

13

온전한 성숙

그러므로 우리가 그리스도의 도의 초보를 버리고 죽은 행실을 회개함과 하나님께 대한 신앙과 세례들과 안수와 죽은 자의 부활과 영원한 심판에 관한 교훈의 터를 다시 닦지 말고 완전한 데로 나아갈지니라. 하나님께서 허락하시면 우리가 이것을 하리라.   히 6:1-3

이번에는 "완전한 데로 나아갈지니라", 즉 "성숙해지고 온전히 성장하기 위해 나아갈지니라"라는 중대하고 강력한 권면에 특별히 주의를 환기시키고자 합니다.

히브리서 기자는 여기에서 편지를 받는 자들에게 가장 필요한 단어를 쓰고 있습니다. 다시 상기시키는바, 이들은 그리스도인이었습니다. 유대교 안에서 자란 유대인이었음에도 2장에 나오듯 복음 설교를 듣고 믿었으며, 한동안은 문제없이 잘 지내는 것 같았습니다. 그런데 이즈음에 확신을 잃고 불행해졌습니다. 기독신앙을 아주 버리지는 않았지만, 많은 이들이 완전한 침체에 빠져 옛 유대교를 그리워하는 것이 분명했습니다.

그래서 히브리서 기자가 편지를 써서 이 문제를 다루는 것입니다. 앞서 살펴보았듯이, 그가 하는 중대한 일은 주 예수 그리스도의 충족성과 탁월성을 밝히는 것입니다. 이 서신은 신약성경 전체에 나오는 주님의 위격과 사역과 영광에 대한 가장 위대한 강해 중 하나입니다. 그런데 이 특정 구절에서는 그들이 빠진 곤경의 주요 원인, 중심 원인이 결국 무엇인지 아주 실제적으로 들추어내며 설명하고 있습니다.

그는 5장 말미부터 이 주제를 꺼내기 시작합니다. 자신은 그들을 위로하고 싶다는 것입니다. 주님 안에 있는 위안을 주고 싶다는 것입니다. 진리 안에 있는 아주 깊은 내용을 설명하고 싶다는 것입니다. 그런데 한 가지 어려움이 있었습니다.

> 멜기세덱에 관하여는 우리가 할 말이 많으나 너희가 듣는 것이 둔하므로 설
> 명하기 어려우니라. 때가 오래 되었으므로 너희가 마땅히 선생이 되었을 터
> 인데 너희가 다시 하나님의 말씀의 초보에 대하여 누구에게서 가르침을 받
> 아야 할 처지이니 단단한 음식은 못 먹고 젖이나 먹어야 할 자가 되었도다.
> 이는 젖을 먹는 자마다 어린아이니 의의 말씀을 경험하지 못한 자요 단단한
> 음식은 장성한 자의 것이니 그들은 지각을 사용함으로 연단을 받아 선악을
> 분별하는 자들이니라(히 5:11-14).

그가 말하는 요지는 이것입니다. "내게는 너희에게 줄 놀라운 위로와 위
안이 있다. 그러나 지금 너희는 그것을 받아들일 역량이 없구나." 그래서
이 중대한 호소가 나오는 것입니다. "완전한 데로 나아갈지니라."

제가 볼 때 이것은 오늘날 많은 이들에게도 필요한 권면입니다. 우리
는 혼돈과 불확실성의 시대에 살고 있습니다. 세상의 명백한 특징이 이
것입니다. 기준이 점점 사라지고 있습니다. 사람들이 무슨 말을 하고 무
슨 행동을 해야 하는지 모르는 것 같습니다. 아, 교회까지 혼돈에 빠져
있습니다. 최근까지도 누구나 동의하는 기준이라는 것이 있었지만, 이제
는 사라지고 없습니다. 미숙함과 피상성과 무지가 극심한 혼돈의 시대
를 낳았습니다.

하나님의 백성에게 이런 불만이 제기된 것은 새삼스러운 일이 아닙
니다. 하나님은 호세아 선지자를 통해 이스라엘 자손에게 말씀하셨습니
다. "내 백성이 지식이 없으므로 망하는도다"(호 4:6). 그때도 지식이 없

었고, 지금도 지식이 없습니다. 지식이 없으면 기준이 없는 것이며, 따라서 어떤 평가나 판단도 내릴 수 없습니다. 그렇기 때문에 우리도 "완전한 데로 나아갈지니라. 성숙해지기 위해 나아갈지니라. 더 이상 어린아이가 되지 말지니라"라는 권면 앞에 설 필요가 있는 것입니다. 사도 바울도 고린도 교인들에게 "지혜에는 아이가 되지 말고 악에는 어린아이가 되라"라고 했습니다(고전 14:20). 자라야 합니다! 완전해지고 성숙해지기 위해 나아가야 합니다!

간단하지만 심각한 이 질문을 자신에게 던져 보는 것이 좋습니다. 우리는 자라고 있습니까? 진보하고 있습니까? 1년 전, 10년 전, 20년 전과 비교해 볼 때 어떻습니까? 과거 어느 때보다 성숙했습니까? 이것은 긴급한 문제인 만큼, 히브리서 기자가 당시에 이렇게 권면한 이유와 현재 우리 모두에게 이 권면이 필요한 이유를 살펴보도록 합시다.

첫 번째로, 그리스도인의 생명은 그 정의상 마땅히 발전하고 진보해야 합니다. 저는 '생명'이라는 말을 썼는데, 복음은 생명입니다. 그렇기 때문에 복음이 모든 철학이나 가르침, 정치사상, 사회사상 등과 범주를 완전히 달리하는 것입니다. 물론 복음도 가르침인 것은 맞습니다. 그러나 가르침 그 이상입니다. 생명입니다! 성경, 특히 신약성경이 도처에서 상기시키는 사실이 이것입니다. 그리스도인이 된 사람은 새 생명을 얻습니다.

신약성경이 사용하는 특징적인 용어들을 보면 이 점을 명확히 알 수 있습니다. "어린아이"가 그 한 예입니다. 이것은 생명체를 가리키는 말입니다. 어린아이는 태어난 존재이며, 살아 있는 존재입니다. 기계가 아닙니다. 생명을 가지고 있습니다. 생명을 가진 존재는 자라게 되어 있습니다. 또한 복음과 성경은 자주 "씨"로 지칭됩니다. 주님도 '씨 뿌리는 자의 비유'에서 하나님의 말씀을 씨라고 부르셨습니다. 씨에도 생명이 있습니다. 미동도 없이 정체되어 있는 것, 1년이 지나도록 자라거나 생장하지 않고 똑같은 상태에 머물러 있는 것은 씨가 아닙니다. 씨에는 생명이 있고 힘이 있습니다. 성장하고 생장할 수 있는 모든 요소가 있습니다. 그리스도인은 거듭난 자, 중생한 자, 새로운 피조물, 생명을 가진 자입니다.

어린아이가 어떤 결핍이나 결함 때문에 전혀 자라지 못한 채 유아 상태에 머물러 있는 것은 크나큰 비극입니다. 영적인 삶에서도 마찬가지입니다. "오직 우리 주 곧 구주 예수 그리스도의 은혜와 그를 아는 지식에서 자라가라"(벧후 3:18). 성장은 자연이 가진 생명의 특징일 뿐 아니라 그리스도인이 가진 생명의 특징입니다. 생명이 있는 곳에는 항상 성장과 발전과 진보가 있게 마련이며, 성장의 증거가 나타나게 마련입니다.

사도 바울이 에베소서 4장에서 상기시키는 사실도 신자는 거듭난 자로서 생명을 가지고 있으며 함께 자라간다는 것입니다. 신자는 "온전한 사람을 이루어 그리스도의 장성한 분량이 충만한 데까지" 계속 함께 자라가야 한다고 그는 말합니다(13절). 신약성경 전체가 가르치는 바가 이것입니다. 생명은 발전하고 성숙하게 되어 있습니다. 우리는 궁극적인 완전함을 향해 계속 나아가야 합니다.

이제 두 번째 질문, 실제적인 질문과 마주해 봅시다. 히브리서 기자가 이처럼 성숙해지는 문제에 관심을 쏟는 이유가 무엇일까요? 이들에게 성숙해지라고 호소하는 이유가 무엇일까요? "그리스도의 도의 초보[처음 배우는 기본원리]를 버리고······ 완전한 데로 나아갈지니라. 하나님께서 허락하시면 우리가 이것을 하리라." 자라는 일이 그토록 중요한 이유가 무엇입니까? 한 가지 대답은 이미 나왔습니다. 우리는 생명을 얻었는데,

생명이 자라지 않고 발전하지 않는 것은 용어상 모순되기 때문입니다.

그런데 이에 덧붙일 대답이 있습니다. 성숙해지지 않고 발전하지 않는 것은 하나님의 명예를 훼손하는 일이기도 합니다. 사도 바울은 에베소서에서 "영원부터 만물을 창조하신 하나님 속에 감추어졌던 비밀의 경륜이 어떠한 것을" 드러내는 것, "교회로 말미암아[교회를 통해] 하늘에 있는 통치자들과 권세들에게 하나님의 각종 지혜를 알게" 하는 것이 자신의 사역이라고 말하는데(엡 3:9-10), 이것은 엄청난 진술입니다. 하나님이 교회를 통해, 저와 여러분 같은 사람들을 통해 자신의 지혜와 영광을 하늘에 있는 통치자들과 권세들(천사와 천사장을 비롯한 선한 천사들)에게 나타내신다는 것입니다. 그런데 그런 자들이 자라지 못한 채 어린아이 상태에 머무는 것, 빈약한 상태나 영양실조 상태에 머무는 것은 하나님께 불명예가 됩니다. 말하자면 우리 손에 하나님의 명성이 달려 있습니다. 하나님은 자신의 위대함과 영광과 놀라운 방법들을 입증하는 일에 우리를 사용하십니다.

그런데 우리는 세상 사람들보다 훨씬 더 불안해 하는 듯한 인상, 신앙의 주된 결과가 온통 문제와 어려움과 혼란에 빠지는 것인 듯한 인상을 줄 때가 많습니다. 이런 상태가 하나님의 목적과 계획 및 구원에 나타난 영광을 훼손하는 이유가 무엇일까요? 하나님은 복음을 통해 새 인류를 만들겠다고 하셨으며, 아담 안에서 실패한 일을 그리스도 안에서 이루겠다고 하셨습니다. 저와 여러분은 하나님이 행하시는 그 일을 보여주는 사람들입니다. 그래서 이것이 단순히 우리 자신에게 국한된 문제가 아니라 하나님의 명예와 영광이 달린 문제인 것입니다.

여러분이 기독교회의 일원이라면, 하나님의 백성을 자처하는 사람이라면, 세상뿐 아니라 하늘에 있는 권세자들과 통치자들이 여러분을 보면서 "이 사람은 하나님의 작품이 아닌가? 하나님이 아들을 세상에 보내시는 기적적인 방법으로 만들어 냈다고 주장하시는 그 존재가 아닌가?"라고 묻는 것이 당연합니다. 그렇기 때문에 "완전한 데로" 나아가야 하는 것입니다. 저와 여러분이 1년 전이나 10년 전과 똑같은 상태에 머물러 있다면, 조금도 진보하지 못했다면, 전보다 더 강하고 견고하며 당당하게 삶에 대처하지 못한다면, 하나님의 은혜와 성령의 능력을 제대로 소개하지 못하고 있는 것입니다. 이것은 하나님의 명예가 달린 일입니다.

우리 관점에서도 살펴봅시다. 히브리서 기자는 **자기 자신을 위해서도** 완전과 성숙을 향해 나아가라고 호소합니다. 그렇지 못하면 언제까지나 갓난아이와 어린아이로 남게 된다는 것입니다. 자연 세계에서도 그렇지만, 영적인 세계에서도 그렇습니다. 어린아이가 두려움에 희생되는 것은 무지 때문입니다. 어린아이는 상상하면서 온갖 두려움에 빠집니다. 무지하고 미숙한 사람은 그처럼 온갖 미신과 두려움에 빠지게 되어 있습니다. 주님 당시 이방 세계도 그러했고, 지금 이교가 만연한 곳들도 그러합니다. 언제 무슨 일이 일어날지 몰라 무서워하며 두려워합니다. 사도 바울은 로마 교인들에게 말했습니다. "너희는 다시 무서워하는 종의 영을 받지 아니하고―거기에서 해방되었고―양자의 영을 받았으므로 우리가 아빠 아버지라고 부르짖느니라"(롬 8:15). 또 디모데에게는 이렇게 썼습니다. "하나님이 우리에게 주신 것은 두려워하는 마음이 아니요 오직 능력과 사랑과 절제하는 마음이니"(딤후 1:7). 두려워하는 것은 어린아이의 상태라고, 그 상태에서 벗어나 완전한 데로 나아가라고 히브리서 기자는 말합니다. 자라라고, 그러면 어린아이의 두려움이 사라질 것이라고 말합니다.

더 나아가 어린아이가 잘못된 가르침에 쉽게 희생되는 것 또한 무지 때문입니다. 사도는 에베소 교인들에게 이 점을 지적했습니다. "우리가 다 하나님의 아들을 믿는 것과 아는 일에 하나가 되어 온전한 사람을 이루어 그리스도의 장성한 분량이 충만한 데까지 이르리니"(엡 4:13). 그가 연이어 하는 말은 이것입니다. "이는 우리가 이제부터 어린아이가 되지 아니하여 사람의 속임수와 간사한 유혹에 빠져 온갖 교훈의 풍조에 밀려 요동하지 않게 하려 함이라"(엡 4:14). 어린아이는 그럴듯한 사람이 접근하면 휘둘립니다. 제대로 이해하거나 분별하지 못하는 탓에, 자기 기분을 맞추어 주는 친절한 사람이 나타나면 액면 그대로 받아들이고 무슨 말이든 믿어 버립니다. 그렇게 속아 넘어가며 미혹당하고 현혹됩니다.

영적 어린아이도 마찬가지입니다. 분별력과 이해력은 가장 늦게 발달하는 특성입니다. 현대에는 이 특성이 크게 부족합니다. 친절한 사람이 아무리 잘 웃으며 기분을 맞추어 주어도 그가 무슨 내용을 가르치는지 질문해 보아야 합니다. 그가 전하는 교리가 무엇이며 대변하는 바가 무엇인지 질문해 보아야 합니다. 사람들이 텔레비전 화면의 웃는 얼굴에 쉽게 현혹되는 것은 우려할 만한 일입니다. 그런 자들은 "온갖 교훈의 풍조에 밀려 요동"하는 어린아이와 같습니다.

그들이 이처럼 현혹되는 이유가 무엇일까요? 기준이 없기 때문입니다. 교리를 검증하는 법을 모르기 때문이며, 지식이 없기 때문입니다. 지식이 없으면 검증할 수가 없습니다. 검증하고 시험하는 것—차를 시험하거나 포도주를 시험하거나 여러 가지 음식을 시험하는 것—을 생업으로 삼는 이들이 있는데, 그 일을 하려면 지식이 있어야 하고 기준이 있어야

마틴 로이드 존스 히브리서 강해

합니다. 진리와 관련해서도 마찬가지입니다. 지식은 별로 없이 체험만 있는 사람은 기준이 없는 것입니다. 객관적 기준이 있어야 합니다. 지식이 있어야 합니다. 그렇지 않으면 온갖 잘못된 가르침에 희생됩니다.

어린아이가 되지 말고 자라야 하는 이유가 또 있습니다. 어린아이는 자기한테 일어난 사건이나 상황에 대처하는 법을 전혀 모릅니다. 이 또한 이해력이 없는 탓입니다. 어린아이는 상상 속의 두려움과 잘못된 가르침에 희생될 뿐 아니라 상황이 악화될 때 기댈 만한 버팀목을 가지고 있지 못합니다. 어린아이한테는 그런 것을 기대하기가 어렵습니다. 그래서 더 나이 든 부모나 어른들의 보호와 돌봄이 필요한 것입니다. 어린아이는 조금만 잘못되어도 마치 세상이 끝난 것처럼 절망합니다. 어떤 것에서도 위로나 위안을 찾지 못합니다. 지식과 이해력이 없고 성숙하지 못했기 때문입니다. 어린아이는 상황을 어떤 관점에서 바라보고 판단해야 할지 모릅니다. 완전히 낙담해 버립니다. 공포에 사로잡혀 정신을 잃습니다. 심한 절망감에 빠져 어쩔 줄을 모릅니다.

영적인 어린아이도 똑같습니다. 상황에 어떻게 반응하느냐 하는 것만큼 자신을 검증하기에 좋은 방법은 없습니다. 상황이 악화될 때 우리는 어떻게 반응합니까? 이것은 실제적인 문제입니다. 평소에는 훌륭한 그리스도인 같았는데 상황이 악화되면 완전히 무너지는 이들이 있습니다. 기댈 만한 버팀목을 가지고 있지 못합니다. 어떤 것에서도 위안을 찾지 못합니다. 그대로 상황에 희생되어 버립니다. 이것이야말로 크나큰 비극 아닙니까? 병들 때 우리는 어떻게 반응합니까? 상황이 갑자기 나빠질 때 어떻게 반응합니까? 실망이 찾아올 때 어떻게 반응합니까? 죽음이 임박할 때 어떻게 반응합니까? 믿음 밖에 있는 자들과 똑같은 시련을 겪을 때 다르게 반응하지 못한다면, 우리가 그들과 다른 그리스도인이라고 주장하며 이런저런 진리를 믿는다고 말하는 것이 무슨 소용이 있습니까? 기독 신앙을 가진 것이 무슨 가치가 있습니까? 이것은 복음에 합당한 삶이라는 기준에 못 미치는 상태일 뿐 아니라 하나님과 그리스도의 이름을 욕되게 하는 상태입니다.

성숙과 완전으로 나아가야 하는 또 다른 이유가 오늘 본문에 나옵니다. 주님이 친히 제시하신 중대한 원리는 "너희는 어떻게 들을까 스스로 삼가라. 누구든지 있는 자는 받겠고 없는 자는 그 있는 줄로 아는 것까지도 빼앗기리라"라는 것입니다(눅 8:18). 많이 가진 자일수록 더 많이 받는다는 것입니다. 이것은 이상하지만 매우 중요한 원리입니다. 지식이 많을수록 더 많은 지식을 얻습니다. 토대가 되는 지식과 이해가 없으면 더 깊은 진리로 들어갈 수 없습니다. 많이 아는 사람이 항상 더 많이 배우는 법입니다. 아는 것이 없는 사람은 더 많이 알 수도 없고, 지식과 이해가 자라날 수도 없습니다.

히브리서 기자의 전적인 주장이 이것입니다. 그는 "하나님이 멜기세덱의 반차를 따른 대제사장이라 칭하신 주님에 대해 알려 줌으로써 너희 처지를 크게 위로하며 위안을 주고 싶다"라고 하면서 이렇게 덧붙입니다. "멜기세덱에 관하여는 우리가 할 말이 많으나 너희가 듣는 것이 둔하므로 설명하기 어려우니라. 때가 오래 되었으므로 너희가 마땅히 선생이 되었을 터인데 너희가 다시 하나님의 말씀의 초보에 대하여 누구에게서 가르침을 받아야 할 처지이니." 그는 말합니다. "알다시피 처지가 참 딱하게 되었다. 멜기세덱의 반차를 따른 대제사장이신 예수를 설명함으로 너희를 즉시 바로잡아 줄 수 있는데, 그 토대와 틀이 되는 지식을 충분히 알지 못하니 가르칠 수가 없구나."

갓난아이 상태에 있으면 복음의 가장 영광스러운 사실들을 놓치게 됩니다. 가장 놀라운 위로를 놓치고 연약한 상태에 머물게 됩니다. 세상은 "아는 것이 힘"이라고 말합니다. 자연적인 의미에서도 어느 정도 그렇지만, 영적인 의미에서는 더더욱 그렇습니다. 많이 알면 알수록 강해집니다. 사도 바울은 모든 서신에서 어떤 모양, 어떤 형태로든 이 점을 이야기합니다. 에베소서 3장에서는 "성령으로 말미암아 너희 속사람을 능력으로 강건하게 하시오며"라고 기도하는데(16절), 무엇을 위해 강건하게 해달라고 합니까? "능히 모든 성도와 함께" 알기 위해서입니다 (18절). 하나님이 우리를 "하나님의 모든 충만하신 것으로" 충만케 하려 하신다는 사실을 알고 "우리가 구하거나 생각하는 모든 것에 더욱 넘치도록 능히" 행하실 수 있다는 사실을 알려면 강건해져야 합니다(엡 3:19, 20). 자신이 비참하고 불행한 상태에 있으며 두려워하고 무서워하는 상태에 있다는 것을 인식하지 못할 수도 있습니다. 그러나 알아야 강해집니다. 아는 것이 힘입니다. 많이 알수록, 하나님의 방법을 더 이해할수록 강해집니다.

떡갈나무 묘목과 다 자란 떡갈나무가 다른 것과 같습니다. 묘목은 잠재력을 가지고 있지만 아직 그것이 발달하지 못한 탓에 강풍과 태풍과 폭풍 앞에 버티지 못하고 넘어집니다. 그런 묘목 상태에 머물지 말라고 히브리서 기자는 말합니다. 자라고 발전하고 성숙하라고 말합니다. 무슨 일이 닥쳐도 버틸 수 있도록 힘을 키우라고 말합니다. 시편 기자는 이렇게 노래했습니다. "여호와의 나무에는 물이 흡족함이여, 곧 그가 심으신 레바논 백향목들이로다"(시 104:16). 신약성경도 "뿌리가 박히고 터가 굳어져서"(엡 3:17), "너희의 지극히 거룩한 믿음 위에 자신을 세우며"라고 말합니다(유 20절). 뿌리가 박혀야 합니다! 터가 굳어져야 합니다! 자신을 세워야 합니다! 그것도 굳게 세워야 합니다! 성숙해야 합니다! 다시 말해서 "지식에 넘치는 그리스도의 사랑을" 아는 자리까지 나아가라고 히브리서 기자는 설득합니다(엡 3:18).

완전과 성숙으로 나아가야 하는 마지막 이유를 말씀드리겠습니다. 믿음 밖에 있는 자들을 생각해 보십시오. 현재의 모든 혼란과 혼돈을 볼 때, 그리스도인 각자의 삶이야말로 장차 복음 전파에 가장 중요한 요소가 되리라고 저는 믿습니다. 주일에 교회를 가거나 여러 집회에 참석하는 것만으로는 불신자들에게 영향을 줄 수 없습니다. 그러나 완전히 다른 삶을 살면 그들도 관심을 보일 것입니다.

"완전한 데로 나아갈지니라"라고 히브리서 기자는 말합니다. 어떻게 나아가야 합니까? 그는 당연히 이 질문에도 대답하는데, 첫 번째 대답은 이것입니다. "그러므로 우리가 그리스도의 도의 초보를 버리고." 여기에서 "초보"란 무엇일까요? 기본원리, 기초적 가르침, 토대가 되는 진리와 원리입니다. 이것이 아주 중요합니다. 히브리 그리스도인들은 그리스도인이라는 자신들의 신분과 기독신앙의 토대 및 기초를 확실히 알지 못한 탓에 곤경에 빠졌습니다. 구원의 방법을 제대로 알지 못했습니다. 옛 유대교를 그리워하며 돌아보았다는 것 자체가 그 증거입니다. 그들이 어려서부터 배운 가르침은 율법을 지킴으로 구원을 받는다는 것이었습니다. 번제를 비롯한 제사를 통해, 자기 행위와 신앙으로 의롭다 하심을 받는다는 것이었습니다.

이것이 그들이 곤경에 빠진 원인이었습니다. 그래서 히브리서 기자가 편지를 써서 이 문제를 아주 분명하게 지적한 것입니다. "때가 오래되었으므로 너희가 마땅히 선생이 되었을 터인데 너희가 다시 하나님의 말씀의 초보에 대하여 누구에게서 가르침을 받아야 할 처지이니." 그는 말합니다. "또 너희한테 젖을 먹여야만 하겠구나. 이를테면 너희는 원점으로 돌아가 버린 것이다. 구원의 방법 자체를 잘 모르고 있다." 그러면서 특정 용어들을 사용하여 이 점을 설명해 줍니다. "죽은 행실을 회개함과 하나님께 대한 신앙과 세례들과 안수와 죽은 자의 부활과 영원한 심판에 관한 교훈의 터를 다시 닦지 말고." 이것은 전도할 때 전하는 내용입니다. 요컨대 "너희는 이미 교회요 그리스도인들이기에 계속 젖만 먹일 것이 아니라 위로와 위안과 힘으로 가득한 단단한 음식을 먹이고 싶은데, 또 젖을 먹여야 할 형편이 되었구나. 다시 처음으로 돌아가 너희가 정말 그리스도인인지부터 확인해야겠구나"라는 것입니다.

그리고 연이어 성경에서 가장 두려운 말을 합니다. "한번 빛을 받고 하늘의 은사를 맛보고 성령에 참여한바 되고 하나님의 선한 말씀과 내세의 능력을 맛보고도 타락한 자들은 다시 새롭게 하여 회개하게 할 수 없나니 이는 그들이 하나님의 아들을 다시 십자가에 못 박아 드러내놓고 욕되게 함이라"(히 6:4-6).

이 말의 의미는 주 예수 그리스도와 그 속죄의 죽음과 의롭게 하시는 부활을 부인하는 자, 그를 전적으로 완전히 의지하지 않는 자는 곧 잃은 자라는 것입니다. 그리스도를 부인함으로써 그를 드러내놓고 욕되게 하는 자라는 것입니다. 하나님의 아들을 다시 십자가에 못 박는 자라는 것입니다. 이것은 행동이나 죄를 가리키는 말이 아닙니다. 복음 전체를 부인하며, 그렇게 부인하길 즐기는 자를 가리키는 말입니다. 그런 자에게는 아무 소망이 없습니다.

히브리서 기자는 히브리 그리스도인들을 이 문제에 직면시킵니다. "이것을 완전히 확실하게 알아야 한다. '그리스도를 믿는다'고 하면서 '별로 확신은 없다'고 하면 안 된다." 그가 연이어 하는 말의 요지는 "아직도 구원의 방법을 확실히 모르겠느냐? 너희 모든 행실은 '죽은 행실'임을 모르겠느냐? 그 행실이 얼마나 선한 것이냐는 중요치 않다. 너희가 신문 부고에 어떤 인물로 실리느냐도 중요치 않다. 하나님이 보시기에는 다 죽은 행실이요 무가치한 행실일 뿐이다. '우리의 의는 다 더러운 옷'에 불과하다(사 64:6). 이것을 명확히 모르겠느냐? 내가 가서 다시 알려 주어야겠느냐? 염소와 황소의 피와 및 암송아지의 재로는 불의하고 경건치 못한 죄인을 하나님 보시기에 깨끗하게 할 수 없다고 다시 알려 주어야겠느냐? 왜 예표들로 돌아가려 하느냐? 예표들이 가리키던 본체가 이미 온 것을 모르느냐? 유일한 구원의 방법을 아직도 분명히 모르느냐? 그러면 자랄 수 없고 발전할 수 없다. 이 부분을 전적으로 명확히 알기 전까지는 어떤 것도 가르쳐 줄 수가 없다."

이것은 오늘날도 큰 문제거리입니다. 기본원리를 놓고 늘 논쟁을 벌이는 기독교 모임들이 있습니다. 그래서 자라지 않는 것입니다. 기본원리에 대해서는 이미 동의가 이루어져 있어야 합니다. 그리스도의 위격과 그 안에 있는 유일한 구원의 방법, 회개하고 새로 태어나 그의 보배로운 피로 구원받는 방법을 명확히 알지 못하는 한, 기독교회에는 소망이 없습니다. 이것이 기초입니다. 이것부터 전적으로 명확하게 알아야 합니다.

저의 목회 경험에 비추어 보아도 같은 말을 할 수 있습니다. 히브리 그리스도인들이 그러했듯이, 사람들이 저를 찾아와 단순히 어떤 죄에 빠졌다는 이유로 자기가 정말 그리스도인인지 모르겠다고 말하는 것보다 더 비참한 경우를 저는 알지 못합니다. 죄를 지었다는 이유로 자기 신분의 토대 자체를 의심합니다. 이것은 주 예수 그리스도와 그의 죽음을 전적으로 의지하는 대신, 자기 행위에 따라 스스로 의롭다 하려는 태도입니다.

여러분은 어떤 모양, 어떤 형태로든 자기를 의지하지 않는다고 확신합니까? 자기를 의지하는 자는 여전히 영적 갓난아이인 탓에 그런 것입니다. 그래서 혼동을 겪는 것이며 어려움이 생길 때 당황하여 어쩔 줄 모르는 것입니다. 앞으로 나아가려면 이 기본원리부터 확실히 알아야 합니다.

그러나 이것만 아는 데서 멈추면 안 됩니다. 그리스도인 다수가 겪는 문제가 여기 있습니다. 그들은 자신이 구원받았다는 사실과 그리스도 안에 있는 구원의 방법을 아주 명확히 알며, 오직 그리스도와 그의 보배로운 피만 의지합니다. 그러나 50년이 지나도록 그 자리에서 한 걸음도 더 나아가지 못하는 경우가 많습니다. 성장하거나 발전한 증거가 없습니다. 이해도 깊어지지 못했습니다. 20년 전이나 지금이나 똑같습니다. 진보의 표시가 없습니다. 기본원리에 멈추어 있습니다. 기본원리는 알지만 그 이상 나아가지 못했습니다. 더 깊어지거나 발전하지 못했습니다. 이해와 지식이 성장하거나 성숙한 증거가 없습니다. 완전한 데로 나아가지 못했습니다.

이것은 기본적인 사실로서, 이것으로 자신을 검증해 보아야 합니다. 자신이 오직 그리스도의 피로 구원받은 그리스도인임을 분명히 안다면, 그에 더하여 발전하고 있으며 성숙해지고 있는지, 1년 전이나 10년 전보다 더 온전히 이해하고 있는지 자문해 보아야 합니다. 기본원리를 명확히 알아야 하지만, 거기에서 그치면 안 됩니다. 앞으로 더 나아가야 하며 진보해야 합니다.

그렇다면 어떻게 나아가야 할까요? 히브리서 기자는 그다음 단계로 "단단한 음식"을 먹어야 한다고 알려 줍니다. "이는 젖을 먹는 자마다 어린아이니 의의 말씀을 경험하지 못한 자요 단단한 음식은 장성한 자의 것이니 그들은 지각을 사용함으로 연단을 받아 선악을 분별하는 자들이니라." "단단한 음식"이 무엇입니까? 이것은 실제로 신약 서신서들의 가르침—강력한 서신서들의 교리와 주장—을 가리키는 말입니다.

사도 베드로는 두 번째 서신에서 사도 바울의 편지들을 언급하며 거의 하소연하듯 말합니다. "또 우리 주의 오래 참으심이 구원이 될 줄로 여기라. 우리가 사랑하는 형제 바울도 그 받은 지혜대로 너희에게 이같이 썼고 또 그 모든 편지에도 이런 일에 관하여 말하였으되 그중에 알기 어려운 것이 더러 있으니 무식한 자들과 굳세지 못한 자들이 다른 성경과 같이 그것도 억지로 풀다가 스스로 멸망에 이르느니라"(벧후 3:15-16). 무식하고 굳세지 못한 탓에 성경을 왜곡하다가 멸망하는 자들이 있습니다. 그들은 성숙하지 못한 자들입니다. 앞으로 나아가지 못한 자들입니다.

사도 베드로는 사도 바울의 편지에 "어려운 것"이 더러 있다고 말합니다. 실제로 성경에는 이해하기 어려운 구절들이 많습니다. 문제는 그런 구절들에 어떻게 반응하고 대처하느냐 하는 것입니다. 혹시 "그런 데까지 신경 쓸 수가 없어요. 그러기엔 너무 바빠요"라고 말하는 것은 아닙니까? 그것이 여러분의 태도는 아닙니까? 그렇다면 여러분은 아직 영적 유아인 것입니다. 그런 상태에서 곤경에 빠지는 것은 그리 놀랄 일이 아닙니다. 자기가 무엇을 믿는지 잘 모르는 것도 놀랄 일이 아니며, 기독교라고 말하면 다 기독교인 줄 아는 것 또한 놀랄 일이 아닙니다. 자라려면 단단한 음식을 먹어야 합니다.

　요즘 그리스도인들은 더 많은 노래와 오락을 요구합니다. 매사에 현대의 유행을 따르길 바랍니다. 그러나 복음의 진리는 단순한 오락이 아닌 단단한 음식입니다. 계속 응석을 받아 주고 음식을 떠먹여 주며 즐겁게 해주길 바라는 어린아이 상태에 머물면 안 됩니다. 기꺼이 지성을 사용하고 정신을 무장하며 강건해져서 장차 올 구원을 끝까지 소망해야 합니다.

　이 일이 어렵다는 것을 알고, 끈기 있게 성경의 어려운 구절들을 연구하는 일에 정진해야 합니다. 성경에는 "단단한 음식"—하나님의 모든 약속과 중대한 목적, 주님에 대해 풍성히 알려 주는 중대한 교리들—이 있습니다. 하나님이 이처럼 단단한 음식을 주신 것에 감사하십시오. 부요한 은혜를 주신 것에 감사하십시오. 무슨 일이 닥치든 버틸 수 있도록 우리 영혼을 세워 주고 강건케 할 양식을 주신 것에 감사하십시오.

　"단단한 음식은 장성한 자의 것이니 그들은 지각을 사용함으로 연단을 받아 선악을 분별하는 자들이니라." 지각을 사용해야 합니다. 우리에게 주신 재능을 활용해야 합니다. 부지런해야 합니다. 히브리서 기자는 6:11-12에서 다시 말합니다. "우리가 간절히 원하는 것은 너희 각 사람이 동일한 부지런함을 나타내어 끝까지 소망의 풍성함에 이르러 게으르지 아니하고 믿음과 오래 참음으로 말미암아 약속들을 기업으로 받는 자들을 본받는 자 되게 하려는 것이니라." 부지런해야 합니다! 정진해야 합니다! 노력해야 합니다!

　오늘날 도덕적 상태를 보며 근심이 됩니까? 무언가 해야만 한다는 생각이 듭니까? 그 무언가를 할 수 있는 사람은 오직 저와 여러분 같은 개인들뿐입니다. 교회가 이런저런 성명을 내기는 하지만 귀 기울여 들는 사람이 없습니다. 교회에는 부흥과 각성이 필요한데, 우리 각 사람이 부지런히 힘쓰지 않으면 부흥과 각성은 오지 않습니다. 세상과 보내는 시간을 줄이고, 하나님과 보내는 시간을 늘리십시오. 하나님의 말씀을 읽는 시간, 기도하는 시간, 자기를 점검하는 시간을 늘리십시오. "지각을 사용함으로 연단을 받아 선악을 분별"하십시오.

우리 조상들은 참과 거짓을 분별할 줄 알았습니다. 이단과 진리를 구별할 줄 알았습니다. 우리는 그렇지 못합니다. 오늘날 문제는 선악의 차이를 분별치 못하는 데 있습니다. 우리는 연단된 지각이 없기에 지식이 부족합니다. 그러니 이 일에 헌신합시다. 하나님이 주신 능력을 사용합시다. 직장이나 일터에서 자신의 능력과 재능을 어떻게 쓰는지 생각해 보고, 그와 똑같이 부지런하게 이 일을 하십시오. 이에 관한 책을 읽고, 함께 토론하며, 질문하십시오. 필요한 영적 지식을 얻고 있다는 생각이 들 때까지 여러분이 할 수 있는 모든 일을 하십시오.

사도 바울도 빌립보 교인들에게 똑같이 말했습니다. "내가 기도하노라. 너희 사랑을 지식과 모든 총명으로 점점 더 풍성하게 하사 너희로 지극히 선한 것을 분별하며 또 진실하여 허물 없이 그리스도의 날까지 이르고"(빌 1:9-10). 그렇습니다! 참된 그리스도인, 교회의 상태 및 세상과 사회의 무서운 상태를 보며 탄식하는 자들에게 요청되는 일이 바로 이것입니다. "완전한 데로 나아갈지니라." 우리 주의 은혜와 그를 아는 지식에서 자라갑시다. 영적으로 성숙한 사람이 됩시다. 이해하는 일에서 어른이 됩시다. 지각을 사용함으로 함께 온전한 성숙을 향해 나아갑시다. 최종적으로 그리스도의 장성한 분량이 충만한 데까지 이르는 영원한 상태를 향해 나아갑시다. 하나님, 그렇게 되게 해주옵소서!

14
본

지금 우리가 하는 말의 요점은 이러한 대제사장이 우리에게 있다는 것이라. 그는 하늘에서 지극히 크신 이의 보좌 우편에 앉으셨으니 성소와 참 장막에서 섬기는 이시라. 이 장막은 주께서 세우신 것이요 사람이 세운 것이 아니니라. 대제사장마다 예물과 제사 드림을 위하여 세운 자니 그러므로 그도 무엇인가 드릴 것이 있어야 할지니라. 예수께서 만일 땅에 계셨더라면 제사장이 되지 아니하셨을 것이니 이는 율법을 따라 예물을 드리는 제사장이 있음이라. 그들이 섬기는 것은 하늘에 있는 것의 모형과 그림자라. 모세가 장막을 지으려 할 때에 지시하심을 얻음과 같으니 이르시되 삼가 모든 것을 산에서 네게 보이던 본을 따라 지으라 하셨느니라.

히 8:1-5

히브리서 기자는 본문에서 이스라엘 자손의 위대한 지도자이자 선생이었던 하나님의 종 모세의 중대한 임무를 상기시킵니다. 저는 기독교 복음을 전하는 모든 설교자 또한 이 중대한 임무를 맡았다고 말하고 싶습니다. 우리가 전하는 바가 무엇입니까? 기독교의 메시지가 무엇입니까?

다시 말해서 복음에 관심 있는 모든 사람이 기본적으로 부딪치는 것은 **권위**의 문제입니다. 서로 다른 말들이 너무 많이 들리는 탓에 교회 밖에 있는 이들이 복음을 제대로 알아보기가 매우 어렵습니다. 어떤 사람은 "이것이 복음이다"라고 하고, 또 어떤 사람은 "아니다"라고 합니다. 각기 다른 사람들이 '기독교'의 이름으로 명백히 모순되는 말을 합니다. 그러니 교회 밖에 있는 이들이 "대체 누구 말을 믿어야 하지? 어떤 사람을 믿어야 하지?"라고 물을 수밖에 없습니다. 이처럼 현대에 발생하는 모든 혼란의 기저에는 권위의 문제가 자리 잡고 있으며, 그 해답은 오직 한 가지—**계시**—밖에 없습니다.

히브리서 기자는 믿음의 혼란을 겪는 그리스도인들에게 이 편지를 썼습니다. 1세기에도 거짓 선생들이 있어서 대체 누구 말을 믿어야 할지 모르는 경우가 많았습니다. 그 때문에 이렇게 편지를 써서 기독교 복음과 구원의 방법에 대해 중대한 선포를 하는 것입니다. 그는 권위의 문제를 계속 강조하며, 아주 흥미로운 방식으로 이 점을 설명합니다. 그리스도인이 된 유대인들에게 그가 말하는 요지는 "위대한 민족의 영웅이자 지도자였던 모세 당시와 지금 너희 처지가 비슷한 것을 모르겠느냐?"라는 것입니다. 모세는 위대한 입법자이자 가장 위대한 선생이었습니다. 이스라엘 자손을 애굽 포로생활에서 끌어내 가나안 땅으로 인도하는 특별한 임무—구약성경 전체를 관통하는 구원의 큰 그림—를 맡았던 이스라엘 역사상 독보적인 인물이었습니다.

그런데 모세는 그 메시지를 어디에서 얻었을까요? 그가 이런 일을 한 이유가 무엇일까요? 모세와 그 가르침의 특징을 어떻게 설명하면 좋을까요? 그는 단순한 민족주의자였을까요? 기민한 정치가였을까요? 그저 똑똑하고 유능한 인물이었을까요? 모세는 당대인들에게 연설했고, 큰 대가가 따르는 일들을 명했으며, 예배와 의식儀式 및 여러 문제에 관해 세세한 지시를 내렸습니다. 그는 어떻게 그 모든 일을 한 것일까요? 대체 무엇이 그 모든 일을 가능케 했을까요? 그 메시지와 권위의 원천이 어디 있었을까요? 히브리서 기자는 이에 대답하고 있습니다.

모세는 단순히 위대한 종교적 스승이 아니었습니다. 가끔 비범한 재능을 가지고 태어나는 천재 중 한 사람도 아니었습니다. 타고난 지도자 또한 아니었습니다. 그는 사람들 앞에 나가 "제가 이 문제를 숙고한 끝에 생각해 낸 계획을 알려 드리겠습니다"라고 하지 않았습니다. 정치가로서 "이것이 여러분을 위한 저의 제안입니다. 이 제안을 기꺼이 받아들이고 실행하며 저를 따라오겠습니까?"라고도 하지 않지 않았습니다. 전혀 그러지 않았습니다. 오히려 그와 정반대되는 말과 행동을 했습니다. 모세는 목자였고, 사실상 그 일을 버리고 싶어 하지 않았습니다. 그가 이런 인물이 된 이유는 오직 한 가지, 하나님이 그를 불러 임무를 맡기셨기 때문이었습니다(출애굽기 앞부분을 직접 읽어 보십시오). 그는 말했습니다. "저는 연설가가 못 됩니다. 제가 백성에게 무슨 말을 하겠습니까?" 그러나 하나님은 "가라. 가서 '너희 조상의 하나님이 나를 너희에게 보내셨다. 스스로 있는 자가 나를 너희에게 보내셨다. 그가 주신 메시지는 이것이다'라고 말하라"라고 하셨고, 모세는 떨며 애굽으로 가서 그가 명하신 일을 했습니다.

후에 그는 십계명이라는 중대한 법을 비롯하여 도덕법과 의식법 및 행실과 여러 가지 문제에 관한 법률—구약성경 첫 책들에 나오는 아주 흥미롭고 중요한 법률—을 제정합니다. 그 법들은 대체 어디에서 온 것일까요? 모세가 그만큼 특출한 법률가였던 것일까요? 이 사람은 어떻게 그 모든 법을 생각해 냈을까요? 그 대답이 성경에 나오는데, 히브리서 기자는 해당 본문인 출애굽기 25:40을 그대로 인용하고 있습니다.

하나님은 모세를 산으로 불러 40일 밤낮 머물게 하셨습니다. 그 기간에 그가 해야 할 일과 해야 할 말을 정확히 알려 주셨습니다. 성막은 어떻게 짓고, 기구들은 어떤 것을 비치해야 하는지 알려 주셨습니다. 어떤 다양한 색상과 치수의 재료를 사용해야 하는지, 어떤 다양한 종류의 목재를 사용해야 하는지, 어느 정도 분량의 금을 사용해야 하는지 알려 주셨습니다. 모든 것을 정확하고도 세세하게 지시해 주셨습니다. 40일에 걸쳐 임무를 맡기시고 해야 할 일을 정확히 알려 주신 후, 산에서 내려가 시행케 하셨습니다. 하나님이 이처럼 세세한 계획을 알려 주시고 나서 마지막에 하신 말씀이 바로 이것입니다. "너는 삼가 이 산에서 네게 보인 양식[본本]대로 할지니라"(출 25:40).

히브리서 기자는 이 말씀을 상기시키고 있으며, 우리도 이 말씀을 살

마틴 로이드 존스 히브리서 강해

퍼볼 필요가 있습니다. 하나님은 모세에게 전체적인 구상뿐 아니라 세세한 계획을 알려 주셨습니다. 아주 미세한 부분까지 하나님이 명하신 그대로 정확히 시행케 하셨습니다. 제가 이 점을 강조하는 것은 성경의 중대한 메시지 또한 그처럼 모든 부분이 다 중요하기 때문입니다. 이런 문제에서 우리는 무능하기 때문에 하나님이 세세히 지시해 주셔야 합니다. 그중에서도 가장 중요한 문제가 무엇입니까? 무엇보다 하나님께 어떻게 나아가야 합니까? 이것이 이스라엘 자손이 당면한 문제였습니다. 그들은 애굽에서 나오자마자 바로 군대의 추격을 받았습니다. 이제 어떻게 해야 합니까? 앞은 홍해가 가로막고 있고, 양옆에는 산들이 버티고 있습니다. 그들은 꼼짝없이 포위되었습니다. 이제야말로 모든 상황이 끝나 버린 것일까요? 아닙니다! 하나님은 모세에게 말씀하셨습니다. "이스라엘 자손에게 명령하여 앞으로 나가게 하고"(출 14:15). 바다가 갈라져 길이 생겼습니다. 이스라엘 자손은 그 길로 건너갔습니다. 그리고 광야 여행이 시작되었습니다. 이제부터는 또 어떻게 해야 합니까? 어떻게 살아야 하며 무엇을 먹어야 합니까? 특히 하나님과 어떻게 만나고 교통해야 합니까? 하나님은 모세를 산으로 불러 40일 밤낮 세세한 양식[본]과 계획을 알려 주심으로 그 모든 질문에 대답하셨습니다. 이것이야말로 하나님께 나아가는 방법이요 하나님을 예배하는 방법입니다. 하나님께 축복받는 단 한 가지 유일한 방법입니다.

하나님을 예배하며 그의 축복을 받는 길은 모세에게 알려 주신 이 방법뿐입니다. 그런데 일부가 그 방법에 반발했습니다. 개중에는 대제사장이 된 모세의 형 아론의 아들들도 있었습니다. 그들은 더 좋은 방법을 찾아낼 수 있다고 생각했고, 이른바 "다른 불"을 드리다가 죽임을 당했습니다(레 10:1). 고라와 다단과 아비람이라는 이스라엘의 똑똑한 귀인들도 하나님의 방법에 반기를 들었습니다. 요컨대 "왜 모세와 아론의 방법만 써야 하는가? 우리한테 더 좋은 생각이 있으니 우리 생각대로 해보자"라고 했다가 아주 비참한 종말을 맞았습니다. 하나님의 본, 하나님의 계획을 따라야 합니다. "삼가 모든 것을 산에서 네게 보이던 본을 따라 지으라."

히브리서 기자도 이 점을 상기시킵니다. 요컨대 "이것은 모세 당시에 있었던 일이다. '하늘에 있는 것의 모형과 그림자'도 이처럼 본을 따라야 했다면, 하늘에 있는 원형은 얼마나 더 본을 따라야겠느냐?"라는 것입니다. 성막과 성전을 비롯한 모든 것은 실체가 아닌 모형이요 그림자요 예표에 불과했습니다. 그런 것들도 "본"을 따라야 했다면, 중대한 본체는 무한히 더 본을 따라야 합니다. 히브리서 기자가 내리는 결론은 이것입니다. "이에 대해서는 논쟁과 반박이 있을 수 없다. 모든 일에 항상 하나님이 산에서 보이신 본을 따라야 한다."

일반적으로 교회가 어긋난 길로 접어드는 지점이 여기입니다. 대중적 가르침은 인간의 필요와 생각에서 출발하라고 말합니다. 종교 잡지와 책들도 "현대인은 옛날 사람들과 다르다는 사실을 알아야 한다. 우리는 완전히 새로운 시대, 과학의 시대에 살고 있다! 인간은 성장했다! 과거에는 옛날 방식이 통했지만 지금은 통하지 않는다. 현대인에게 호소하려면 현대인을 알아야 한다. 그들의 관용구를 써야 하고 그들의 사고방식을 알아야 한다. 그렇지 않으면 아무것도 할 수 없다"라고 말합니다. 이처럼 인간을 출발점으로 삼으며, 과학과 지식을 갖춘 현대인을 출발점으로 삼습니다.

우리가 오랫동안 들어 온 말은 진리를 찾는 위대한 탐색을 시작하라는 것입니다. 그런 것을 기독교라고 생각하며 종교라고 생각합니다. 철학과 사변과 인간의 사고를 추앙합니다. 인간의 생각과 말을 탐색의 진입로로 삼습니다. 그러니 심한 혼란에 빠지는 것도 놀랄 일이 아닙니다. 성경이 처음부터 밝히는 대로, 이런 인간의 탐색으로는 하나님을 찾을 수 없습니다. 바울도 "하나님의 지혜에 있어서는 이 세상이 자기 지혜로 하나님을 알지 못하므로 하나님께서 전도의 미련한 것으로 믿는 자들을 구원하시기를 기뻐하셨도다"라고 했습니다(고전 1:21). 이 방법을 뒤집는 우리의 사고는 전부 틀린 것입니다.

우리가 할 일은 오직 한 가지, 하나님이 산에서 보이신 본으로 돌아가는 것입니다. 저는 이 계시의 산, 하나님의 산으로 돌아가자고 요청하는 바입니다. 우리 자신의 지혜는 그만 내려놓고, 하나님이 은혜로 기쁘게 주신 본을 다시 찾아보아야 합니다. 성경이 내내 선포하는 바가 이것입니다. 히브리서 기자는 모세를 예로 들었지만, 선지자들이나 이스라엘의 위대한 선생들도 마찬가지였습니다. 사도 베드로는 "성경의 모든 예언은 사사로이 풀 것이 아니"라고 했습니다(벧후 1:20). 선지자들의 가르침은 묵상과 숙고의 결과물이 아니었습니다. 불현듯 떠오른 멋진 생각이 아니었습니다. "예언은 언제든지 사람의 뜻으로 낸 것이 아니요." 그러면 어디에서 온 것입니까? "오직 성령의 감동하심을 받은 사람들이 하나님께 받아 말한 것임이라"(벧후 1:21). 그들은 자기 생각과 의견을 표명하지 않았습니다. 하나님의 메시지를 전달하는 통로의 역할만 했습니다. 직접 찾아서 읽어 보십시오. "주의 성령이 내게 임하셨으니", 또는 "여호와께서 이와 같이 말씀하시기를"이라고 밝혔던 것을 알 수 있습니다. 그들은 하나님이 주신 본과 메시지와 계시를 말하고 기록했습니다. 하나님의 생각을 전하고 계시를 전달했습니다.

신약성경에서 처음 만나는 설교자는 세례 요한입니다. 성경은 역사의 한 시점에 "하나님의 말씀이 빈 들에서 사가랴의 아들 요한에게 임"했다고 말합니다(눅 3:2). 하나님의 말씀이 **임했습니다**! 요한 스스로 어떤 결론에 도달한 것이 아닙니다. 말씀이 그를 사로잡았습니다.

사도 바울도 스스로 "하나님의 비밀을 맡은 자"라고 했습니다(고전 4:1). 하나님의 비밀을 맡은 일꾼에 불과하다고 한 것입니다. 사도의 권위를 밝히기 위해 고린도 교인들에게 쓴 편지에서도 "형제들아, 내가 너희에게 전한 복음을 너희에게 알게 하노니 이는 너희가 받은 것이요 또 그 가운데 선 것이라.……내가 받은 것을 먼저 너희에게 전하였노니"라고 했습니다(고전 15:1, 3). 그들도 **받았고** 자신도 **받았다**고 했습니다. 갈라디아서에서는 더 명쾌하게 이 점을 밝힙니다. "형제들아, 내가 너희에게 알게 하노니 내가 전한 복음은 사람의 뜻을 따라 된 것이 아니니라. 이는 내가 사람에게서 받은 것도 아니요 배운 것도 아니요 오직 예수 그리스도의 계시로 말미암은 것이라"(갈 1:11-12). 자신은 관리자요 수호자요 전령에 불과하다는 것입니다. 사자使者에 불과하다는 것입니다. 사자는 자기 의견을 전하는 사람이 아니요 자신을 임명하고 파견한 왕의 의견을 전하는 사람입니다. 자기 권위를 행사하는 사람이 아니요 위임받은 권위를 행사하는 사람입니다.

오늘날도 마찬가지입니다. 강단에 서 있는 저의 권위는 오직 하나님의 말씀에서 나온 것입니다. 제가 남들보다 더 많이 알아서 말하는 것이 아닙니다. 하나님의 메시지, 하나님이 계시의 산에서 기쁘게 보이신

"본"을 그대로 전할 뿐입니다. 그렇다면 하나님이 사람에게 주신 본, 이 생뿐 아니라 영원한 세상의 행복을 위해 주신 본은 무엇일까요? 기독교 복음이 전하는 메시지는 무엇일까요? 하나님이 아주 분명하고 명확하게 본을 보이신 산과 봉우리들을 통해 설명해 보겠습니다.

먼저 변화산부터 살펴봅시다. 마태복음 17장에 그 이야기가 나옵니다. 제가 이 산부터 살펴보는 이유가 무엇일까요? 이 산이 신약성경의 주인공, 즉 나사렛 예수라는 복되신 분이 누구신지 명확히 알려 주기 때문입니다. 사복음서 각 장에 나오는 분도 이분이요 사도들이 전파한 분도 이분입니다. 중요한 것은 "이분이 누구시냐?" 하는 것입니다. "이 복되신 분이 누구시냐?" 하는 것이야말로 오늘 밤 세상에서 가장 중요하고도 중대한 질문입니다.

"엿새 후에 예수께서 베드로와 야고보와 그 형제 요한을 데리시고 따로 높은 산에 올라가셨더니 그들 앞에서 변형되사 그 얼굴이 해같이 빛나며 옷이 빛과 같이 희어졌더라"(마 17:1-2). 또 다른 복음서는 그의 옷이 "그렇게 희게 할 수 없을 만큼 매우 희어졌더라"라고 말합니다(막 9:3). 그가 제자들 앞에서 변형되셨을 때 영광이 홀연히 그들을 비추었고, 그들은 예수의 위엄을 보았습니다.

노인이 되어 죽음을 앞둔 베드로는 마지막 서신 1장에서 이렇게 말합니다. "우리 주 예수 그리스도의 능력과 강림하심을 너희에게 알게 한 것이 교묘히 만든 이야기를 따른 것이 아니요 우리는 그의 크신 위엄을 친히 본 자라. 지극히 큰 영광 중에서 이러한 소리가 그에게 나기를 이는 내 사랑하는 아들이요 내 기뻐하는 자라 하실 때에 그가 하나님 아버지께 존귀와 영광을 받으셨느니라. 이 소리는 우리가 그와 함께 거룩한 산에 있을 때에 하늘로부터 난 것을 들은 것이라"(벧후 1:16-18). 그는 홀연히 변형되셨습니다. 얼굴이 해같이 빛났고, 옷도 완전히 변형되었습니다. 영광이 온통 그곳을 뒤덮은 것 같았습니다. "구름 속에서 소리가 나서 이르시되 이는 내 사랑하는 아들이요 내 기뻐하는 자니 너희는 그의 말을 들으라 하시는지라"(마 17:5). 우리는 이분의 말을 들어야 합니다. 하나님이 친히 "이는 내 사랑하는 아들이요 내가 보낸 자니, 너희는 그의 말을 들어야 한다"라고 하셨습니다.

그러므로 히브리서 기자가 다음과 같은 말로 이 위대한 서신을 시작한 것도 놀랄 일이 아닙니다. "옛적에 선지자들을 통하여 여러 부분과 여러 모양으로 우리 조상들에게 말씀하신 하나님이 이 모든 날 마지막에는 아들을 통하여 우리에게 말씀하셨으니 이 아들을 만유의 상속자로 세우시고……이는 하나님의 영광의 광채시요 그 본체의 형상이시라"(히 1:1-3). 이것은 긴요한 요점입니다. 세상은 지금 곤경에 빠져 있습니다. 인간의 말, 즉 철학자나 정치가나 시인이나 자칭 전문가들의 말을 계속 들어 왔지만 아무 도움이 되지 않았습니다. 인간은 문제를 이해하지 못합니다. 자기 자신조차 제대로 알지 못하며, 자기 인생에서조차 실패합니다. 어떤 인간도 죽음과 무덤의 문제를 풀 수 없으며, 어떻게 살아야 하는지 가르칠 수 없습니다. 이제 인간의 말은 그만 듣고, 그 거룩한 산에 울려 퍼졌던 음성을 들어야 합니다. "이는 내 사랑하는 아들이요 내 기뻐하는 자니." 우리는 자기 이론과 사상을 개진하거나 새로운 도덕 등을 제시하기 위해 그리스도의 교회로 모이는 것이 아닙니다. "하나님이 이렇게 말씀하셨다. 마지막에는 아들을 통해 이렇게 말씀하셨다"라고 선포하기 위해 모이는 것입니다. 하나님은 "지극히 큰 영광 중에서" 그의 말을 들으라고 하셨습니다(벧후 1:17). 베드로와 야고보와 요한은 주님과 함께 그 거룩한 산에서 이 말씀을 들었습니다.

오, 이 얼마나 긴요하면서도 핵심적인 사실인지요! 나사렛 예수는 단순히 위대한 종교적 스승이 아닙니다. 도덕 개혁가도 아닙니다. 최초의 위대한 사회주의자나 평화주의자 또한 아닙니다. 전혀 아닙니다. 예수를 그렇게 협소하게 보면 안 됩니다. 그는 하나님의 아들이십니다. 하늘에서 직접 내려오신 분입니다. "하나님의 영광의 광채시요 그 본체의 형상"입니다. 그의 위엄과 영광을 직접 본 사도들이 내린 결론은 이것입니다. "다른 이로써는 구원을 받을 수 없나니 천하 사람 중에 구원을 받을 만한 다른 이름을 우리에게 주신 일이 없음이라"(행 4:12). 그는 유일무이하신 분입니다. 그런 분은 세상에 없습니다. 주님 자신도 "나는 세상의 빛이니 나를 따르는 자는 어둠에 다니지 아니하고 생명의 빛을 얻으리라"라고 하셨습니다(요 8:12). 우리는 변화산에서 그가 진정 하나님의 아들이시라는 사실, 하나님이 독생자를 통해 지금도 우리에게 말씀하고 계신다는 사실을 알게 됩니다.

예수 그리스도 외에는 우리에게 하나님을 알려 줄 이가 없습니다. 우리 자신을 참으로 알게 해줄 이도 없습니다. "만물보다 거짓되고 심히 부패한 것은 마음이라. 누가 능히 이를 알리요마는"(렘 17:9). 오직 예수만 우리 자신에 대한 진실을 알려 주실 수 있습니다. 어떻게 살아야 하고 어떻게 죽어야 하는지 알려 주실 수 있습니다. 우리를 기다리는 영원한 세상에 대해 알려 주실 수 있습니다. "너희는 그의 말을 들으라." 이 본과 관련된 핵심 사실이 이것입니다. 모든 본은 오직 이 복되신 분 안에만 있습니다.

이제 산상설교(마 5-7장)를 살펴봅시다. 이것은 변화산에서 변형되신 복되신 분이 친히 전하신 설교입니다. 하나님이 하늘로부터 "그의 말을 들으라"라고 하셨으니, 이제부터 그의 말을 들어 봅시다. 그가 가르치신 것이 무엇입니까? 산상설교를 한번 요약해 보겠습니다.

주님이 가장 먼저 가르치신 것은 팔복입니다. 팔복은 그리스도인이 실제로 어떤 사람들인지 묘사한 것으로서, 과거 어느 때보다 지금 세상이 알아야 할 사실이 바로 이것입니다. 오늘날 사람들은 다정하고 선량하고 우호적이면 다 그리스도인이라고 생각합니다. 어떤 교리를 믿든 중요치 않다는 말, 교리를 다 부인해도 괜찮다는 말이 기독교 강단이나 베스트셀러를 통해 흘러나오고 있습니다. 선량하고 친절하며 사랑을 베푸는 사람이라면 누구든 그리스도인이며 그 안에 하나님의 사랑이 있는 것이라고 주장합니다. 친절함과 선량함과 사랑이 있는 곳이라면 어디든 하나님이 계시는 것이라고 주장합니다.

그러나 그리스도인이 실제 어떤 사람들인지 알려면 산상설교를 검토해 보아야 합니다. 거기에 나오는 말은 이것입니다. "심령이 가난한 자는 복이 있나니"(마 5:3). 이 말은 자신을 아무것도 아닌 존재로 여긴다는 뜻이며, 자신에게 아무 소망이 없음을 안다는 뜻입니다. "애통하는 자는 복이 있나니"(마 5:4). 그리스도인은 자기가 죄인임을 알고 탄식합니다. 항상 자기를 정당화하며 빠져나가지 않습니다. 그리스도를 부인하면서도 마치 자기가 좋은 사람인 양 행세하지 않습니다. "온유한 자는 복이 있나니"(마 5:5). 현대인에게서 온유한 모습을 찾아볼 수 있습니까? 그 모든 자신감과 확신과 허세와 과시를 생각해 보십시오. 현대인은 자신감과 확신으로 꽉 차 있는 것이 분명합니다. 이전 사람들을 전부 무시하며, 자신들만 경지에 이른 것처럼 생각합니다.

예수께서 보여주시는 대조적인 모습이 또 있습니다. "의에 주리고 목마른 자는 복이 있나니"(마 5:6). 현대 세계를 의에 주리고 목마르다고 할 수 있습니까? 꽤 선량하고 깨끗하며 점잖고 도덕적인 삶을 살면서 남들을 좀 돕는다는 이유로 스스로 괜찮은 그리스도인이라고 생각하는 사람, 일 년에 고작 한 번 교회에 출석하는 사람을 의에 주리고 목마르다고 할 수 있습니까? "긍휼히 여기는 자는 복이 있나니……화평하게 하는 자는 복이 있나니……의를 위하여 박해를 받은 자는 복이 있나니"(마 5:7-10). 그리스도인은 이런 사람들입니다. 단순히 친절하고 선량하며 점잖은 사람들이 아닙니다. 팔복이 완벽하게 묘사하듯, 아주 영적인 사람들입니다.

그다음으로 말씀하시는 것은 율법의 절대성입니다. 현대인은 율법을 싫어합니다. "우리는 율법을 믿지 않는다. 예수는 믿어도 시내 산의 하나님은 믿지 않는다. 우리가 믿는 것은 예수의 하나님이며, 그리스도 안에 있는 하나님의 사랑이다"라고 말합니다. 그러나 예수께서—하나님이 그 말을 들으라고 하신 분이—뭐라고 말씀하셨는지 들어 보십시오. "내가 율법이나 선지자를 폐하러 온 줄로 생각하지 말라. 폐하러 온 것이 아니요 완전하게 하려 함이라. 진실로 너희에게 이르노니 천지가 없어지기 전에는 율법의 일점일획도 결코 없어지지 아니하고 다 이루리라"(마 5:17-18). 모세에게 주신 율법은 하나님의 법이기에 절대적이며 유효합니다. 전체가 다 중요합니다. 일부만 지키면 되는 것이 아닙니다. 율법의 일부를 어기면 곧 전체를 어긴 것입니다. 하나님은 율법 전체를 지킬 것을 요구하시는데, 그 내용은 "네 마음을 다하며 목숨을 다하며 힘을 다하며 뜻을 다하여 주 너의 하나님을 사랑하고 또한 네 이웃을 네 자신같이 사랑하라"라는 것입니다(눅 10:27). 이것이 예수의 가르침입니다. 약간의 선량함과 친절함과 동정심만 갖추면 되는 것이 아닙니다. 자신의 온 존재를 다해 하나님을 사랑하며 그분께 영광과 찬송을 돌리는 삶을 살아야 합니다.

예수는 연이어 율법의 영적인 성격도 알려 주십니다. 율법은 외적인 법이 아니라 마음의 법이라고 하십니다. 살인 행위만 하지 않으면 되는 것이 아닙니다. 마음과 상상으로 누군가 미워하고 죽이면 이미 살인한 것이며, "라가"라고 욕하면 이미 살인한 것입니다(마 5:22). 간음도 마찬가지입니다. 바리새인들은 "한 번도 간음한 적이 없다"라고 자부했습니다. 그러나 주님은 "음욕을 품고 여자를 보는 자마다 마음에 이미 간음하였느니라"라고 하셨습니다(마 5:28). 하나님은 겉모습이 아닌 마음을 심판하십니다. 후에 주님은 바리새인들에게 말씀하셨습니다. "너희는 사람 앞에서 스스로 옳다 하는 자들이나 너희 마음을 하나님께서 아시나니 사람 중에 높임을 받는 그것은 하나님 앞에 미움을 받는 것이니라"(눅 16:15). 그는 계속해서 율법의 외적 조항만 지키면 되는 것이 아니라는 점, 중요한 것은 마음이라는 점을 지적하십니다. 하나님은 마음—온 마음—을 원하십니다.

또한 주님은 하나님 앞에서 완전히 정직하라고 하십니다. 요컨대 "금식할 때 티를 내고 과시하며 존경을 받으려 하지 마라. 가서 얼굴을 씻고 아무 내색도 하지 마라"라는 것입니다. 더 나아가 "눈은 몸의 등불이니 그러므로 네 눈이 성하면 온 몸이 밝을 것이요 눈이 나쁘면 온몸이 어두울 것이니"라고도 하십니다(마 6:22-23). 속까지 진실해야 한다고 하십니다. 그가 계속 말씀하시는 바는 이것입니다. "비판을 받지 아니하려거든 비판하지 말라. 너희가 비판하는 그 비판으로 너희가 비판을 받을 것이요 너희가 헤아리는 그 헤아림으로 너희가 헤아림을 받을 것이니라. 어찌하여 형제의 눈 속에 있는 티는 보고 네 눈 속에 있는 들보는 깨닫지 못하느냐?"(마 7:1-3) 주님은 위선과 가장과 허위를 폭로하십니다. 하나님이 보고 계시니 완전히 정직하라고 하십니다.

또한 생명으로 가는 길은 좁다고 하십니다. "좁은 문으로 들어가라. 멸망으로 인도하는 문은 크고 그 길이 넓어 그리로 들어가는 자가 많고 생명으로 인도하는 문은 좁고 길이 협착하여 찾는 자가 적음이라"(마 7:13-14). 신자는 조롱받고 정죄받을 것입니다. 박해도 받을 수 있습니다. 주님을 따르는 것은 좁은 문이요 협착한 길입니다.

주님은 심판에 대한 말씀으로 설교를 마무리하십니다. "양의 옷"을 입은 이리는 스스로 아주 영리하다고 생각하지만 곧 정체가 드러나게 되어 있습니다(마 7:15). 그럴듯해 보이는 열매도 영원하신 하나님의 눈 앞에서 심판을 받을 것입니다. "가시나무에서 포도를, 또는 엉겅퀴에서 무화과를 따겠느냐?"(마 7:16) 마지막 심판이 다가오고 있습니다. "그날에 많은 사람이 나더러 이르되 주여, 주여, 우리가 주의 이름으로 선지자 노릇 하며……주의 이름으로 많은 권능을 행하지 아니하였나이까 하리니 그때에 내가 그들에게 밝히 말하되 내가 너희를 도무지 알지 못하니 불법을 행하는 자들아, 내게서 떠나가라 하리라"(마 7:22-23). 주님은 똑같아 보이는 두 집, 모래 위에 지은 집과 반석 위에 지은 집에 대한 굉장한 비유로 설교 전체를 요약하십니다. "그러므로 누구든지 나의 이 말을 듣고 행하는 자는 그 집을 반석 위에 지은 지혜로운 사람 같으리니"(마

7:24). 반석 위에 지은 집이라야 무너지지 않습니다. 모래 위에 날림으로 급히 집을 짓고서도 아무 문제 없다고 생각할 수 있습니다. 그러나 주님은 말씀하십니다. "나의 이 말을 듣고 행하지 아니하는 자는 그 집을 모래 위에 지은 어리석은 사람 같으리니 비가 내리고 창수가 나고 바람이 불어 그 집에 부딪치매 무너져 그 무너짐이 심하니라"(마 7:26-27).

하나님은 변화산에서 "그의 말을 들으라"라고 하셨고, 산상설교는 "그의 말"을 들려줍니다. 현대인은 강단에서 "예수는 오직 사랑이시다. 하나님은 모든 사람을 사랑하신다"라고 말하며 신문이나 책에도 그렇게 쓰지만, 예수는 산상설교에서 우리 모두 하나님의 거룩한 법을 어긴 것을 드러내시며 모든 사람을 정죄하십니다. 우리는 다 부정한 자들입니다. 위선자들입니다. 하나님의 심판 아래 있는 자들입니다. 이것이 산상설교가 보여주는 본입니다.

감사하게도 우리가 달려갈 또 다른 산, 갈보리 언덕이 있습니다. 이 산을 주신 하나님의 이름을 송축하십시오. 갈보리는 어떤 산보다 영광스러운 본을 보여줍니다. 모세와 엘리야는 변화산에 내려와 주님과 이야기를 나누었습니다. 무슨 이야기를 나누었습니까? "장차 예수께서 예루살렘에서 별세하실 것을 말할새"(눅 9:31). 율법과 선지자의 위대한 대표자인 두 사람이 자신들이 가르치고 말한 모든 약속의 성취에 대해 주님과 의논한 것입니다. 예수는 구약성경에 나오는 번제와 제물을 비롯한 모든 예표의 성취요 선지자들이 예언한 바로 그 장본인이십니다. 예컨대 "너희의 하나님이 이르시되 너희는 위로하라. 내 백성을 위로하라"라는 말씀을 보십시오(사 40:1). 왜 위로하라고 하십니까? 한 위대한 인물, 메시아가 오고 계시기 때문입니다. "너희는 광야에서 여호와의 길

마틴 로이드 존스 히브리서 강해

을 예비하라. 사막에서 우리 하나님의 대로를 평탄하게 하라. 골짜기마다 돋우어지며 산마다 언덕마다 낮아지며 고르지 아니한 곳이 평탄하게 되며 험한 곳이 평지가 될 것이요"(사 40:3-4). 지금 무슨 일이 일어나고 있다는 것입니까? 메시아가 오고 계신다는 것입니다! "여호와의 영광이 나타나고 모든 육체가 그것을 함께 보리라"(사 40:5). 변화산에서 베드로와 야고보와 요한에게 하나님의 영광의 빛을 비추신 분이 바로 그 메시아이십니다. 그는 "가르치시는 것이 권위 있는 자와 같고 그들의 서기관들과 같지" 않았습니다(마 7:29). 완전한 삶을 사셨으며 이적을 행하셨습니다. 맹인의 눈을 뜨게 하시고, 저는 자를 걷게 하시며, 죽은 자를 살리시고, 폭풍을 잔잔케 하셨습니다.

그런데 갈보리 산이 보여주는 것은 심히 연약하며 확연히 무력한 상태로 나무에 못 박힌 모습입니다. 대체 거기에서 무엇을 하시는 것입니까? 어쩌다가 나무에 달리신 것입니까? 그 대답이 누가복음 9:51에 나옵니다. "예루살렘을 향하여 올라가기로 굳게 결심하시고." 일부 바리새인들이 "예루살렘 근처에도 가지 마십시오. 헤롯이 당신을 죽이려고 작정했습니다" 하면서 만류하는데도, 그는 한사코 가기를 고집하셨습니다. 체포 현장에서 한 제자가 칼을 들고 지키려 했을 때도 "칼을 거두어라. 피할 마음이 있다면 천사 열두 군단을 불러 곧장 하늘로 올라갈 수도 있다. 그러나 나는 모든 의를 이루기 위해 왔다"라고 하셨습니다. "인자가 온 것은 섬김을 받으려 함이 아니라 도리어 섬기려 하고 자기 목숨을 많은 사람의 대속물로 주려 함이니라"(마 20:28). "모세가 광야에서 뱀을 든 것같이 인자도 들려야 하리니 이는 그를 믿는 자마다 영생을 얻게 하려 하심이니라"(요 3:14-15). 그가 십자가에 달리신 것은 바로 이 때문이었습니다.

이 복된 산이 보여주는 것이 무엇입니까? 하나님을 알고 싶고, 새 생명을 얻고 싶습니까? 죽음과 무덤의 공포에서 벗어나 영원한 하늘의 복을 확신하고 싶습니까? 그렇다면 이 산이 전하는 메시지에 귀를 기울이십시오. 갈보리가 전하는 메시지가 무엇입니까?

첫째는 하나님의 거룩하심에 대한 것입니다. 이것은 히브리서 기자가 중요하게 다루는 메시지이기도 합니다. 여러 가지 면에서 이것이야말로 히브리서의 중심 주제라고 할 수 있습니다. 이 점에서 큰 혼동이 있었기에 반드시 다루어야만 했습니다. 그가 말한 메시지가 바로 이것입니다. "피 흘림이 없은즉 사함이 없느니라"(히 9:22). 물론 이것은 앞서 하나님이 모세를 통해 주신 메시지였습니다. 하나님은 산에서 그에게 본을 주시며 성막과 각 구역을 어떻게 지어야 하는지 알려 주셨습니다. 제사장과 대제사장은 어떻게 세워야 하는지, 짐승은 어떻게 취해서 머리에 안수하고 잡아야 하는지, 피는 어떻게 모아서 처리한 후 사체를 태워야 하는지 알려 주셨습니다. 염소와 황소와 암송아지의 재와 유월절 어린양과 상번제로 드리는 양이 의미하는 바가 무엇입니까? 하나님이 친히 모세를 통해 이스라엘 자손에게 이 모든 것을 지시하신 이유가 무엇입니까? 피 흘림이 없으면 사함이 없기 때문입니다.

하나님은 거룩하신 분으로서 죄와 함께 거하실 수 없음을 여러 곳에서 밝히셨습니다. 우주의 통치자이자 위대한 입법자로서 죄를 허용치 않으시며 죄를 지으면 벌하신다는 사실을 분명히 알리셨습니다. 황소와 염소를 잡아 그 피를 뿌리도록 모세를 통해 가르치셨습니다. 히브리서의 중대한 메시지는 이것입니다.

그리스도께서는 장래 좋은 일의 대제사장으로 오사 손으로 짓지 아니한 것 곧 이 창조에 속하지 아니한 더 크고 온전한 장막으로 말미암아 염소와 송아지의 피로 하지 아니하고 오직 자기의 피로 영원한 속죄를 이루사 단번에 성소에 들어가셨느니라. 염소와 황소의 피와 및 암송아지의 재를 부정한 자에게 뿌려 그 육체를 정결하게 하여 거룩하게 하거든 하물며 영원하신 성령으로 말미암아 흠 없는 자기를 하나님께 드린 그리스도의 피가 어찌 너희 양심을 죽은 행실에서 깨끗하게 하고 살아계신 하나님을 섬기게 하지 못하겠느냐?(히 9:11-14)

히브리서 기자는 계속 이 중대한 주제를 다룹니다. 앞장들에서 밝혔듯이 염소와 황소의 피로는 죄를 없앨 수 없다고 말합니다. 왜 없앨 수 없습니까? 그것들은 짐승에 불과하기 때문입니다. 장차 있을 일을 예고하는 표상에 불과하기 때문입니다. 염소와 황소의 피로는 충분치 못합니다. 짐승의 주된 역할은 죄를 없애기에 충분한 피가 장차 흐를 것을 예고하는 것입니다.

그 피가 어떤 피입니까? 신약성경에서 처음 이를 언급한 사람은 세례 요한입니다. 그를 따르던 제자들은 위대한 선생이자 광야의 비범한 인물이었던 스승의 세상이 올 것을 기대했습니다. 그런데 제자들과 이야기하던 중에 주 예수 그리스도께서 지나가시는 모습을 본 요한은 이렇게 말했습니다. "보라, 하나님의 어린양이로다"(요 1:29). "하나님의 어린양!" 요한은 무슨 뜻에서 이 말을 한 것일까요? "모세와 선지자들이 가르친 모든 일이 이제 성취될 것이다. 양으로 제사를 드리는 것은 임시 조처에 불과했다. 양의 피로는 충분치 못했다. 그런데 이제 하나님의 어린양이 오셨다. 하나님이 친히 자신의 양, 자신의 제물을 준비하셨다"라는 것입니다. 히브리서 기자는 주님이 하늘에 올라가 염소와 황소의 피가 아닌 "자기의 피"를 바치셨다고 말합니다. 그는 하나님이 준비하신 제물, 하나님의 어린양이었습니다! "피 흘림이 없은즉 사함이 없느니라." 하나님은 저와 여러분을 용서하시기 위해 사랑하는 아들이 피를 흘리게 하셨습니다. 한 찬송시인은 이렇게 노래합니다.

그의 피 가장 추한 자도 정케 하니
그의 피 내게도 효력이 있도다.*
—찰스 웨슬리

임마누엘의 핏줄에서 흐른 피로
가득 찬 샘이 있네.
죄인들 그 아래 뛰어드니
모든 죄의 얼룩 사라지네.**
—아이작 와츠

이것이 갈보리 언덕의 메시지입니다.

여기에서 우리가 내릴 수 밖에 없는 결론은, 오직 이것만 우리가 용서받을 수 있는 방법이라는 것입니다. 거룩하시고 의로우시며 공평하신 사랑의 하나님이 아들에게 십자가 고난—그 심한 고통과 수치, 심장의 파

* 통일찬송가 23장 4절 다시 옮김.
** 통일찬송가 190장 1절 다시 옮김.

마틴 로이드 존스 히브리서 강해

열, 버림받은 고통의 외침—을 허용하신 것이 감히 상상이나 할 수 있는 일입니까? 다른 방법으로도 우리를 구원하고 용서하며 대속하여 자신과 화목케 하실 수 있었다면 굳이 이런 고난을 아들에게 허용하셨겠습니까? 절대 허용치 않으셨을 것입니다!

다른 것으로는

죗값 족히 치를 수 없네.

오직 주님만 하늘 문 여시고

우리를 들여보내시네.

— 세실 프랜시스 알렉산더 Cecil Frances Alexander *

"이 닦아 둔 것 외에 능히 다른 터를 닦아 둘 자가 없으니 이 터는 곧 예수 그리스도라"(고전 3:11). "내가 너희 중에서 예수 그리스도와 그가 십자가에 못 박히신 것 외에는 아무것도 알지 아니하기로 작정하였음이라"(고전 2:2). 다른 방법은 없습니다. 갈보리가 그렇게 말하고 있습니다. 하나님의 아들이 땅에 내려와 죽으셨습니다. "이와 같이 하여 모든 의를 이루는 것이 합당하니라"(마 3:15). "굳게 결심하시고"(눅 9:51). 그가 이 일을 하지 않으셨다면 아무도 구원받지 못했을 것입니다. 오직 하나님의 아들이 흘리신 피를 통해서만, 갈보리 언덕에서 우리를 위해 드리신 제사를 통해서만, 자기 영혼을 우리를 위한 제물로 바치신 일을 통해서만 구원은 이루어집니다.

갈보리 언덕이 전하는 메시지는 하나님의 사랑에 대한 것입니다. "이

* 통일찬송가 146장 3절 다시 옮김.

토록 놀랍고 신성한 사랑!"* 죄 없이 순결하고 무흠하신 하나님의 아들이 어린양이 되어 자원해서 도살장에 끌려가셨고, 하나님은 "우리 모두의 죄악을 그에게 담당시키셨"습니다(사 53:6). 여기에 사랑이 있습니다! 현대인의 감상적인 사랑관은 진정한 사랑을 모욕하는 것이며 하나님을 모욕하는 것입니다. 하나님의 사랑의 크기를 알고 싶다면 갈보리 언덕으로 가야 합니다. 우리 모든 죄의 고통과 수치와 형벌을 아들에게 지우시고 "모든 사람을 위하여 죽음을 맛보"게 하신 하나님의 사랑이 그곳에 있습니다. "하나님이 세상을 이처럼 사랑하사 독생자를 주셨으니―십자가의 수치와 죽음에 내주셨으니―이는 그를 믿는 자마다 멸망하지 않고 영생을 얻게 하려 하심이라"(요 3:16). 여러분, 이것이 갈보리 언덕의 메시지입니다. 우리는 산에서 변형되신 분, 설교하신 분이 보여주신 본에 이어 십자가에 달려 죽으신 분이 보여주신 본을 살펴보았습니다.

이제 살펴볼 것은 감람산입니다. 주님은 십자가에서 죽으시고 장사되셨다가 사망의 줄을 끊고 부활하셨으며 무덤을 밟고 승리하셨습니다. 그는 40일간 세상에 계시며 택하신 제자들과 다른 여러 사람들에게 나타나 확신을 주셨습니다. 500명이 일시에 살아계신 주님을 뵌 적도 있었습니다. 고린도전서 15:6에 그 증거가 나옵니다. 주님은 감람산에서 제자들을 만나 성령 세례, 능력의 세례를 주겠다는 중대한 약속을 하셨습니다. 3년간 그와 함께 지냈고 그의 모든 가르침을 알며 그의 죽으심과 부활을 목격한 사도들도 성령 세례 없이는 아무것도 할 수가 없었습니다. 성령 세례는 말씀의 확신과 능력을 줍니다. "이 말씀을 마치시고 그들이 보는데 올려져 가시니 구름이 그를 가리어 보이지 않게 하더라.

---

* 통일찬송가 147장 4절 다시 옮김.

마틴 로이드 존스 히브리서 강해

올라가실 때에 제자들이 자세히 하늘을 쳐다보고 있는데 흰 옷 입은 두 사람이 그들 곁에 서서 이르되 갈릴리 사람들아, 어찌하여 서서 하늘을 쳐다보느냐? 너희 가운데서 하늘로 올려지신 이 예수는 하늘로 가심을 본 그대로 오시리라 하였느니라. 제자들이 감람원이라 하는 산으로부터 예루살렘에 돌아오니 이 산은 예루살렘에서 가까워 안식일에 가기 알맞은 길이라"(행 1:9-12).

원자력과 인간의 재능을 자랑하며 제 힘으로 역사를 통제할 수 있다고 생각하는 악하고 교만한 현대 세계에 이 메시지를 주신 하나님께 감사드립시다. 실제로 세상을 바꿀 수 있다고 생각하는 정치인들의 자만을 보십시오. 그들은 당연히 바꿀 수 없습니다. 그런 태도에 대해 성경이 내놓는 대답은 이것입니다. "너희 가운데서 하늘로 올려지신 이 예수는 하늘로 가심을 본 그대로 오시리라." 다른 사실들처럼 이 또한 복음의 필수요소입니다. 성찬상에 나아갈 때 우리가 하는 일이 무엇입니까? "주의 죽으심을 그가 오실 때까지 전하는 것"입니다(고전 11:26). 우리는 오실 주를 기다리는 사람들입니다! 감람산의 메시지가 그렇게 선포하고 있습니다. 예수는 모든 권세를 손에 쥐시고 하나님 우편에 앉아 "원수들을 자기 발등상이 되게 하실 때까지 기다리"고 계십니다(히 10:13). 그리고 히브리서 기자의 표현대로 "구원에 이르게 하기 위하여 죄와 상관없이" 두 번째 오실 것입니다(히 9:28).

세상이 장차 어찌 될 것 같습니까? 점차 개선될 것 같습니까? 점점 개혁될 것 같습니까? 사람들이 많은 교육을 받고 다정해지며 선량해지고 친절해져서 전쟁을 종식시키고 다시는 싸우지 않을 것 같습니까? 온 세상이 점점 완벽해져서 모든 사람이 일하지 않아도 많은 돈을 가지고 마음껏 즐길 수 있는 행복하고도 완전무결한 시절이 올 것 같습니까? 오, 그런 어리석은 믿음을 가진 자들은 눈이 먼 것입니다. 사도 바울은 말합니다. "악한 사람들과 속이는 자들은 더욱 악하여져서"(딤후 3:13). 예수께서도 "난리와 난리 소문"이 있을 것이라고 하셨습니다(마 24:6). "노아의 때와 같이 인자의 임함도 그러하리라. 홍수 전에 노아가 방주에 들어가던 날까지 사람들이 먹고 마시고 장가들고 시집가고 있으면서 홍수가 나서 그들을 다 멸하기까지 깨닫지 못하였으니 인자의 임함도 이와 같으리라"(마 24:37-38). 소돔과 고모라 때도 그러했습니다. 계시록은 이상한 짐승들의 놀라운 상징을 통해 악인들이 실제로 더 악해질 것을 알려 줍니다. 세상의 큰 권력, 군사 권력과 정치 권력과 종교 권력 —온 세상을 통제할 힘과 권세를 가진 짐승들—이 일어나 손이나 이마에 짐승의 표를 받지 않은 자들을 죽이는 장면을 보여줍니다. 막강한 권력이 우주를 흔들며 문명을 지배하는 장면을 보여줍니다.

하나님은 측량할 수 없는 지혜로 이런 일을 허락하십니다. 그러나 잠시뿐입니다. 감람산에서 하늘로 올라가신 이분이 전혀 예상치 못한 때에 하늘 구름을 타고 거룩한 천사들과 함께 오실 것입니다. 만왕의 왕이요 만주의 주로서 백마를 타고 오실 것입니다. 그렇게 오셔서 자신이 시작한 일을 마치실 것입니다. 의로 세상을 심판하시고, 하나님의 모든 원수를 멸하실 것입니다. 마귀와 그 추종자들을—천사든 인간이든—멸망의 못에 던지시며, 하나님 앞에서 영원히 쫓아내실 것입니다.

그리고 영광스러운 빛과 지식과 진리의 나라를 세우실 것입니다. 온 우주에서 악과 비행과 죄의 잔재를 씻어 내실 것입니다. "물이 바다를 덮음같이 여호와를 아는 지식이 세상에 충만할 것임이니라"(사 11:9). 이처럼 그리스도께서 만유를 통치하실 것이며, 아버지께 나라를 돌려드릴 것입니다. 하나님이 만유가 되실 것이며, 만유 안에 계실 것입니다. 이것이 감람산이 우리에게 보여주는 본입니다.

여러분은 이것이 "본"임을 알고 있습니까? 혹시 지금 불행하게 살고 있거나 실패감을 느끼고 있습니까? 심령이 가난한 상태에 있습니까? 생명과 평안과 능력과 소망을 찾고 싶지만 찾지 못했습니까? 이것이 여러분의 처지입니까? 그렇다면 여러분에게 필요한 것은 우리가 이제껏 연구한 이 "본"뿐입니다. 실제로 이 본은 여러분의 필요를 다 채우고도 무한히 남을 만큼 큰 것입니다.

이제 긴요한 질문을 드리겠습니다. 여러분은 이것을 "본"으로 받아들이겠습니까? 아니면 여전히 자신의 견해나 자신과 다를 바 없는 남들의 견해, 라디오와 텔레비전에 출연하거나 신문에 글을 쓰는 똑똑한 사람들의 견해, 한두 가지 안다고 생각하는 사람들의 견해를 의지하겠습니까? 달리 선택할 여지가 없습니다. 하나님이 보이신 본을 따르든 따르지 않든 둘 중에 하나입니다. 여러분은 이 본을 따르고 있습니까? 이것이야말로 하나님의 아들—성부 하나님이 보내신 분, "이는 내 사랑하는 아들이요 내 기뻐하는 자니 너희는 그의 말을 들으라"라고 하신 분—이 친히 그려 주신 본임을 알고 있습니까? 그의 말을 듣고 있습니까? 십자가에 달리신 분의 말을 듣고 있습니까? 그의 얼굴을 보십시오. 그가 겪으신 고난과 고통을 보십시오. 그의 말을 들으십시오. 그는 말씀하십니다. "이것만이 너희가 구원받을 수 있는 유일한 방법이다. 나는 이 일을 하려고 왔다. 내가 이렇게 죽는 것은 바로 널 위해서다. 네가 할 일은 날 믿고 내피와 부활과 중보의 효력을 의지하는 것뿐이다."

그가 다시 오실 것입니다. 자신을 믿는 모든 사람을 비할 수 없이 영광스러운 기쁨으로 인도하실 것입니다. 그러나 그의 본을 받아들이지 않는 자들에게는 영원한 파멸이 시작될 것입니다. 주 예수 그리스도를 믿으십시오. 그러면 구원받을 것입니다. 있는 모습 그대로 단순하게 아뢰십시오. "제 어리석음을 알고, 이 본을 믿습니다. 하나님의 구원을 받아들입니다"라고 아뢰십시오. 단순히 나아가 이렇게 아뢰면 받아 주실 것입니다. 여러분 자신이 하나님의 큰 계획과 목적의 일부가 되었음을 깨달을 것이요, 날마다 자신의 삶에서 그 영광스러운 계획이 실현되는 모습을 보고 놀랄 것입니다. 그와 동행할수록 놀라움은 점점 더 커질 것이며, 마침내 그의 영광스러운 임재 안에서 영원토록 영광을 누릴 것입니다.

15

하나님의 친백성

첫 언약에도 섬기는 예법과 세상에 속한 성소가 있더라. 예비한 첫 장막이 있고 그 안에 등잔대와 상과 진설병이 있으니 이는 성소라 일컫고 또 둘째 휘장 뒤에 있는 장막을 지성소라 일컫나니 금향로와 사면을 금으로 싼 언약궤가 있고 그 안에 만나를 담은 금항아리와 아론의 싹난 지팡이와 언약의 돌판들이 있고.
히 9:1-4

이번에는 특별히 언약궤에 대한 마지막 진술—"그 안에 만나를 담은 금항아리와 아론의 싹난 지팡이와 언약의 돌판들이 있고"—에 주의를 환기시키고 싶습니다.

오랜 역사 내내 기독교회가 겪어 온 문제, 특히 지금 겪고 있는 문제는 자신이 누구이며 어떤 존재인지 모른다는 것입니다. 그리스도인 개인도 마찬가지입니다. 어찌 된 일인지 그리스도인으로서 자신이 누구인지 모르며, 자신에게 열려 있는 모든 영광스러운 가능성 또한 모릅니다. 구약성경에 기록된 이스라엘 자손의 파란만장하고 오랜 역사가 특히 이런 성향을 잘 보여줍니다. 그들은 하나님의 유일무이한 백성이었는데도 계속 불행했고 혼란에 빠졌으며 곤경과 난관에 봉착했습니다.

그들의 문제가 무엇이었을까요? 어떤 의미에서 '자신들이 누구인지 계속 잊고 지낸 것'이라고 요약할 수 있습니다. 자신들이 위대한 백성임을 잊어버렸고, 하나님의 백성임을 인식하지 못했습니다. 하나님이 자신들에게 무엇을 주셨으며 무엇을 주려 하시는지 잊어버렸습니다. 계속 다른 나라만 쳐다보며 그들처럼 되고 싶어 했습니다. 다른 나라가 가진 것들을 부러워했습니다. 신정체제가 왕정체제보다 더 놀라운 것임을 깨닫지 못한 채 왕국들을 부러워하며 왕을 세우고 싶어 했습니다. 자신들도 다른 나라와 다를 바 없는 평범한 나라라고 내내 생각했습니다. 이처럼 자신들의 진정한 독특성을 보지 못한 결과, 불행하게 탄식하고 반역하며 하나님을 떠나 방황하다가 돌아오는 역사가 되풀이되었습니다. 구약의 모든 이야기는 '이스라엘 백성이 자신들의 참된 본질을 깨닫지 못한 채 세상적이고 인간적인 방식으로만 계속 자신들을 이해했다'라는 말로 설명될 수 있습니다.

사실 그들은 어떤 핑계도 댈 수 없었습니다. 어디에 가고 어디에 머물든 그들의 본질을 상기시켜 주는 영구한 기념물이 있었기 때문입니다. 이제부터 살펴볼 본문에 그 이야기가 나옵니다. 그들이 어디에 가든 언약궤가 항상 따라갔습니다. 하나님이 그렇게 하도록 명령하셨습니다. 처음에는 성막과 함께 옮겨 다니게 하셨고, 나중에는 예루살렘에 크게 지은 성전 안에 두게 하셨습니다. 언약궤는 하나님과 이스라엘 자손이 맺은 약정의 증거로서, 하나님은 그 안에 몇 가지 물건들—만나를 담은 금항아리와 아론의 싹난 지팡이와 언약의 돌판들—을 보관하게 하셨습니다. 하나님이 이 물건들을 궤 안에 보관케 하신 데는 몇 가지 사실을 영구히 상기시키시려는 목적이 있었습니다. 성전을 바라볼 때마다, 대제사장이 지성소에 들어갈 때마다 이스라엘 자손은 언약궤와 그 안에 있는 물건들을 기억해야 했습니다. 이렇게 하나님은 그들의 정체성과 핵심 본질을 상기시키심으로써, 순전히 세상적이고 인간적인 방식으로 자신들을 이해하려 드는 지속적인 성향 및 곤경과 재난에 계속 짓눌리는 성향에서 구해 주고자 하셨습니다.

제가 하고 싶은 말은 과거 어느 때보다 오늘날 이 기념물이 필요하다는 것입니다. 기독교회의 현 상태를 보면 그리스도인이 전혀 자랑할 수 없는 형편임을 발견하게 됩니다. 기독교회의 문제가 무엇입니까? 교회가 왜 이토록 무력하고 무능해졌습니까? 왜 이토록 현대 세계에서 미미한 존재가 되었습니까? 왜 이토록 비웃음과 조롱과 무시의 대상이 되었습니까? 왜 이토록 인간적인 조직의 방식과 방법을 의지하고 있습니까? 왜 이토록 신약성경에 나오는 그리스도의 신부의 모습과 다릅니까?

개인적인 차원에서도 묻겠습니다. 우리 그리스도인들은 왜 이토록 형편없는 표본이 되어 버렸습니까? 그리스도 예수 안에 있는 새사람들에 대한 신약성경의 묘사 및 사도 바울 같은 인물이 자기 경험이나 초대교회 그리스도인들을 설명할 때 사용하는 빛나는 표현들과 자기 자신을 한번 비교해 보십시오. 그 큰 차이가 느껴질 것입니다. 베드로는 초대교회 그리스도인들에게 "예수를 너희가 보지 못하였으나 사랑하는도다. 이제도 보지 못하나 믿고 말할 수 없는 영광스러운 즐거움으로 기뻐하니"라고 했습니다(벧전 1:8). 우리도 그렇다고 할 수 있습니까? 원형경기장에 사자 밥으로 던져진다는 선고나 사형 선고를 갑자기 받아도 "그 이름을 위하여 능욕받는 일에 합당한 자로 여기심을 기뻐"할 수 있습니까?(행 5:41)

우리는 이스라엘 자손과 똑같은 잘못을 범하고 있습니다. 신약성경의 기념물들로 돌아가는 대신 기독교에 대한 자신의 생각을 고집하고 있습니다. 우리에게 필요한 모든 기념물이 옛적에는 언약궤 안에 들어 있었지만, 지금은 신약성경 안에 들어 있습니다. 그런데 우리는 너무나 쉽게 낮은 차원에 머물려 합니다. 너무나 쉽게 성경이 아닌 인간의 생각과 철학과 상식에서 끌어온 기준으로 그리스도인의 삶을 이해하려 합니다. 이 모든 성향을 바로잡는 길은 이스라엘 자손이 했어야 했던 일을 우리도 하는 것입니다. 하나님이 친히 백성에게 주신 기념물들을 기억하는 것입니다. 그가 이스라엘 자손에게 말씀하신 요지는 이것입니다. "이것들을 영구한 기념물로 보관해라. 궤 안에 만나 한 오멜을 담은 금항아리를 두고, 아론의 싹난 지팡이와 언약의 돌판들을 두어라. 어디에 가든, 무슨 일을 겪든 이 세 가지 기념물을 항상 기억해라. 이것들이 너희의 안녕과 행복과 삶 전체에 절대적으로 필요한 기본원리를 제시해 줄 것이다." 오늘날 우리도 이 기념물들로 돌아가야 합니다.

이스라엘 자손의 사례에 대한 서술은 우리에게도 그대로 해당되는 원형인 만큼, 이 기념물들을 주의 깊게 살펴보도록 합시다. 그들에게는 물리적인 형태로 주어졌고 우리에게는 영적인 형태로 주어졌지만, 전달하는 메시지는 완전히 동일합니다. 이 세 가지 기념물을 잊어서는 안 됩니다. 이것이야말로 우리 신분을 떠받치는 절대적 토대입니다. 항상 이것에 비추어 그리스도인으로서 우리의 정체성을 생각해야 하며, 기독교회와 그 본질 및 토대를 이해해야 합니다.

첫째로, 만나를 담은 금항아리를 살펴보십시오. 홍해를 건너 광야 길을 가던 이스라엘 자손은 애굽의 별미를 그리워하기 시작했습니다. 먹을 양식이 충분치 않다고 생각했습니다. 하나님은 그들에게 친히 양식을 주겠다고 하셨고, 어느 날 아침 일어나 보니 지면에 작은 이슬방울처럼 보이는 것들이 내려앉아 있었습니다. 백성들은 그것을 거두며 **만나**, 즉 하늘에서 내려온 떡이라고 불렀습니다. 여정이 끝날 때까지 하나님은 계속 만나를 내려 주셨습니다. 그리고 일정량을 거두어 언약궤 안에 보관하게 하셨습니다.

이 만나가 의미하는 바는 무엇일까요? 만나는 그리스도인의 삶에 기적적이고 초자연적인 요소가 있음을 상기시키는 영구한 기념물입니다.

다시 말해서 우리가 가장 먼저 알아야 할 사실은, 인간이 아는 모든 유형의 삶과 그리스도인의 삶은 다르다는 것입니다. 그리스도인의 삶은 유일무이한 것입니다. 광야를 여행했던 이스라엘 자손을 보십시오. 그들은 다른 나라가 경험치 못한 일을 광야에서 경험했습니다. 다른 모든 나라는 자급자족하며 살았지만, 이스라엘 자손은 만나를 거두어 살았습니다. 이것은 초자연적인 공급입니다. 평범한 인간의 말로 설명되지 않는 일입니다. 하나님의 직접적인 행동이요 기적적인 역사입니다. 하나님의 백성들이 살아가는 삶의 핵심 본질이 여기 있습니다. 이스라엘도 그렇게 살았고, 교회도 그렇게 삽니다.

그리스도인의 삶은 그 기원부터 기적적이고 초자연적입니다. 이스라엘 자손이 얼마나 어리석었는지요! 이스라엘은 여타 나라들과 다른 나라였습니다. 하나님의 행동을 통해 창조된 나라였습니다. 하나님이 아브라함이라는 사람을 보시고, 그 고향과 친척 중에서 불러내셨습니다. 이한 사람에게서 한 나라를 만들어 내셨습니다. 그들은 후에 애굽으로 내려갔고, 소망 없이 노예로 매여 사는 처지가 되었습니다. 출애굽기 1장에 나오는 이스라엘 자손의 모습—아무 소망 없이 매여 종살이하는 모습—보다 더 절망스러운 모습은 없을 것입니다. 여러분도 그들을 보았다면 소망이 없다고 생각했을 것입니다. 그러나 하나님은 그들의 부르짖음을 들으셨고, 한 지도자를 세우셨으며, 놀라운 기적을 잇따라 행하심으로 애굽에서 이끌어내셨습니다. 마침내 홍해를 건너게 하셨고, 원수들을 수장시키셨습니다. 그리고 계속 길을 가도록 명하셨습니다. 하나님이 친히 그 모든 일을 하셨습니다. 하나님과 그의 기적적이고 전능한 능력을 떠나서는 이스라엘 자손의 역사를 이해할 수가 없습니다. 이스라엘의 역

마틴 로이드 존스 히브리서 강해

사는 평범한 역사가 아니며, 단순한 인간의 이야기가 아닙니다. 성경 메시지가 바로 이것입니다. 이스라엘의 역사는 처음부터 끝까지 기적의 이야기입니다. 초자연적인 이야기입니다. 언약궤 안의 만나 항아리는 이 사실을 계속 상기시켰습니다.

우리도 이 사실을 상기할 필요가 있지 않습니까? 낮은 차원에 주저 앉을 위험이 항시 있지 않습니까? 그리스도인이 그저 남들보다 조금 나아지고자 애쓰는 평범한 사람들입니까? 처음부터 평범한 인간의 관점으로 이해해야 하는 사람들입니까? 그저 남들과 조금 다른 사람들입니까? 성경 메시지 전체가 그것이 거짓된 생각임을 확실히 보여주고 있습니다. 그리스도인은 그 자신이 하나의 기적입니다. 완전히 구별된 존재입니다. 하나님의 새로운 피조물입니다. 스스로 행동하고 노력해서 그리스도인이 된 것이 아닙니다. 하나님이 생명을 주신 것입니다. 만나를 주신 하나님이 친히 생명을 주신 것입니다. 이스라엘 자손의 기원이 그렇듯이 그리스도인의 기원 또한 기적적이고 초자연적입니다. 그리스도인은 거듭난 자요, 하나님이 친히 다루신 자요, 자신의 성령을 그 안에 두신 자입니다. "신성한 성품에 참여하는 자"입니다(벧후 1:4). 그리스도인은 여타 사람들과 다른 존재입니다. 좀 다르거나 좀 나은 존재가 아니라 완전히 다른 존재입니다. 하나님의 백성이요 새로운 피조물입니다. 하나님이 그 기쁘신 뜻을 위해 구별하신 백성이요 "그의 소유가 된 백성"입니다(벧전 2:9).

출발만 그런 것이 아니라 이후의 삶도 그렇습니다. 이스라엘 자손의 기원과 시작만 유일무이했던 것이 아닙니다. 삶도 유일무이하고 달랐습니다. 그들은 평범한 수단으로 살지 않았습니다. 하나님이 하늘에서 내려 주시는 놀라운 떡으로 살면서 길을 갔습니다. 이것은 기독교의 핵심 교리입니다. 기원과 시작이 유일무이하다면, 이후의 삶도 구별되고 차별되어야 마땅하지 않습니까? 바울이 갈라디아 사람들에게 훈계한 말을 기억하십시오. "성령으로 시작하였다가 이제는 육체로 마치겠느냐?"(갈 3:3) 어리석은 갈라디아 사람들은 유대교인들의 말을 듣고 할례를 받아야 한다는 잘못된 생각을 했습니다. 그리스도인의 삶에는 일관성과 통일성이 있습니다. 우리 삶은 초자연적인 것입니다. 처음부터 끝까지 기적으로 이루어지는 것입니다.

지금 이 순간 교회와 그리스도인이 상기해야 할 사실이 이것입니다. 어느 때나 하나님의 교회는 영적인 기관입니다. 세상 여러 기관 중 한 곳이 아닙니다. 지상 어느 기관과도 다른 곳입니다. 하나님이 친히 만드신 곳입니다. 특별한 곳입니다. 순전히 영적인 곳입니다. 오, 그런데 어리석게도 세속적이며 세상적인 곳이 될 때가 너무 많아서 걱정입니다! 세상의 수단과 방법으로 존속하려 들 때가 너무 많습니다. 그러면 옛적 이스라엘 자손처럼 곤경과 재앙을 면치 못합니다. 교회는 교육과 문화와 철학에 기대어 살고자 애써 왔습니다. 기도 모임도 사라지고, 간증 모임도 사라졌습니다. 더 이상 그런 데 관심을 갖지 않습니다. 오직 인간의 학식과 지혜에 기대어 살고자 애씁니다.

교회의 전체적인 상황만 그런 것이 아닙니다. 아, 그리스도인 개인들도 같은 시험에 빠져 있습니다. 자신이 초자연적으로 태어난 존재이며 이후에도 초자연적인 방식으로 양식을 먹고 살아가는 존재라는 사실을 잊은 채 삶을 이어 가려 합니다. 하나님은 우리에게 필요한 영적 양식을 이미 주셨습니다. 그것이 무엇입니까? 하나님의 말씀이요 기도 아닙니까? 그런데 지금 무엇을 의지하고 있습니까? 심리학이나 그 비슷한 학문과 지식을 활용하려 들지 않습니까? 물론 그런 지식도 완전히 무용한 것은 아닙니다. 그러나 영혼을 먹여 살리는 것은 하나님의 떡, 하늘의 떡뿐입니다. 살아 있는 말씀과 기도가 없으면, 하나님이 우리에게 주신 것들이 없으면, 구원의 샘에서 계속 물을 길어 올리지 않으면, 우리 영혼은 합당한 모습으로 살아갈 수 없으며 우리는 건강한 그리스도인이 될 수 없습니다. 오, 하나님이 언약궤 안에 두게 하신 만나를 잊는 것은 비극입니다.

하나님의 아들을 보십시오. 그가 어떻게 사셨는지 보십시오. 새벽 미명도 되기 전에 일어나 하나님께 기도하셨던 것을 보십시오. 저와 여러분은 어리석게도 아침과 저녁에 대충 기도하고 온종일 생활할 때가 많습니다. 우리에게는 만나가 필요합니다. 만나가 없으면 삶이 쇠약해지고, 그리스도인의 특징으로 항상 나타나야 할 활력이 사라집니다.

여러분에게 상기시켜야 할 측면이 또 있습니다. 그리스도인은 모든 면에서 하나님을 전적으로 의지하는 사람들입니다. 하나님은 항상 때에 맞게 돌보아 주신다는 사실을 기억하십시오. 죄를 짓고 원망하며 거역하는 옛적 백성들도 친히 부양해 주셨습니다. 하나님이 때에 맞게 자기 백성을 돌보아 주신다는 것은 의심할 필요 없는 사실입니다. 오늘날 그리스도인들에게 이 점을 상기시켜 주는 신약성경 말씀이 있습니다. "너희에게는 머리털까지 다 세신 바 되었나니"(마 10:30). 하나님이 우리 자신보다 무한히 더 우리의 안녕을 염려하신다는 사실을 믿는다면! 그의 눈은 온 땅을 두루 감찰하며 축복할 자를 찾습니다. 우리가 믿는 하나님은 이런 분입니다. 이 하나님이 우리를 돌보시고 부양하시며 모든 필요를 채워 줄 것을 약속하셨습니다.

하나님의 자원은 무한하다는 사실도 기억합시다. 그는 끝도 없고 한도 없는 자원을 가지고 계십니다. 이스라엘 백성이 여행하던 광야에는 천연식품이 없었습니다. 그 때문에 "우리가 왜 애굽을 떠났을까?" 한탄하며, 다시 애굽으로 돌아가 마늘과 양파를 먹고 싶어 했습니다. "왜 우리를 광야로 끌고 왔느냐?"라고 항변했습니다. 그때 모세가 내놓은 대답이 이것입니다. "너희를 인도하는 이는 인간이 아닌 하나님이심을 모르느냐? 내일 아침 너희 눈앞에 기적이 펼쳐질 것이다." 오, 끝없이 무한한 하나님의 자원이여! 여러분도 곧 광야를 방랑할지 모릅니다. 이미 광야에 들어와 있을지도 모르고, 곧 광야로 들어갈지도 모릅니다. 그러나 만나 항아리가 있다는 사실, 여러분을 사랑하시며 모든 필요를 채워 주시는 하나님이 계심을 상기시키는 기념물이 있다는 사실을 잊지 마십시오. 배고프고 목말라 곧 죽을 것 같을 때 만나가 내리고 샘이 터질 것입니다. 그가 여러분을 버리시거나 떠나시는 일은 결코 없을 것입니다. 그는 영원한 사랑으로 여러분을 사랑하시는 분입니다. 전적으로 의지하면 때에 맞게 돌보아 주실 것이며, 그의 무한한 자원은 결코 떨어지지 않을 것입니다.

언약궤 안에 담긴 두 번째 물건은 아론의 싹난 지팡이입니다. 이것은 민수기 16장에 기록된 구약의 사건에 비추어 이해해야 합니다. 이스라엘 자손이 광야를 방랑하던 시절, 세 사람—고라와 다단과 아비람—이 모세와 아론의 권위에 반기를 들었습니다. "너희가 분수를 모르고 설치는구나. 아론은 자기만 대제사장으로 하나님께 나아갈 수 있다고 주장하는데, 우리도 거룩한 백성이 아니냐? 우리도 아론처럼 하나님께 향을 드릴 수 있고 제사를 드릴 수 있지 않느냐?" 그들은 이렇게 반역하다가 하나님의 벌을 받았습니다. 그리고 민수기 17장에 기록된 지팡이 사건이 일어났습니다. 하나님은 아론의 싹난 지팡이를 언약궤 안에 보관함으로써 그에게 올바로 나아가는 법을 상기시키는 영구한 기념물로 삼게 하셨습니다. 기적의 생명을 얻은 그리스도인이 영적인 길을 갈 때 알아야 할 가장 중요한 문제는 '어떻게 하나님께 나아갈까?' 하는 것입니다. 사람들은 이 점에서 어긋난 길로 가 버립니다. 민수기 16-17장을 다시 읽어 보십시오. 하나님이 자신에게 나아오는 한 가지 방법, 유일한 방법을 단번에 확정하신 것을 알 수 있습니다.

이 또한 하나님의 교회에 절실히 필요한 교훈이요 현재 많은 그리스도인들에게 절실히 필요한 교훈입니다. 이 교훈은 두 항목으로 나누어 설명할 수 있습니다. 첫째는, 하나님이 정하신 방법만 유일한 방법으로서 하나님이 친히 그 방법을 계시하셨다는 것입니다. 하나님께 나아갈 때는 인간의 생각이 아닌 하나님의 생각을 따라야 합니다. 하나님은 모세에게 세세한 규례와 규범을 주셨고 본을 주셨습니다. "삼가 모든 것을 산에서 네게 보이던 본을 따라 지으라"라고 하셨습니다(히 8:5). 그런데 그 방법에 이의를 제기하는 자들이 나온 것입니다. 이것은 하나님께 나아가는 방법을 보여주는 완벽한 그림입니다. 성경이 명확히 제시하는 대답이 이것입니다. 현대인은 "글쎄, 꼭 그래야 할 것 같지는 않은데"라고 합니다. 철학이나 인간의 생각을 끌어들입니다. 하나님의 계시보다 인간의 견해를 앞세웁니다. 그러나 아론의 지팡이는 '하나님은 하나님의 방법으로 예배해야 한다'는 사실을 상기시키는 영구한 기념물입니다.

그 방법이 무엇일까요? 하나님이 거역한 자들에게 주신 말씀은 이것입니다. "내가 제사장을 세웠으니, 너희는 그 제사장을 통해서만 내게 나아와야 한다. 내가 아론을 불렀고 그에게 할 일을 알려 주었다. 너희는 오직 이 방법으로만─제사장과 제사를 통해서만─나아와야 한다." 이 모든 일은 하나님께 나아가는 방법이 하나밖에 없다는 것─예수 그리스도와 그가 십자가에 못 박히신 일을 통해서만 나아가야 한다는 것─을 알려 줍니다. 그리스도께서 흘리신 피 없이는 하나님의 보좌에 나아갈 수 없습니다. 하나님은 속죄제물 없이 나아오는 자를 받아 주지 않으십니다. "하나님은 사랑이시잖아요"라고 저한테 말해 봐야 소용이 없습니다. "공평하고 의로우신 하나님께서 반드시 죄를 벌하신다는 개념이 마음에 들지 않네요"라고 말해도 마찬가지입니다. 아론의 싹난 지팡이는 하나님이 친히 "이것만이 내 방법이요 유일한 방법"이라고 말씀하셨다는 사실을 상기시킵니다.

하나님의 아들 나사렛 예수께서 친히 나무에 달려 그 몸으로 인간의 죄를 담당하시고 하나님 앞에서 속죄를 이루신 일을 전적으로 의지하지 않고서도 죄 사함을 받고 양심의 평안과 기쁨과 행복을 누리며 새 생명을 얻고 확실한 천국의 소망을 가질 수 있는 사람이 있으면 한번 그렇게 해보라고 하십시오. 하나님은 "여기 내 대제사장이 있다. 내가 기꺼이 받을 유일한 제물이 있다"라고 하십니다. "이것이 바른 길이니 너희는 이리로 가라"(사 30:21). "이 닦아 둔 것 외에 능히 다른 터를 닦아 둘 자가 없으니 이 터는 곧 예수 그리스도라"(고전 3:11). 기도로 하나님 앞에 나아갈 때마다 그리스도께서 날 위해 사시고 죽으신 것과 그 거룩한 몸으로 내 죄의 형벌을 담당하시며 날 위해 자신을 주신 것, 하나님 앞에서 내 대제사장이요 대언자 되어 주신 것만이 내가 하나님께 나아갈 수 있는 유일한 자격임을 기억하게 되지 않습니까? 처음부터 끝까지 그의 피가 필요합니다. 출발만 갈보리에서 하면 되는 것이 아닙니다. 이후에도 늘 갈보리가 필요합니다. 죽음의 마지막 고통을 겪을 때 붙잡을 유일한 소망 역시 그리스도께서 나와 내 죄를 위해 죽으심으로 하나님과 화목케 해주신 이 일에 있습니다. "하나님과 사람 사이에 중보자도 한분이시니 곧 사람이신 그리스도 예수라"(딤전 2:5).

마지막으로 살펴볼 것은 언약의 돌판들입니다. 우리는 우리가 가진 생명이 초자연적이고 기적적으로 받은 놀라운 것임을 알았습니다. 영광스러운 하나님께 나아가 동행하는 방법은 오직 하나뿐이라는 사실 또한 알았습니다. 그리고 이제 이 돌판들이 상기시키는 문제는 '어떻게 살아야 하는가?'라는 것입니다. 이것이 언약의 돌판들에 담긴 의미입니다. 하나님은 "내가 거룩하니 너희도 거룩할지어다"라고 하셨습니다(벧전 1:16). 하나님은 십계명을 통해 자기 백성이 어떻게 살아야 하는지 알려주셨습니다. 그래서 언약의 돌판들을 언약궤 안에 보관하게 하신 것입니다. 어떤 삶을 살아야 하는지 반드시 알아야 하기에 보관하게 하신 것입니다. 어떤 이는 반박할 것입니다. "지금 거룩함과 성화를 설교하려는 것은 아니겠지요? 편협하게 규례와 규범들을 나열할 생각은 아니겠지요?" 물론 아닙니다. 그러나 하나님의 백성은 반드시 거룩해야 합니다. 빛과 어둠은 사귈 수 없습니다. 옳고 그른 것은 섞일 수 없습니다. "두 사람이 뜻이 같지 않은데 어찌 동행하겠으며"(암 3:3). 하나님과 동행하며 교제한다고 주장하려면 마땅히 하나님을 닮아야 하는데, 그는 "눈이 정결하시므로 악을 차마 보지 못하시"는 분입니다(합 1:13).

하나님의 축복을 알려면 거룩하게 살아야 합니다. 바울은 디도에게 말합니다. "그가 우리를 대신하여 자신을 주심은……우리를 깨끗하게 하사 선한 일을 열심히 하는 자기 백성이 되게 하려 하심이라"(딛 2:14). 대제사장이 자신을 드리신 이유가 무엇입니까? 하나님의 아들이 죄인들의 거역을 참으시며 십자가의 고통과 수치를 참으신 이유가 무엇입니까? 그 모든 일을 하신 이유가 무엇입니까? 계속 죄를 지으면서도 쉽게 용서받게 하시기 위해서입니까? 아닙니다! 오, 거룩한 백성이 되는 놀랍고도 영광스러우며 귀중한 특권을 주시기 위해서입니다. 자신을 닮게 하시며 자신이 살았던 대로 살게 하시기 위해서입니다. 죄에서 분리해 내시고 하나님의 거룩한 생명을 주시기 위해서입니다. 자신이 악을 미워하시듯 악을 미워하며 가증히 여기게 하시기 위해서입니다. 이처럼 우리를 거룩한 백성으로 만들기 위해 그는 죽으셨습니다.

언약궤 안에 담긴 언약의 돌판들은 우리를 향한 하나님의 뜻이 무엇인지 상기시켜 줍니다. 이것이 축복의 조건입니다. 행복한 그리스도인이 되고 싶다면, 신약성경이 제시하는 충만한 영광을 전부 경험하고 싶다면, 사도 바울처럼 "내게 사는 것이 그리스도니 죽는 것도 유익함이라"라고 말하고 싶다면(빌 1:21), 임종의 자리에서 "그리스도와 함께 있는 것이 훨씬 더 좋은 일이라"라고 말하고 싶다면(빌 1:23), 이 모든 복을 얻고 싶다면, 하나님이 알려 주신 거룩한 삶, 자신의 성령을 선물로 주어 가능케 하신 거룩한 삶을 살아야 합니다. "우리는 그가 만드신 바라. 그리스도 예수 안에서 선한 일을 위하여 지으심을 받은 자니 이 일은 하나님이 전에 예비하사 우리로 그 가운데서 행하게 하려 하심이니라"(엡 2:10).

바로 이것이 우리의 신분이요 그리스도인 됨의 의미입니다. 그리스도인은 그저 남들보다 조금 나은 평범한 사람들이 아닙니다. 하나님이 지으신 새로운 피조물, 그가 친히 붙드시고 지키시며 부양하시는 백성, 그와 교제하는 영광스러운 운명으로 부름받은 백성, 그때까지 거룩한 하나님께 합당한 거룩한 삶을 사는 백성입니다.

하나님께 사랑받는 백성이여, 그가 그리스도 예수 안에서 부르신 저 높은 부름의 참된 높이까지 올라갑시다.

16
장차 올 심판을 피하라

믿음으로 노아는 아직 보이지 않는 일에 경고하심을 받아 경외함으로 방주를 준비하여 그 집을 구원하
였으니 이로 말미암아 세상을 정죄하고 믿음을 따르는 의의 상속자가 되었느니라.　　　　히 11:7

영접하는 자 곧 그 이름을 믿는 자들에게는 하나님의 자녀가 되는 권세를 주셨으니 이는 혈통으로나
육정으로나 사람의 뜻으로 나지 아니하고 오직 하나님께로부터 난 자들이니라.　　　　요 1:12-13

이 두 본문을 함께 제시하는 것은, 히브리서 11장에 나오는 구약 성도들이 요한복음 서문의 이 영광스러운 진술을 이해하고 우리 것으로 삼는 데 어떤 도움을 주는지 밝히기 위해서입니다. 우리는 이 세상에서 하나님의 자녀가 될 수 있습니다. "영접하는 자 곧 그 이름을 믿는 자들에게는 하나님의 자녀가 되는 권세를 주셨으니 이는 혈통으로나 육정으로나 사람의 뜻으로 나지 아니하고 오직 하나님께로부터 난 자들이니라."

우리는 용서받고 하나님과 화목케 되어 그 앞에 나아갈 수 있을 뿐 아니라 하나님의 자녀이자 "신성한 성품에 참여하는 자"가 되었습니다 (벧후 1:4). 그리스도인 스스로 하나님의 자녀임을 확실히 아는 것보다 더 중요한 일은 없습니다. 이 사실을 알고 확신하며 자신해야 합니다. 행복한 그리스도인의 삶을 사는 유일한 길이 이것입니다.

제가 이 점에 주의를 환기시키는 두 번째 이유가 있습니다. 자신이 하나님의 자녀임을 모르면 그리스도인의 역할을 제대로 감당할 수 없습니다. 하나님이 우리를 구원하신 것은 우리를 통해 다른 이들도 구원하시기 위해서입니다. 그런데 자기 자신에 대해 확신하지 못하는 자, 하나님 앞에서 자기 신분을 확신하지 못하는 자는 다른 이들을 도와줄 수 없습니다. 주님도 "맹인이 맹인을 인도할 수 있느냐?"라고 하셨습니다(눅 6:39). 이처럼 긴급하고 실제적인 관점에서 볼 때, 그리스도인의 자신과

마틴 로이드 존스 히브리서 강해

확신보다 더 중요한 문제는 없습니다. "하나님의 자녀가 되는 권세를 주셨으니." 우리는 하나님의 자녀가 되었습니까? 하나님의 자녀로서 제 역할을 하고 있습니까?

관련 교리는 살펴보았으니, 이제부터는 히브리서 11장에 나오는 실례들을 살펴봅시다. 히브리서 기자가 이 편지를 쓴 것은 확신을 주기 위해서였습니다. 그는 이것이 새로운 원리가 아니요 하나님의 백성들에게 항상 작동했던 원리라고 말합니다. 그들 모두 믿음으로 살았다고, 믿음은 "바라는 것들의 실상"이라고(히 11:1), 믿음에는 확신이 따른다고 말합니다. 그리고 이 점을 실증하기 위해 연달아 예를 듭니다. 다시 말해서 히브리서 11장에 나오는 인물들에게는 한 가지 공통 요소가 있는데, 그것은 그들 모두 믿음으로 행했다는 것입니다. 확신을 가지고 있었다는 것입니다. 그들은 자신들이 하나님의 자녀라는 사실, 앞서 나온 표현대로 예수 그리스도께서 "형제라 부르시기를 부끄러워하지 아니하"신다는 사실을 알았습니다(히 2:11).

히브리서 기자는 "선진들이 이로써[믿음으로] 증거를 얻었느니라"라고 하면서, 아벨의 사례를 이야기합니다. "믿음으로 아벨은 가인보다 더 나은 제사를 하나님께 드림으로 의로운 자라 하시는 증거를 얻었으니 하나님이 그 예물에 대하여 증언하심이라"(히 11:4). 다시 말해서, 아벨의 비결은 하나님이 친히 그를 기뻐하신다는 사실을 알려 주신 데 있었습니다. 하나님이 친히 그 확신과 자신을 주신 데 있었습니다.

에녹도 마찬가지였습니다. 에녹의 사례에서 중요한 점은 죽음을 보지 않고 하나님께 갔다는 것이 아닙니다. "믿음으로 에녹은 죽음을 보지 않고 옮겨졌으니 하나님이 그를 옮기심으로 다시 보이지 아니하였느니

라. 그는 옮겨지기 전에 하나님을 기쁘시게 하는 자라 하는 증거를 받았느니라"(히 11:5). 하나님은 그를 데려가시기 전에 이미 그를 기뻐하신다는 사실을 알려 주셨습니다. 다시 말해서 그의 신분과 구원에 대한 확신을 주신 것입니다. 그는 하나님이 "자기를 찾는 자들에게 상 주시는 이심을" 알았습니다(히 11:6).

이처럼 그들의 비결은 하나님과 자신의 관계를 확신한 데 있었습니다. 그래서 악한 세상에 살면서도 승리할 수 있었습니다. 저와 여러분 또한 자신이 하나님의 자녀임을 알아야 합니다. 요한복음 1:12-13을 자기 것으로 삼고 절대적으로 확신해야 합니다.

이제 노아의 사례를 살펴봅시다. 그의 중대한 특징도 이 복된 확신을 가지고 있었다는 것입니다. 그는 자신이 누구이며 어디에 있는지, 장차 무슨 일이 생길지 정확히 알았습니다. "믿음으로 노아는 아직 보이지 않는 일에 경고하심을 받아 경외함으로 방주를 준비하여 그 집을 구원하였으니 이로 말미암아 세상을 정죄하고 믿음을 따르는 의의 상속자가 되었느니라." 이들은 모두 믿음으로 의롭다 하심을 얻는다는 것이 무엇인지, 믿음으로 말미암는 의가 무엇인지 보여주는 실례입니다. 이들은 모두 이 사실을 믿고 자기 것으로 삼았을 뿐 아니라 확신했습니다. "우리가 믿음으로 의롭다 하심을 받았으니 우리 주 예수 그리스도로 말미암아 하나님과 화평을 누리자"(롬 5:1).

노아의 삶과 행보는 특히 지금 이 시점에 유익하고도 중요합니다. 우리는 홍수 이전과 놀라울 만큼 비슷한 세상에 살고 있습니다. 그래서 그런 세상을 믿음으로 헤쳐 나간 인물을 살펴보아야 하는 것입니다. 지금 세상에는 노아 같은 사람이 필요합니다. 세상 모든 나라에 가장 필요한 존재가 바로 노아 같은 사람입니다.

노아의 비결은 자신이 하나님의 자녀임을 확신한 데 있었습니다. 창세기 6장에 분명하게 나옵니다. 7절과 8절을 비교해 보십시오. "이르시되 내가 창조한 사람을 내가 지면에서 쓸어버리되 사람으로부터 가축과 기는 것과 공중의 새까지 그리하리니 이는 내가 그것들을 지었음을 한탄함이니라. 그러나 노아는 여호와께 은혜를 입었더라"(창 6:5-8). 그는 특별한 위치에 있었습니다. 은혜를 입는 자리에 있었습니다. 9절도 보십시오. "노아는 의인이요 당대에 완전한 자라. 그는 하나님과 동행하였으며."

창세기 앞장에는 에녹도 하나님과 동행했다는 표현이 나옵니다(창 5:22, 24). 에녹도 하나님과 동행했고, 노아도 하나님과 동행했습니다. 이것은 단지 행실이 의로웠다는 뜻이 아닙니다. "노아는 의인이요 당대에 완전한 자라"라는 9절 전반절을 보면 행실도 의로웠음을 알 수 있습니다. 그러나 그가 하나님과 동행했다는 것은 단지 그 뜻이 아니라 하나님의 친구가 되었다는 뜻입니다. 하나님이 자신의 친구가 되는 특권을 허락하셨다는 뜻입니다. 아무나 그와 동행할 수 있는 것이 아닙니다. 하나님과 동행하는 사람은 자신이 하나님의 자녀임을 한 점 의심 없이 알 수 있습니다. 노아는 하나님이 가까이 다가와 친밀히 대해 주시는 것을 알았습니다. 자신의 영광을 보여주시는 것을 알았습니다.

하나님은 창 6:14-15에서 방주를 지으라고 지시하십니다. 그리고 13절에서 하신 말씀을 다시 한 번 반복하십니다. "내가 홍수를 땅에 일으켜 무릇 생명의 기운이 있는 모든 육체를 천하에서 멸절하리니 땅에 있는 것들이 다 죽으리라. 그러나 너와는 내가 내 언약을 세우리니"

(창 6: 17-18). 우리에게 확신을 주는 궁극적인 증거가 이것입니다. 하나님은 멸망이 임박했다고 경고하시면서 "그러나 너는 아니다. 너는 특별한 위치에 있다"라고 하셨습니다. 이런 말씀을 들은 사람은 더 이상 어둠 속에서 움직이지 않습니다. 확실한 지식에 따라 움직입니다.

노아의 사례는 하나님이 친히 확신을 주시면 어떻게 되는지 풍성히 보여줍니다. 이런 확신은 언제나 하나님이 주시는 것입니다. "성령이 친히 우리의 영과 더불어 우리가 하나님의 자녀인 것을 증언하시나니"(롬 8:16). 이것은 최고의 확신입니다. 물론 성경에서도 확신을 얻을 수 있으며, "그를 믿는 자는 심판을 받지" 않는다고 말할 수 있습니다(요 3:18). 요한1서에 나오는 시금석—"형제를 사랑함으로 사망에서 옮겨 생명으로 들어간 줄을 알거니와"(요일 3:14)—을 비롯한 여러 시금석을 통해서도 확신을 얻을 수 있습니다. 그러나 그런 확신을 훨씬 뛰어넘는 확신이 있습니다. "성령이 친히 우리의 영과 더불어 우리가 하나님의 자녀임을 증언하시"는 일이 있습니다. 하나님이 노아에게 "너와는 내가 내 언약을 세우리니"라고 하신 것처럼, 성령이 친히 주시는 확신이 있습니다. 히브리서 11장에 나오는 다른 모든 인물이 그렇듯이, 노아의 비결 또한 이 복된 확신을 얻은 데 있었습니다.

세상에는 이런 사람이 필요합니다. 우리 모두 이런 사람이 되어야 합니다. 노아는 사방에서 몰아치는 악의 폭풍 한복판에서도 마음과 양심의 안식을 누리는 삶, 평안의 삶, 기쁨의 삶, 믿음의 삶을 살았습니다. 무엇이 그를 이런 사람으로 만들었습니까? "노아는 의인이요 당대에 완전한 자라." 그는 "바른 사람"a just man이었습니다. 더 좋은 번역은 "의인"이

마틴 로이드 존스 히브리서 강해

었다는 것입니다.* 이 말은 그가 하나님의 의, "믿음을 따르는 의"에 관심을 쏟았다는 뜻입니다. 히브리서 11장에 나오는 모든 인물이 그러했습니다. 아브라함의 사례에 한층 더 분명하게 나타나기는 하지만, 다른 이들도 다 똑같았습니다. 성경이 말하는 "의인"은 하나님의 의에 관심을 쏟는 사람입니다. "너희는 먼저 그의 나라와 그의 의를 구하라"라는 주님의 권면을 따르는 사람입니다(마 6:33). 우리는 아벨의 사례와 에녹의 사례에서 이 특징을 보았습니다. 노아도 그들과 같았습니다.

또한 성경은 그가 "당대에 완전한 자"였다고 말합니다. 이 말은 죄가 하나도 없었다는 뜻이 아닙니다. 아담의 타락 이래 세상에서 무죄한 사람은 주님 한분밖에 없습니다. 이 말은 그가 올바르고 진실했다는 뜻입니다. 두 마음을 품지 않았다는 뜻입니다. 마음이 불순하거나 혼잡하지 않은 정직한 사람이었다는 뜻입니다. 노아는 하나님과 하나님의 일에 전심을 바쳤습니다.

"그 세대 중에"[in his generations]라는 말은 "당대인들 중에"라고 옮기는 편이 좋습니다.** 우리가 아는 당대인들의 모습은 어떤 것입니까? "여호와께서 사람의 죄악이 세상에 가득함과 그의 마음으로 생각하는 모든 계획이 항상 악할 뿐임을 보시고"(창 6:5). 하나님이 "땅 위에 사람 지으셨음을 한탄하사 마음에 근심하"실 정도로 그들은 악했습니다(창 6:6). 당대는 세상에서 가장 추악한 시대 중 하나로서, 끔찍할 정도로 죄와 불법에 빠져 있었습니다. 그 당시 땅에는 "네피림"이라는 거인들이 있었습니다(창 6:4). 이 말은 온갖 가증한 짓을 저지르며 폭력을 행사하는 자들

---

* 전자는 흠정역의 번역, 우리말 성경 개역개정판은 후자로 번역했다.
** 전자는 흠정역의 번역, 우리말 성경 개역개정판은 "당대에"로 번역했다.

이 있었다는 뜻입니다. 그만큼 세상이 무서운 상태에 빠져 있었습니다. 그런데 노아는 당대인들 중에 의인이요 완전한 자였다고 성경은 말합니다. 물리적으로는 그들과 동시대에 살았지만, 실제로는 홀로 우뚝 서 있었다는 것입니다.

성경이 그다음으로 하는 말은 그가 "하나님과 동행"했다는 것입니다. 하나님과 동행하는 것이야말로 그의 중대한 열망이자 최고의 소원이었으며 무엇보다 앞서 추구한 목적이었습니다. 그에게 중요한 일은 하나님과 사귀며 그가 자신을 기뻐하심을 아는 것이었고, 그의 소원은 하나님의 명령을 이행하는 것이었습니다. 창세기 4:26은 "그때에 사람들이 비로소 여호와의 이름을 불렀"다고 말합니다. 이것은 공적인 예배를 마음껏 드리기 시작했다는 뜻입니다. 이 사람도 틀림없이 예배드렸을 것입니다. 하나님과 동행하는 사람은 누구나 예배드리게 되어 있습니다.

이처럼 노아는 당시 세상 및 당대인들과 구별된 사람이었습니다. 당시 세상의 형편은 두말할 필요 없이 분명했습니다. 하나님이 멸망을 작정하실 만큼 처참했습니다. 그런데 해석하기 어려운 탓에 우리가 놓치기 쉬운 사실이 한 가지 있습니다. 그것은 "하나님의 아들들이 사람의 딸들의 아름다움을 보고 자기들이 좋아하는 모든 여자를 아내로 삼"았다는 것입니다(창 6:2).

여기에서 "하나님의 아들들"을 천사로 해석하여 천사와 여자들이 섞여서 낳은 괴물이 네피림이라는 결론을 내리는 자들이 있는데, 제가 볼 때는 말도 안 되는 설명입니다. 그보다는 아벨과 가인 사이의 구분이 이후에도 존재했던 것으로 보아야 합니다. "하나님의 아들들"은 아벨 같은 사람들이었습니다. 아벨이 죽은 후 아담과 하와가 낳은 아들 셋의 후손이었습니다. 경건한 계보였습니다. 하나님을 위해 사는 사람들이었습니다. 그러나 가인의 후손은 달랐습니다. 인류는 이처럼 두 무리로—"하나님의 아들들"과 가인의 후손들, 경건한 자들과 불경건한 자들로—갈라졌습니다. 그들은 서로 섞여 살지 않았습니다.

그런데 여기 나오는 이 시기에는 그 구분이 흐릿해지면서 경건한 자들과 불경건한 자들의 차이가 분명히 나타나지 않았습니다. 결코 섞이지 말아야 할 사람들이 한데 섞여 버렸습니다. 이것은 성경을 관통하는 큰 주제입니다. "너희는 믿지 않는 자와 멍에를 함께 메지 말라"(고후 6:14). 그런데 그들은 성경이 금하는 바로 그 일을 했습니다. 가인의 후손 및 세속성과 죄와 악을 멀리하기는커녕 한데 섞여 버린 것입니다. 경건한 계보에 속한 자들까지 길을 잃고 변절하여 악을 행하는 무서운 상태에 빠져 버렸습니다. 그러나 노아는 달랐다고 성경은 말합니다. 그는 진리를 붙잡았습니다. 세상의 정신에 지배당하지 않았고 그것을 본받지 않았습니다.

우리는 홍수 이전 시대의 특징이 점점 더 많이 나타나는 추악한 시대에 살고 있습니다. 도덕이라는 것이 과연 존재하느냐는 질문까지 나오고 있는 형편입니다. 제각기 정한 상대적 기준이 도덕을 대신하고 있습니다. 진리는 없다고, 모든 것은 추측일 뿐이라고, 그러니까 모든 것이 정당화될 수 있다고 주장합니다. 기독교회조차 대변인을 통해 하나님의 존재 자체에 의구심을 표시하며 혼외정사를 정당화하려 드는 시대에 우리는 살고 있습니다. 하나님의 아들들이 이전의 모습, 본연의 모습을 잃는 경우가 너무나도 많습니다. 우리는 아벨과 가인의 무서운 혼합에 잇따른 참상을 보고 있습니다. "여호와께서 사람의 죄악이 세상에 가득함과 그의 마음으로 생각하는 모든 계획이 항상 악할 뿐임을 보시고." 신문을 보면서 내리게 되는 결론도 이것 아닙니까? 사람들은 이런 삶을 살 뿐 아니라 이런 삶을 흡족히 여깁니다! 그런데 노아는 이런 사람들 틈에 홀로 우뚝 서 있었습니다. 세상을 본받지 않았습니다. 세상의 영향을 받지 않았습니다. 모두가 도덕관념을 바꾼다고 해서 자신도 따라 바꾸지 않았습니다. 세상과 육신과 마귀의 지배를 받지 않았습니다. 바르고 의로운 하나님의 사람으로서 하나님과 동행했습니다. 악과 방종과 죄 한복판에서 자신의 완전함을 지켰습니다. 성경은 그가 당시의 "세상을 정죄"했다고 말합니다(히 11:7). 그는 우리의 세상도 정죄하고 있습니다. 하나님이 이 사실을 우리 마음에 새겨 주시길 원합니다.

그렇다면 무엇이 노아를 이런 사람으로 만들었을까요? 무엇이 그를 "의인이요 당대에 완전한 자"로 만들었을까요? "믿음으로 노아는……." 믿음이 무엇입니까? 믿음은 단순히 하나님을 믿고 그의 말씀에 전부 맡기는 것입니다. 이것이 노아의 비결이었고, 히브리서 11장에 나오는 모든 인물의 비결이었습니다. 믿음으로 노아는 우리가 여기에서 보는 이런 사람이 되었습니다. 하나님의 계시를 믿음으로 이런 사람이 되었습니다. 하나님은 에덴동산에서 진리를 계시해 주셨습니다. 역사의 윤곽을 보이시고 미리 알려 주셨습니다. 장차 이루실 구원의 방법, 우리가 믿음으로 따라야 할 구원의 방법을 알려 주셨습니다. 노아는 그것을 믿었습니다. 생각 없이 아무렇게나 살지 않았습니다. 홍수 이전 시대 똑똑한 자들의 최신 발언을 자기 신분의 토대로 삼지 않았습니다. 당대인들은 믿음으로 구원을 얻는다는 개념을 비웃으며 쾌락에 탐닉하는 삶을 옹호했습니다. 그러나 노아는 그 말을 듣지 않았습니다. 하나님이 주신 계시를

마틴 로이드 존스 히브리서 강해

삶의 토대로 삼았습니다.

특히 그가 믿은 것은 홍수에 대한 경고였습니다. "믿음으로 노아는 아직 보이지 않는 일에 경고하심을 받아 경외함으로 방주를 준비하였으며……." 혹시 요즘 사람들의 말에 영향을 받고 있는 것은 아닙니까? 구식이라거나 근본주의자라거나 그 비슷한 이름으로 불리는 것에 일말의 부끄러움을 느끼는 것은 아닙니까? 성경과 하나님과 기적과 속죄를 비롯한 모든 것에 의문을 제기하는 현대인이 되고 싶은 것은 아닙니까? 그렇다면 여러분은 노아와 완전히 다른 것입니다.

노아는 임박한 멸망을 경고하시는 하나님을 믿었습니다. 주변 사람들이 무슨 말을 하고 어떻게 살아가든 상관없이, 하나님이 세상을 만드셨으며 여전히 장악하고 계신다고 믿었습니다. 인간은 동물이 아니요 하나님의 형상에 따라 지어진 피조물이라고, 하나님 앞에 책임을 져야 하는 존재라고 믿었습니다. 주변 상황은 잘못된 것이며 그런 상황은 영원히 지속되지 못한다고 믿었습니다. 물론 많은 사람이 그를 조롱했습니다. 그 이야기가 베드로후서 3장에 나옵니다. 120년간 방주를 만들며 의에 대해 설교했지만, 사람들은 비웃었습니다. "하! 멸망이 곧 온다더니, 어디 멸망이 왔지? 그토록 오랫동안 멸망한다고 했지만 아무 일도 일어나지 않았잖아." 오늘날 우리도 같은 처지에 놓여 있습니다. "옛날 사람들은 설교자들이 하나님과 심판을 설교하면서 겁을 주면 벌벌 떨며 교인이 되었지만, 우리는 그 말들이 아무것도 아니라는 걸 알지. 하나님을 아무리 부인해도 우리는 복을 받고 세상은 잘 굴러가며 번영한다니까"라는 말을 듣고 있습니다.

노아 때 사람들도 비웃었습니다. "넌 우리더러 죄의 삶을 산다고 하는데, 하나님이 진짜 계신다면 왜 우리를 막지 않는 거지? 이렇게 아무것도 안 하는 걸 보면 우리를 막고 싶지 않든지 막을 힘이 없는 거야"라고 했습니다. 이것이 당시의 주장이었고, 오늘날도 사람들이 하는 말입니다. 우리는 과학의 진보와 발전을 자랑하며, 이처럼 대단한 인간이 하지 못할 일은 없다고 말합니다. 이처럼 인간의 재능은 믿으면서도, 하나님이 장차 한분을 세워 심판하신다는 말씀은 믿지 않습니다. 그러나 노아는 믿었습니다. "나는 하나님의 방법을 이해하지 못하고 그가 지체하시는 이유 또한 알지 못한다. 그러나 그가 여전히 하나님으로서 온 우주의 보좌에 앉아 계신 것과 의로써 우리 모든 사람을 심판하러 오실 것을 믿는다"라고 했습니다. 모든 상황이 정반대로 보이는데도 하나님을 믿었습니다.

노아 같은 사람이 되려면 노아처럼 믿어야 합니다. 혹시 하나님의 심판을 비웃는 현대의 지식과 학식에 휩쓸리고 있는 것은 아닙니까? "하나님은 공평하고 의로우신 분이 아니라 사랑이시다"라고 말하는 것은 아닙니까? 죄에 진노하시는 하나님을 믿을 수 없노라 말하는 것은 아닙니까? "하나님의 진노가 불의로 진리를 막는 사람들의 모든 경건하지 않음과 불의에 대하여 하늘로부터 나타"난다는 사도 바울의 말을 묵살하는 것은 아닙니까?(롬 1:18) 온 세상을 심판하시는 공평과 의의 하나님을 더 이상 믿지 않는다고 말하는 것은 아닙니까? 그렇다면 여러분은 노아와 그 계보에 속하지 않은 사람입니다. 하나님의 심판이 이미 땅에 나타나고 있음을 모르겠습니까? 매일 발생하는 무서운 사건들이 하나님의 의로운 심판의 발현임을 모르겠습니까? 롬 1:18-32을 보십시오. "이 때문에 하나님께서 그들을 부끄러운 욕심에 내버려 두셨으니 곧 그들의 여자들도 순리대로 쓸 것을 바꾸어 역리로 쓰며 그와 같이 남자들도 순리대로 여자 쓰기를 버리고 서로 향하여 음욕이 불 일 듯하매 남자가 남자와 더불어 부끄러운 일을 행하여"(롬 1:26-27). 로마서 1:18-32에 나오는 무서운 일들을 오늘날 우리는 그대로 목격하고 있습니다. 사도에 따르면 이것은 죄에 대한 하나님의 진노가 일부 나타난 결과입니다. 일종의 경고입니다. 하나님을 잊을 때 삶이 어떻게 되는지 현대인에게 보여주시는 것입니다. 하나님도 믿지 않고 구원도 믿지 않는 똑똑한 인간, 제 힘으로 완전한 세상을 만들 수 있다고 말하는 인간이 하나님의 자리를 대신 차지할 때 세상이 어떻게 되는지 보여주시는 것입니다.

저는 주님이 기독교회에도 똑같이 말씀하고 계신다고 믿습니다. 교회는 19세기부터 성경의 권위와 심판의 사실성 및 지옥의 존재를 의심해 왔습니다. 사람들은 그런 교회의 말을 믿었고, 그 결과가 지금 명백하게 나타나고 있습니다. 경건이 없으면 아무리 노력해도 도덕적이 될 수 없습니다. 그것은 불가능한 일입니다. 세상은 한 번도 그렇게 되지 못했습니다.

노아는 홍수를 보내겠다고 말씀하신 하나님을 믿었습니다. 성경은 그가 "경외함으로 방주를 준비"했다고 말합니다. "믿음으로 노아는 아직 보이지 않는 일에 경고하심을 받아 경외함으로 방주를 준비하여……." "경외함"은 비겁한 두려움을 가리키는 말이 아닙니다. "온전한 사랑은 두려움을 내쫓나니"(요일 4:18). 올바른 두려움이 있습니다. 히브리서가 말하는 "경외함"이 무엇입니까? 하나님의 영광과 거룩하심과 정결하심이 얼마나 큰지 희미하고 흐릿하게라도 아는 것입니다. 우리의 문제는 하나님을 경외하지 않는 데 있습니다. 시편 기자도 "그의 눈에는 하나님을 두려워하는 빛이 없다"라고 했습니다(시 36:1). 하나님은 죄를 차마 보지 못할 만큼 정결하신 분입니다. 노아에게 계시하신 사실이 이 것입니다. 하나님은 노아를 찾아와 "인간을 창조한 것이 한탄스럽구나. 저들이 얼마나 악해졌는지 보아라!"라고 하셨고, 그 영광과 거룩하심을 일부 본 노아는 거룩하신 하나님 앞에 떨었습니다. 성경에서 하나님의 거룩하심을 얼핏 본 자들은 전부 이렇게 떨었습니다. 이사야도 하나님 을 얼핏 보고 "화로다, 나여! 망하게 되었도다. 나는 입술이 부정한 사람 이요 나는 입술이 부정한 백성 중에 거주하면서 만군의 여호와이신 왕 을 뵈었음이로다"라고 외쳤습니다(사 6:5). 노아는 하나님을 경외했습니 다! 경외함으로 행했기에 경건한 자가 되었습니다.

"하지만 난 복음을 믿고 구원을 받았는데요"라고 말하는 분이 있을 지 모르겠습니다. 바울은 "두렵고 떨림으로 너희 구원을 이루라"라고 합 니다(빌 2:12). 무엇을 두려워하며 떨어야 합니까? 내 속에 아직도 남아 있는 엄청난 죄와 악을 보고 두려워하며 떨어야 합니다. 구원받은 것은 맞지만, 그렇다고 완전한 것은 아니지 않습니까? 자신의 마음과 생각과 상상과 욕심과 욕망 속에 어떤 악이 있는지 생각해 보십시오. 그것이 두 렵지 않다면, 이제부터라도 두려워해야 합니다.

노아는 당대인들에게 임할 무서운 심판을 얼핏 보고 떨었습니다. 사 도 바울이 고린도에 갔을 때 "약하고 두려워하고 심히 떨었"다고 말한 이유도 이것입니다(고전 2:3). 죄에 접근하려니 마음이 떨렸던 것입니다. 사도행전 9:31에는 초대교회 그리스도인들의 이야기가 나옵니다. "교회 가 평안하여 든든히 서 가고 주를 경외함과 성령의 위로로 진행하여 수 가 더 많아지니라." 기독교는 "주를 경외함"으로 행하는 것입니다. 바울의 말을 다시 들어 보십시오. "우리는 주의 두려우심을 알므로 사람들을 권면하거니와"(고후 5:11). 사도는 하나님이 의로우신 재판장이시라는 것과 그 앞에서 자신이 몸으로 행한 일들을 설명해야 한다는 것을 알았습니다. 모든 사람이 그렇게 해야 한다는 것을 알았습니다. 예수 그리스도를 뵌 요한도 "그의 눈은 불꽃같고……내가 볼 때에 그의 발 앞에 엎드러져 죽은 자같이 되매"라고 했습니다(계 1:14, 17). 왜 죽은 자같이 되었을까요? 우리 주와 구주 되신 예수의 영광과 위엄과 거룩하심과 광채를 보았기 때문입니다. 우리도 그것을 보았습니까? 교회가 이토록 육신적이고 잘못된 의미에서 확신과 자신감에 넘치며 명랑하고 경박하게 등만 토닥여 주고 있으니, 세상이 이 지경이 된 것도 그리 놀랄 일이 아닙니다. 주의 두려우심을 알아야 하며, 죄에 빠진 자들을 기다리는 무서운 운명을 알아야 합니다.

이것은 마지막 요점으로 연결됩니다. "방주를 준비하여 그 집을 구원하였으니 이로 말미암아 세상을 정죄하고 믿음을 따르는 의의 상속자가 되었느니라." 노아는 "의를 전파"했습니다(벧후 2:5). 우리도 의를 전파해야 합니다. 이것은 도덕군자가 되어야 한다는 말이 아닙니다. 의를 전파하는 자가 되자는 것입니다. 저는 허다한 정치인들이나 신문이 취하는 태도를 옹호할 생각이 없습니다. 그들은 의를 전파하는 자가 아닙니다. 의를 믿지도 않습니다. 본 적도 없고, 개념도 모릅니다. 그저 얄팍한 체면에만 관심이 있을 뿐입니다. 그러나 우리는 의를 전파해야 합니다. 하나님을 알려 주어야 하며, 그의 거룩하심과 정의와 진리를 알려 주어야 합니다. 그가 장차 모든 세상을 심판하신다는 사실을 알려 주어야 합니다. 물론 사람들은 우리를 비웃고 조롱하며 바보 취급 할 것입니다.

얼마든지 그러라고 하십시오. 성경은 마지막 심판 날이 온다고 분명히 선언합니다. 그러니 죄의 결과로 닥칠 일들과 그 일들을 피할 유일한 길을 알려 주어야 합니다. 하나님의 구원 방법을 믿고 그 방법을 따르라고, 그리스도께 달려가라고 말해 주어야 합니다. 자기 모습이 아무리 악해도 그를 믿고 의지하면 용서받을 수 있다고 말해 주어야 합니다. 씻음받고 깨끗해질 수 있으며 거룩해질 수 있다고, 주 예수의 이름으로 성령을 힘입어 의롭게 될 수 있다고 말해 주어야 합니다.

가증한 일들로 가득한 세상 한복판에서도 노아가 거룩한 길을 갈 수 있었던 것은 하나님이 그를 사랑하시고 기뻐하셨기 때문입니다. "노아는 여호와께 은혜를 입었더라." 하나님이 친히 "너는 심판을 면할 것이다. 내가 너와 언약을 맺을 것이다. 너는 내게 속한 내 백성이다"라고 하셨습니다. 그래서 사람들이 뭐라고 하든 개의치 않은 것입니다. 하나님을 알고 자신이 그의 자녀임을 알았기에 계속 자기 길을 간 것입니다. 세상의 맹목과 어리석음과 불신앙을 정죄한 것입니다. 그의 본보기는 우리에게 영광스러운 격려가 됩니다.

하나님이 홍수와 노아 가족의 구원에 대해 하신 말씀은 모든 면에서 사실임이 입증되었습니다. 이 악한 시대, 악한 때에 우리도 노아처럼 하나님과 동행하며 의에 관심을 쏟는 진실한 자들이 되길 바랍니다. 하나님을 찾으며 그의 뜻과 길과 가르침을 따르는 자들이 되길 바랍니다. 그럴 때 우리가 살고 있는 이 세상을 정죄할 것이요, 더 나아가 하나님이 우리를 기뻐하신다는 복된 확신을 얻을 것이며, 장차 올 심판에 대한 두려움 없이 "여호와 앞에 잠잠하고 참고 기다"릴 수 있을 것입니다 (시 37:7).

마틴 로이드 존스 히브리서 강해

17
하나님이 우리를 위하시면

믿음으로 아브라함은 부르심을 받았을 때에 순종하여 장래의 유업으로 받을 땅에 나아갈새 갈 바를 알지 못하고 나아갔으며.   히 11:8

우리가 당면한 가장 큰 문제는 "삶과 그에 수반된 상황들을 어떻게 직면할 것인가? 특히 알 수 없는 미래를 어떻게 직면할 것인가?" 하는 것입니다. 지난 분석에서 다룬 인생의 중대사도 "우리에게 일어나는 모든 일을 어떻게 직면할 것인가?" 하는 것이었습니다.

성경은 삶을 다루는 책입니다. 세상에서 닥치는 모든 일을 어떻게 직면할 것인지 가르쳐 줍니다. 더 나아가 성경은 오직 자신만 그 방법을 가르쳐 줄 수 있다고 주장합니다. 오늘날 많은 이들의 생각, 즉 성경은 삶과 동떨어진 책이요 실제적인 말이라고는 하나도 없는 책이며 오늘날과 맞지 않는 케케묵은 책이라는 생각만큼 어리석고 우스운 것은 없습니다. 아주 아름다운 책으로 느끼거나 하나의 문학작품으로 좋아하거나 아름다운 생각과 사상을 제공해 주는 책으로는 여겨도 실제 삶과 관련이 있다고는 생각지 않습니다. "각박한 실제 현실을 직면하려면 성경 읽기에 시간을 쓰기보다 현대 소설가와 철학자와 이론가들의 책을 읽거나 신문을 읽어라"라고 말합니다. 그러면서 삶의 전투에 임할 준비를 갖추었다는 어리석고도 허황된 착각을 합니다.

이것은 심히 우스운 관점으로서, 성경보다 더 실제적이며 오늘날에 부합되는 책은 없습니다. 물론 여기에는 성경 자체가 우리에게 말하게 해야 한다는 조건이 따릅니다. 성경이 자기 방식으로 자기 메시지를 전하게 해야 합니다. 성경은 가르침만 주는 것이 아니라 역사도 알려 주는데, 이 두 가지가 다 귀하고 중요합니다. 성경은 단순한 가르침이 아닙니다. 단순한 가르침이라면 "이론적으로는 괜찮은데 현실에 어떻게 실현되지?"라는 질문이 나올 것입니다. 성경은 즉시 역사를 제시하며 현실에서 어떻게 실현되는지 보여줌으로 그 질문에 대답합니다. 성경은 단순한 이론이나 학문적 논의가 아닙니다. 성경에는 우리와 비슷한 사람들, 우리와 똑같은 세상에 살면서 이 가르침을 적용한 사람들이 나옵니다.

히브리서 11장이 다루는 특정 주제가 이것입니다. 히브리서 기자는 다수의 인물들을 우리 앞에 제시합니다. 요컨대 "여기 특별하게 살았던 인물들이 있다. 이들은 유대 역사, 히브리인의 역사에 우뚝 서 있는 위대한 영웅들이다"라는 것입니다. 동시에 그들이 성공적인 삶을 살았던 비결을 설명해 줍니다. 그가 믿음의 위대한 영웅들 내지 성도들의 전시장 같은 11장을 쓴 이유가 무엇입니까? 이 편지를 받을 많은 히브리 그리스도인들이 날마다 삶에서 곤경과 난관에 부딪치고 있었기 때문입니다. 그들은 침체와 절망에 빠진 나머지 '그리스도인이 된 것 자체가 잘못은 아니었을까?' 의심하기 시작했습니다. 10장에 나오듯 많은 곤경과 시련을 당하고 박해를 받으며 집과 재산까지 강탈당하면서 "우리가 믿는 메시지가 과연 참된 걸까? 단순히 꾸며 낸 이야기는 아닐까? 우리는 현실에 사는 사람들로서 믿음의 결국이 무엇인지 알고 싶다. 기독교가 과연 인간을 다루시는 하나님의 방법이 맞는 걸까? 우리는 옛 이야기와 고대 역사를 아는데, 그때 사람들은 땅과 재산과 소유와 짐승을 얻었다. 하지만 우리는 빈털터리인 것만 같다. 구약의 가르침과 기독교는 과연 양립할 수 있는 걸까?"라고 묻는 이들이 생겨났습니다.

이것이 히브리서 기자가 다루는 주제로서, 그가 말하는 요지는 이것입니다. "너희 문제는 삶의 기본이 되는 중심 원리를 모르는 데 있다. 하나님은 항상 그 원리에 따라 자기 백성을 대해 오셨다. 이 점에서 볼 때 기독교는 하나도 새로울 것이 없다. 구약 시대에 백성을 대하신 방식이나 신약 시대에 백성을 대하시는 방식이나 본질적으로 다르지 않다. 하나님은 항상 믿음의 원리에 따라 자기 백성을 대해 오셨다." 그는 1절에서 그 명제―"믿음은 바라는 것들의 실상이요 보이지 않는 것들의 증거니"―를 제시한 다음, 위대한 구약의 인물들을 한 사람씩 예로 들며 "이들을 보라. 이들의 비결이 무엇인가?"라고 묻습니다. 그리고 매번 "믿음"이라고 대답합니다. 그들이 이런 사람들이 된 것은 믿음의 원리에 근거하여 살았기 때문이라는 것입니다. 믿음이야말로 이런 세상에서 성공적으로 살 수 있는 비결이라는 것입니다.

특별한 예로, 이 주제에서 결정적으로 중요한 인물인 아브라함을 살펴봅시다. 아브라함은 모든 믿는 자들의 조상입니다. 믿음의 자손인 우리 그리스도인들은 전부 아브라함의 자손입니다. 그는 유대인의 신분을 떠받치는 절대적 토대입니다. 그로부터 유대 민족 전체가 형성되었습니다. 히브리서 기자가 아브라함의 인상적인 사례를 다루며 다른 인물들보다 더 많은 분량과 관심을 할애하는 이유가 여기 있습니다.

그의 생애에 맨 먼저 일어난 큰 사건이 무엇입니까? "믿음으로 아브라함은 부르심을 받았을 때에 순종하여 장래의 유업으로 받을 땅에 나아갈새 갈 바를 알지 못하고 나아갔으며." 여기에서 언급하는 것은 하나님이 아브라함을 부르신 사건입니다. 그는 갈대아 우르라는 곳에서 태어나 자랐습니다. 이방 사회에서 남들과 다를 바 없이 살았습니다. 그런데 갑자기 하나님이 그를 불러, 큰 유업을 줄 테니 떠나라고 하셨습니다. 갈 곳도 알려 주지 않은 채 모든 소유를 챙겨 아내와 함께 믿음으로 떠나라고 하셨습니다.

하나님은 단지 자신의 말을 믿고 과거와 결별하도록, 하나도 알지 못하는 미래를 향해 나아가도록 그를 부르셨습니다. "네게 줄 곳이 있다"라고는 하셨지만, 그곳이 어디이며 어떻게 가야 하는지는 알려 주지 않으셨습니다. 그런데 놀랍게도 아브라함은 순종했습니다. "갈 바를 알지 못하고 나아갔으며." 이것이 그의 큰 비결이었습니다. 그는 후에 "하나님의 벗"으로 알려지게 됩니다(약 2:23). 구약 전체에서 가장 위대한 인물이자 삶을 정복한 인물로, 위대한 영웅으로 우뚝 서게 됩니다. 그는 어떻게 이처럼 승리하는 삶을 살았을까요? 그 비결이 무엇일까요? 히브리서 11:8은 그 비결, 알지 못하는 미래를 직면할 수 있는 열쇠를 알려 줍니다. 아브라함은 그 원리에 따라 살았고, 11장의 다른 인물들도 그 원리에 따라 살았습니다.

그 삶의 원리가 무엇입니까? 첫째는 미래를 전혀 알려 하지 않는 것입니다. "갈 바를 알지 못하고 나아갔으며." 아브라함은 갈 곳이 어디인지 몰랐습니다. 말하자면 미리 확보한 정보가 하나도 없었습니다. 아는 것이라고는 단지 하나님의 약속과 명령뿐이었습니다. 이처럼 장차 어찌 될지 모르면서도 순종하여 떠났습니다.

전에 읽은 책이 있는데, 그 첫 문장을 잊을 수가 없습니다. 그 책의 철학에는 동의하지 않았지만, 첫 문장에는 우리가 살펴보고자 하는 이 원리가 담겨 있었습니다. "중요한 것은 삶이 아니라 삶을 대하는 용기다."*

* 휴 월폴Hugh Walpole, 『불굴』*Fortitude*

이것이 첫 번째 원리입니다. 중요한 것은 삶이나 삶에서 일어나는 일 자체가 아니라 그것을 직면하는 방식입니다. 이 원리를 알면 더 이상 장래 일을 염려치 않게 됩니다. 갈 곳을 몰라도 나아가게 되며 무슨 일이 생기든 개의치 않게 됩니다.

이 원리가 중요합니다. 많은 사람—사실상 세상 모든 사람—이 이 원리를 전혀 모르고 있습니다. 장차 무엇을 얻을까, 무슨 일이 닥칠까, 무슨 일이 생길까 하는 관점에서만 삶과 미래를 생각하며, 그것을 토대로 움직이는 이들이 대부분입니다. 내가 가진 것과 내가 겪는 일만 내내 생각합니다. 이것은 아브라함이 따른 원리와 정확히 반대되는 태도입니다. 이런 의도로 출발하면 장차 일어날 일을 정확히 알려는 욕망이 과도히 커지면서 미래를 훔쳐보려 들게 됩니다. 그래서 사람들이 예언과 예측과 예견과 장래 일에 관심을 갖는 것입니다.

다시 말하건대, 중요한 것은 삶 자체가 아니라 삶을 대하는 용기이며 삶을 직면하는 방식입니다. 삶 자체와 자신이 가진 것, 자신이 겪는 일에 몰두하는 사람은 이미 잘못된 자리에 있는 것입니다. 그런 사람은 장래 일을 알고자 노심초사하게 됩니다. 그처럼 잘못된 태도는 초조함을 낳게 되어 있습니다. 아브라함은 전혀 그러지 않았습니다. 갈 곳을 모르면서도 나아갔습니다.

인생이 참 이상하지 않습니까? 젊었을 때는 다들 미래로 나아가지 못해 안달합니다. 시간이 너무 맥없이 느리게 흐른다고 느낍니다. 당장의 삶은 생각지 않고 장래 일과 미래의 행복에만 골몰합니다. 자신에게 무슨 일이 일어나느냐 일어나지 않느냐에 따라 모든 것이 달라진다고 생각합니다. 지나치게 불안해 하며 내내 앞만 바라봅니다. 그러다가 그 모든 일에 지치는 단계, 다 환상이었다고 느끼며 일종의 냉소에 빠지는 단계가 찾아옵니다. 그리고 마지막으로 시간이 성큼성큼 흐르며 모든 것이 급하게 스쳐 지나가는 단계, 미래가 너무 빨리 들이닥쳐 현재를 붙잡기도 급급한 단계에 이르게 됩니다.

이것은 다 삶을 이해하지 못한 탓에 초래되는 결과입니다. 갈 곳과 만날 사람과 가질 것에 너무 집착하다가 이렇게 되는 것입니다. 아브라함은 갈 곳을 몰랐지만 개의치 않고 나아갔습니다. 이것이 그의 비결이었습니다. 자기가 어디 있든, 자기한테 무슨 일이 생기든 염려치 않았습니다. 그가 염려한 문제는 다른 것이었습니다. 세상은 아브라함이 따랐던 원리와 삶의 방식을 발견하지 못한 탓에 거짓 희망과 불필요한 불안 및 실망에 희생되고 있습니다. 이 원리를 파악하지 못하면 금세 불안에 빠지게 됩니다. 불안은 현재 다른 어떤 질병보다 확연히 나타나는 질병입니다. 오늘날에는 신체나 장기의 질병보다 장래 일에 대한 과도한 불안과 스트레스와 긴장으로 인한 질병이 훨씬 더 증가하고 있습니다.

언제 두려운 일이 생길지 모르는 불확실한 세상에서 불안과 스트레스와 긴장 없이 살아야 하는데, 실제로 우리는 아브라함과 반대로 대처하고 있습니다. 아브라함은 미래를 전혀 염려치 않았지만, 우리는 장차 생길 일과 그 대비책을 정확히 알려 듭니다. 그래서 바로 긴장해 버립니다. 미래를 대비하면서도 두려움과 불길한 예감에 휩싸입니다. 어떻게 보면 삶 전체가 벌써 망가져 버리는 것입니다. 그러나 성경은 시종일관 다른 원리를 가르칩니다. 그런 태도는 완전히 잘못된 것이라고 지적합니다. 삶에서 중요한 문제는 장차 생길 일을 미리 알아내고 추측하는 것이 아닙니다. 무슨 일이 생기든 상관없는 방식으로 사는 법을 배우는 것입니다.

기독교회 안에 있는 많은 이들의 생각, 즉 '장차 생길 일을 미연에 방지하기 위해 애쓰며, 미래를 예측하여 사람들을 대비시키는 것이 우리의 책무'라는 생각보다 더 성경의 가르침에 심히 위배되는 것을 저는 알지 못합니다. 성경은 그렇게 가르치지 않습니다. 성경의 관심은 그런 의미의 미래에 있지 않습니다. 저의 책무는 미래를 추측하는 것이 아닙니다. 정치인들에게 긴장 완화 등을 위해 해야 할 일을 조언하는 것이 아닙니다. 기독교는 그런 것이 아닙니다.

성경 메시지는 세상에서 가장 심오한 메시지, 여러분에게 무슨 일이 생기든 똑바로 붙잡아 줄 수 있는 메시지입니다. 이런 메시지를 주신 하나님께 감사하십시오! 아브라함은 갈 곳을 모르면서도 즐거운 마음으로 기쁘게 나아갔습니다. 어떻게 그렇게 나아갔을까요? 일종의 철학적인 평정심 내지 스토아 정신, 체념의 정신이 있었기 때문일까요? 그저 아주 지혜로운 사람으로서 '모든 가능성과 만일의 사태를 예측하며 두려움과 불안에 떠는 것은 어리석은 일이다. 그런다고 달라질 것은 하나도 없다. 내가 어떻게 생각하든 미래는 달라지지 않는다'라고 여겼기 때문일까요? 이 또한 괜찮은 추론이요 어떤 점에서는 합당한 추론이지만, 기독교라고는 할 수 없습니다. 아브라함은 그렇게 하지 않았습니다. 물론 단순히 일어날 법한 일을 예측하느라 기력을 낭비하는 것은 어리석은 일입니다. 그러나 그런 소극적 체념은 기독교의 방식이 아닙니다. 기독교는 일종의 철학적 초연함이나 평정심 내지 "일어날 일은 어차피 일어난다. 세상 걱정을 다 한다고 해서 바꿀 수 없다"라는 운명론이 아닙니다. 이 또한 맞는 말이기는 하지만, 기독교는 아닙니다.

그렇다면 기독교는 무엇일까요? "갈 바를 알지 못하고 나아갔으며." 아브라함이 어떻게 나아갔습니까? "믿음으로" 나아갔습니다. 하나님을 믿는 믿음으로 나아갔습니다. 이 점을 아주 훌륭하게 표현해 놓은 옛사람의 말이 있습니다. "그는 어디로 가는지 몰랐지만 누구와 가는지 알고 나아갔다." 이것이 아브라함의 비결이었습니다. 갈 곳이 어디냐는 염려치 않았습니다. 하나님이 함께 가시느냐만 염려했습니다! 이것이 믿음으로 사는 삶의 중대한 원리입니다!

하나님만 함께 가시면 어디로 가든 상관없습니다. 산을 넘든, 깊은 골짜기를 지나든, 늪에서 씨름하든, 평탄한 길을 걷든 상관없습니다. 하나님이 여러분과 함께 가십니까? 오직 이것이 중요합니다. 아브라함이 힘차게 길을 떠난 것은 누가 자기와 함께 가시는지 알았기 때문입니다. 하나님이 함께 가시는 것을 알았기 때문입니다.

삶과 삶에서 일어날 수 있는 모든 일을 직면할 때 중요한 것은 이 한 가지뿐입니다. 그리고 이 말이 맞는다면 무슨 일이 생기든 문제가 되지 않습니다. 아브라함이 하나님과 나눈 교제의 성격을 잠시 생각해 보고, 우리도 주 예수 그리스도의 이름으로 나아가면 전부 그런 교제를 누릴 수 있다는 사실을 생각해 보십시오. 기독교는 단순히 여러 가지 원리나 개념을 고수하는 것이 아닙니다. 하나님과 동행하는 것입니다. 아브라함은 그렇게 했습니다. "하나님의 벗"이 되었습니다. 성경은 에녹도 "하나님과 동행"했다고 말합니다(창 5:22). 우주의 창조자, 전능하신 주 하나님과 사귀며 교제한다는 것이 얼마나 엄청난 특권입니까! 이런 분이 함께 가신다면 장소는 큰 문제가 되지 않습니다. 오, 하나님의 사랑을 알고 그 강한 능력을 깨닫는 특권이여! 이런 하나님, 여러분에게 관심을 쏟으시며 염려하시는 하나님, 아브라함을 찾아와 말씀하셨듯이 여러분을 찾아와 말씀하시는 하나님, 무에서 만물을 창조해 내셨고 아이가 구슬을 가지고 놀듯 별들을 운행하시면서도 여러분 한 사람 한 사람을 아시며 여러분과 여러분의 안녕을 크게 염려하시는 하나님을 아는 것보다 더 중요한 일이 있습니까? 이런 분이 함께하시며 동행하심만 안다면 무슨 일이 생긴들 문제가 되겠습니까? 그뿐 아니라 하나님은 우리에 대해 큰 계획과 목적을 가지고 계십니다. 그리고 그 목적은 항상 선합니다. 하나님이 친히 그렇게 말씀하셨습니다.

중요한 것은 하나님과 우리의 사귐입니다. 아브라함은 하나님을 알고 믿었습니다. 알기에 신뢰했습니다. 그는 하나님의 계시를 통해 그의 성품을 알고 있었습니다. 하나님이 친히 계시해 주셨습니다. 그래서 이렇게 말했습니다. "갈 곳은 알려 주지 않으셔도 됩니다. 제가 알고 싶은 것은 한 가지뿐입니다. 당신이 저와 함께 가시나요?" 하나님은 "내가 가마. 내가 널 인도해 주마. 너는 모든 것을 버리고 나와 함께 떠나기만 하면 된다"라고 하셨습니다. 그래서 아브라함은 떠났습니다. 하나님이 함께 가시기에 다른 것은 아무 문제가 되지 않았습니다. 갈 곳을 몰랐지만 하나님이 함께 가시는 것만으로 충분했습니다. 하나님을 아는 자는 "아무것도 없는 자 같으나 모든 것을 가진 자"입니다(고후 6:10). "온유한 자는 복이 있나니 그들이 땅을 기업으로 받을 것임이요"(마 5:5).

하나님이 우리에게 주시는 약속의 성격도 살펴보기 바랍니다. "믿음으로 아브라함은 부르심을 받았을 때에 순종하여 장래의 유업으로 받을 땅에 나아갈새 갈 바를 알지 못하고 나아갔으며." 하나님은 "아브라함아, 네게 줄 곳이 있고 유업이 있으니 나와 함께 가자"라고 하셨습니다.

길을 떠나 유업으로 주실 땅에 도착할 때까지 생길 일들에 대해서는 세세히 알려 주지 않으셨습니다. 하나님의 약속은 우리 삶의 절대적 기초입니다. 중요한 문제는 올해 무슨 일이 생기느냐가 아니라 어디에서 영원히 지내느냐 하는 것입니다. 여정이 아닌 목적지가 중요합니다.

하나님은 갈대아 우르에 살고 있던 아브라함을 찾아와 "널 데려가겠다"라고 하셨습니다. 어디로 데려가겠다고 하셨습니까? "유업으로 받을 땅"입니다. 거기 도착할 때까지 생길 일들에 대해서는 한 말씀도 하지 않으셨습니다. 중요한 것은 그 일들이 아니라 유업이었기 때문입니다. "그렇다면 세상은 중요치 않다는 말입니까?"라고 묻는 이가 있을 것입니다. 아니, 제 말은 세상이 중요치 않다는 것이 아닙니다. 세상은 일종의 예비학교와 같다는 것입니다. 세상에서 우리는 "외국인과 나그네"입니다(히 11:13). 우리가 받을 유업은 따로 있습니다. 히브리서 기자가 이 위대한 서신 앞장에서 밝힌 그대로입니다. "만물이 그를 위하고 또한 그로 말미암은 이가 많은 아들들을 이끌어 영광에 들어가게 하시는 일에 그들의 구원의 창시자를 고난을 통하여 온전하게 하심이 합당하도다"(히 2:10).

많은 아들들에게 주시는 영광이야말로 우리의 유업입니다. 그 영광을 얻을 때까지 여러 가지 일들이 일어날 수도 있고 일어나지 않을 수도 있습니다. 어찌 되었든 주 예수 그리스도를 믿는 자는 모두 장차 임할 "영광"을 향해 나아가고 있습니다! 하나님이 그리로 데려가겠다고 약속하셨습니다. 이 사실이 중요합니다. 마침내 시간 너머 저 영원한 영광 가운데 펼쳐진 바닷가에 서게 될 때, 세상은 그저 작게 보일 것입니다. 세상에 명멸했던 모든 일, 그 모든 인터뷰와 회의와 신문 머리기사들이 일고의 가치조차 없이 하찮게 보일 것입니다. 세상 모든 것이 한없이 작고 미미하게 보일 것입니다! 하나님과 함께하며 그가 우리를 위해 예비하신 모든 일에 참여하는 것, 오직 이것이 중요합니다. 아브라함은 그 약속을 들었기에 갈 곳을 모르면서도 나아갔습니다.

우리에게는 하나님이 함께하신다는 이 확신이 있습니다. 그가 우리를 영광으로 데려가신다는 확신이 있습니다. 그때까지 무슨 일들이 일어날까요? 그것은 모릅니다. 그러나 한 가지 확실히 아는 사실은 하나님이 절대 변하지 않으신다는 것입니다. 장차 무슨 일이 생기든 변함없이 하나님으로 계신다는 것입니다. 상황은 바뀌고 많은 일들이 명멸하겠지만, 그래서 우리는 또 무슨 일이 생길까 궁금하겠지만, 어떤 경우에도 하나님은 "변함도 없으시고 회전하는 그림자도 없으"신 "빛들의 아버지"로 계신다는 것입니다(약 1:17). 우리는 아주 가변적인 존재입니다. 서로 의지하거나 신뢰할 수 없습니다. 그러나 하나님은 결코 변하지 않으십니다. 시간은 영원의 이마에 어떤 주름도 만들어 내지 못합니다. 그는 영존하시는 하나님입니다. 하나님과 그의 복되신 아들은 "어제나 오늘이나 영원토록 동일하"십니다(히 13:8).

이제껏 베푸신 사랑

돌아볼 때

나 결국 곤란에 빠지도록

버려두지 않으실 것을 아네.

—존 뉴턴John Newton

마틴 로이드 존스 히브리서 강해

당연히 버려두지 않으십니다! 하나님은 변하지 않으시며 변할 수 없으십니다. 그는 불변하시고 영원하시며 영존하시는 하나님입니다! "스스로 있는 자"입니다(출 3:14). 영원히 "스스로 있는 자"입니다. 이 얼마나 놀라운 생각입니까!

또한 우리는 하나님의 성품 때문에, 그 거룩하심과 공평하심과 의로우심과 불변하심과 영원하심 때문에 그의 약속이 확실하다는 것을 압니다. 하나님의 모든 약속은 결코 변하지 않으며 언제나 확실하다는 것을 압니다. 하나님은 함께 길을 떠나는 우리에게 말씀하십니다. "내가 결코 너희를 버리지 아니하고 너희를 떠나지 아니하리라"(히 13:5). 결코! 하나님이 말씀하셨으니 확신해도 좋습니다. 그는 "햇살이 비치는 날에도 너와 함께하고 폭풍이 부는 날에도 너와 함께하겠다. 건강하게 빛날 때든 병들어 아플 때든 사고를 당할 때든 죽음을 맞이할 때든 상관없이 너를 버리지 않고 떠나지 않겠다"라고 확언하십니다. 여러분이 어디에서 무슨 일을 겪든 하나님이 함께하실 것입니다. 사랑의 하나님, 여러분의 머리털까지 세고 계신 하나님, 여러분에 대해 크고 영광스러운 목적을 가지고 계신 하나님이 여러분을 버리지 않으시고 떠나지 않으실 것입니다. 그가 함께하시면 무슨 일이 생기든 상관없습니다.

가까이 계신 주 축복하시니
가까이 있는 적 두렵지 않나이다.
불행도 무겁지 않고
눈물도 쓰리지 않나이다.
—헨리 라이트 Henry Lyte

주의 손바닥에 새기신 내 이름

영원히 지워지지 않으리라.

지울 수 없는 은혜의 표시로

주의 가슴에 박혀 있도다.

장래 일이나 현재 일이나

위에 있는 것이나 아래 있는 것이나

어떤 것도 주의 목적 폐할 수 없고

내 영혼 그 사랑에서 끊을 수 없도다.

―오거스터스 탑레이디

하나님은 불변하시며, 그의 약속은 언제나 확실합니다.

또 한 가지 위로를 주는 생각은 이것입니다. 우리가 만나는 어떤 일도 하나님보다 강할 수 없습니다. 우리는 하나님의 능력을 충분히 알지 못합니다. 그래서 폭탄의 위력이나 인간의 능력을 많이 고려하는데, 중요한 것은 하나님의 능력입니다. 그는 전능하시기에 인생길에서 만나는 어떤 일도 그보다 클 수 없습니다. 사도 바울은 말합니다. "내가 확신하노니 사망이나 생명이나 천사들이나 권세자들이나 현재 일이나 장래 일이나 능력이나 높음이나 깊음이나 다른 어떤 피조물이라도 우리를 우리 주 그리스도 예수 안에 있는 하나님의 사랑에서 끊을 수 없으리라"(롬 8:38-39).

어떤 이는 물을 것입니다. "하나님의 사랑을 믿는데도 병에 걸리고 건강을 잃고 사랑하는 이를 잃잖아요! 그건 어찌 된 겁니까?" 그런 일들도 우리를 우리 주 그리스도 예수 안에 있는 하나님의 사랑에서 끊을 수 없습니다.

마틴 로이드 존스 히브리서 강해

내 최고의 보호자,

보이지 않으나 영원히 곁에서

변치 않는 신실함으로 구원하시도다.

전능함으로 다스리시며 명령하시도다.

그 미소에 내 위로 넘치고,

그의 은혜 이슬처럼 내리도다.

그가 기쁘게 지키시는 영혼,

구원의 성벽으로 두르시도다.

―오거스터스 탑레이디

무슨 일을 만나든 하나님보다 강하지 않다는 사실, 여러분을 그의 능력에서 끊을 수 없다는 사실을 전적으로 확신해도 좋습니다.

올 한 해가 어떤 이들에게는 무서운 역경의 해가 될 수 있습니다. 모든 것이 우리를 대적할 수 있습니다. 그러나 하나님이 함께하시면 아무 상관 없습니다. "하나님을 사랑하는 자 곧 그의 뜻대로 부르심을 입은 자들에게는 모든 것이 합력하여 선을 이루"기 때문입니다(롬 8:28). 하나님을 사랑하는 자에게는 그야말로 **모든 것**이 합력하여 선을 이룹니다. 곤경이나 시련이나 환난은 확실히 예외일 것 같습니까? 아닙니다! 바울은 말합니다. "그러므로 우리가 믿음으로 의롭다 하심을 받았으니 우리 주 예수 그리스도로 말미암아 하나님과 화평을 누리자. 또한 그로 말미암아 우리가 믿음으로 서 있는 이 은혜에 들어감을 얻었으며 하나님의 영광을 바라고 즐거워하느니라. 다만 이뿐 아니라 우리가 환난 중에도 즐거워하나니 이는 환난은 인내를, 인내는 연단을, 연단은 소망을 이루는 줄 앎이로다"(롬 5:1-4). 하나님과 이 관계만 유지되면 무슨 일이 생겨도 기뻐할 수 있습니다. 시련과 환난이 닥쳐도 기뻐할 수 있습니다. 그 시련 때문에 오히려 더 사랑하는 분의 품으로 달려갈 것이며, 전에 몰랐던 그분을 알게 될 것입니다.

때로는 역경을 겪어야 진정으로 하나님을 알게 됩니다. 심한 곤궁을 겪어야 아버지의 마음을 알게 됩니다. 인생을 돌아보며 "모든 일이 합력하여 선을 이루었다. 그 모든 일로 인해 하나님께 감사드린다. 그 때문에 하나님께 더 가까이 나아가게 되었다"라고 고백할 수 있게 됩니다. 사도 바울은 말했습니다. "만일 하나님이 우리를 위하시면 누가 우리를 대적하리요?"(롬 8:31) 히브리서 13:6도 보십시오. "주는 나를 돕는 이시니 내가 무서워하지 아니하겠노라. 사람이 내게 어찌 하리요?" 하나님의 성품을 살펴보면 무슨 일이 생기든 "주는 나를 돕는 이시라"라고 담대히 말할 수 있습니다. 이것이 아브라함의 비결이었습니다. 그는 어디로 가는지 몰랐지만 누구와 가는지 알고 나아갔습니다.

우리도 아브라함처럼 순종해야 합니다. "믿음으로 아브라함은 부르심을 받았을 때에 순종하여 장래의 유업으로 받을 땅에 나아갈새 갈 바를 알지 못하고 나아갔으며." 그는 고향과 조상과 모든 것을 버리고 떠났습니다. 모든 소유를 챙겨 아내와 함께 떠났습니다. 그렇게 순종했습니다. 이런 믿음과 승리와 기쁨의 삶, 하나님과 함께하기에 미래를 염려하지 않는 삶을 알고 싶다면 하나님이 요구하시는 조건을 지켜야 합니다. 순종해야 합니다.

이것은 하나님의 말씀을 믿어야 한다는 뜻입니다. 하나님의 아들 그리스도께서 우리를 위해 죽으신 것을 믿어야 합니다. 아무리 많은 죄를 짓고 어두운 삶을 살았어도 주 예수 그리스도를 믿는 자는 안전합니다. 그리스도 예수 안에서 값없이 주시는 용서와 죄 사함을 받으십시오. 이 제껏 살아온 죄 많은 세상에서 떠나십시오. 자신의 삶을 하나님께 드리십시오. 그가 기뻐하시는 삶을 사십시오. 그의 인도와 지도에 복종하며 성령의 인도에 복종하십시오. "무릇 하나님의 영으로 인도함을 받는 사람은 곧 하나님의 아들이라"(롬 8:14). 자기 자신과 자신의 모든 염려를 하나님의 손에 맡기십시오. 그리고 이렇게 아뢰십시오.

> 내 인생 주의 손에 있나이다.
> 내 하나님이여, 주의 손에 드리길 원하나이다.
> 내 삶, 내 친구, 내 영혼 전부
> 주의 돌보심에 맡기나이다.
> ─윌리엄 로이드 William F. Lloyd

아브라함은 하나님을 믿었고, 그 믿음에 따라 행동했습니다. 자기 자신과 자신의 모든 염려를 주저 없이 하나님의 손에 맡겼습니다. 그러면 어떤 시련이 닥쳐도 상관없습니다. "만일 하나님이 우리를 위하시면 누가 우리를 대적하리요?" 하나님과 동행합시다. 그를 알고 그와 함께 한 걸음 한 걸음 걷는 일 외에 아무것도 염려하지 맙시다.

18

두 가지 인생관

이 사람들은 다 믿음을 따라 죽었으며 약속을 받지 못하였으되 그것들을 멀리서 보고 환영하며 또 땅에서는 외국인과 나그네임을 증언하였으니.

히 11:13

히브리서 기자는 오늘 본문에 연이어 이렇게 말합니다. "그들이 이같이 말하는 것은 자기들이 본향 찾는 자임을 나타냄이라"(히 11:14).

11장에는 믿음의 영웅들에 대한 짧은 묘사가 모여 있습니다. 히브리서 기자는 큰 고난과 박해 속에 힘든 시간을 보내고 있는 히브리 그리스도인들을 격려하고 위로하며 분발시키고자 이 장을 썼습니다.

여기에는 우리가 따를 본이 나와 있습니다. 성경은 가르침이자 역사입니다. 역사의 큰 가치는 가르침이 어떻게 적용되고 실천되는지 보여 주는 데 있으며, 우리가 가진 것이 다만 이론만이 아님을 일깨워 주는 데 있습니다. 우리가 예수 그리스도의 이름으로 함께 고찰할 인생관은 이미 검증과 시험이 끝난 것입니다. 히브리서 11장은 실제로 이런 삶을 살았던 강하고 비범한 이들의 이야기를 해준다는 점에서 특별한 가치가 있습니다.

대부분 동의하듯이, 11장에 나오는 이들은 가히 탄복할 만한 인물들로 역사에 우뚝 서 있습니다. 이들은 마땅한 삶의 모습을 보여준 사람들이요 세상에서 가장 고귀한 사람들인 것이 확실합니다. 그래서 역사에 우뚝 서 있는 것입니다. 이들은 삶에 패배하지 않고 승리했으며, 그 때문에 영웅들의 전당에 이름을 올렸습니다.

우리가 이들을 살펴보며 교훈을 배워야 할 이유가 여기 있습니다. 이

마틴 로이드 존스 히브리서 강해

들은 다른 많은 사람들과 똑같은 세상에 살았습니다. 그런데 유독 아벨과 아브라함과 노아와 모세를 비롯하여 11장에 열거된 인물들의 이름이 알려진 이유가 무엇입니까? 남들과 똑같은 세상에 살면서도, 똑같은 육신과 연약함과 문제를 가지고서도 다른 방식으로 살았기 때문입니다. 똑같은 상황에 아주 다른 방식으로 반응했기에 거대한 산봉우리처럼 우뚝 서게 된 것입니다. 그렇다면 이들을 다르게 만든 것이 무엇일까요? 대다수 무명의 실패자들과 달리 이들이 세상의 삶에서 성공한 이유가 무엇일까요?

어떤 이는 기질의 문제로 설명하고 싶을 것입니다. 특별히 낙관적이고 낙천적이며 희망적인 인생관을 가졌기에 그렇게 살았다는 것입니다. 삶은 힘들고도 어려운 것입니다. 그래서 많은 사람이 비관적이고 절망적이며 냉소적이 됩니다. 그런데 이들은 특별히 회복력이 빠른 본성을 타고나서 그런 흐름에 맥없이 휩쓸리지 않은 것일까요?

그 대답은 아주 분명합니다. 11장의 이야기와 구약성경에 나오는 더 긴 이야기를 읽어 보십시오. 이들의 기질이 서로 얼마나 달랐는지 한눈에 들어올 것입니다. 모세와 아브라함 같은 이들—예를 들기 위해 제가 임의로 고른 두 사람—을 보십시오. 기질적으로나 심리적으로나 근본적인 차이가 있음을 알 것입니다. 다윗이나 바락이나 입다나 기드온 같은 인물들도 보십시오. 이들 역시 각기 달랐음을 알 수 있습니다. 기질로는 이들의 삶을 설명할 수 없습니다.

"그렇다면 다른 많은 사람들처럼 심한 어려움과 시련을 겪지 않아서 그렇게 성공적으로 산 것이겠지요"라고 말할지도 모르겠습니다. 실제로 사람들이 자주 하는 말이 이것입니다. "당신네 그리스도인들 중에는 온실 속에서 자란 이들이 많잖아요. 보호를 받으며 자란 이들이 많지요. 당신들도 나같이 고생하고 나 같은 문제를 겪었다면……" 하면서 쉽게 기독교의 주장을 불신해 버립니다. 이처럼 너무 혹독한 삶에 짓눌려 기독교의 관점과 가르침을 받아들일 수 없노라 말하는 자들이 그리스도 밖에 많습니다.

이들의 이야기를 다시 읽어 보십시오. 얼마나 심한 시련을 당했는지 알 것입니다. 히브리서 기자는 힘든 시간을 보내는 히브리 그리스도인들을 위해 11장을 썼습니다. 요컨대 "이 믿음의 영웅들을 보라. 이들이 어떤 일을 당했는지 보라. 어떤 곤경에 직면했으며 어떤 싸움을 싸웠는지 보라. 그럼에도 그들은 모든 어려움을 딛고 승리했다"라는 것입니다. 그 비결이 대체 무엇일까요?

장차 우리의 상황이 어찌 될 것 같습니까? 무슨 일이 우리를 기다리는지 알 수 없습니다. 불확실성이 삶을 가득 채우고 있습니다. 국가나 국제관계나 정치나 경제적인 의미에서만 불확실한 것이 아닙니다. 가까운 인간관계도 불확실합니다. 언제 무슨 일이 생길지 모릅니다. 우리가 잘 알고 있듯이, 삶은 우리의 끈기를 가혹하게 시험하는 어렵고 고되고 힘든 것입니다.

그런데 히브리서 11장의 인물들은 이 모든 공격과 시험 속에서도 영광스럽게 승리하며 살았습니다. 결코 포기하지 않았습니다. "이 사람들은 다 믿음을 따라 죽었으며 약속을 받지 못하였으되." 이 말은 죽음의 순간에도 믿음이 낳은 소망으로 충만했다는 뜻입니다. 약속이 이루어지지 않았는데도 낙담과 절망 가운데 죽지 않았습니다. 임종의 순간에 "이 소망을 붙잡았지만 하나도 실현되지 않았다. 혹시 내가 잘못 생각했던

마틴 로이드 존스 히브리서 강해

건 아닌지 모르겠다"라고 하지 않았습니다. 절대 그러지 않았습니다! 승리자로서 확신을 가지고 죽었습니다. 끝까지, 죽음을 넘어서까지 굳센 믿음을 놓치지 않았습니다. 상황에 짓눌리지 않고 모든 것을 믿고 일어나 넉넉히 이기는 자가 되었습니다.

그 비결이 대체 무엇일까요? 이들의 이야기를 읽고 말할 수 있는 첫 번째 특징은, 다른 많은 사람들과 달리 삶과 그 의미 및 목적에 대한 주변 세상의 철학을 받아들이지 않았다는 것입니다. 11장뿐 아니라 히브리서 전체가 지적하는 요점이 이것입니다. 예컨대 노아를 보십시오. "아직 보이지 않는 일에 경고하심을 받아 경외함으로 방주를 준비하여 그 집을 구원하였으니 이로 말미암아 세상을 정죄하고 믿음을 따르는 의의 상속자가 되었느니라"(히 11:7). 그는 남들과 똑같은 세상에 살면서도 대다수 이웃들과 같은 관점을 취하지 않았습니다. 그들은 다 같은 관점을 취했지만, 노아는 하나님의 "경고하심을 받아" 다른 관점을 받아들였고 그 관점에 따라 살았습니다.

아브라함도 마찬가지였습니다. 이방인들 사이에서 태어났음에도 "갈 바를 알지 못하고 나아"간 이유가 여기 있었습니다(히 11:8). 그는 기꺼이 안정된 삶을 버리고 불확실한 삶으로 나아갔습니다.

모세 같은 인물도 보십시오. 바로의 딸의 아들로 자라 전도가 유망했음에도 그 모든 것을 등지고 노예들과 자신을 동일시했습니다. 그리고 몇 년 후에는 그 당시 천한 직업이었던 목자가 되었습니다. 왕궁에서 편하고 사치스럽게 자라난 사람이 어디까지 몰락했는지 보십시오. 왜 이렇게까지 몰락했습니까? 주변 사람들과 다른 인생관을 가졌기 때문입니다.

히브리서 11장의 인물들은 이런 의미에서 유일무이한 사람들이었습니다. 남들과 다른 시각과 철학을 가진 사람들이었습니다. 오늘날 세상에서도 마찬가지입니다. 지난 분석에서 살펴보았듯이, 세상은 두 무리—기독교적 인생관을 가진 자들과 그렇지 않은 자들—로 이루어져 있습니다.

어떤 이는 말할 것입니다. "모든 비그리스도인이 결국 한 철학을 믿는다고 말하는 건 확실히 아니겠지요?" 아니, 그렇게 말하는 것입니다. 세상은 정당으로 구분되지만, 어느 정당이든 고수하는 관점은 똑같습니다. 영적 관점이 아닌 물질적 관점을 취하고 있습니다. 세상의 인생관은 단 두 가지—기독교적 관점과 비기독교적 관점—로서, 믿음으로 행하는 그리스도인의 특징은 비기독교적 관점을 믿지도 않고 옹호하지도 않는다는 것입니다.

그렇다면 비기독교적 인생철학과 인생관은 어떤 것일까요? 이 관점의 큰 특징은 대부분 생각 자체를 하지 않는다는 데 있습니다. 생각하길 거부하는 것이야말로 이 시대의 가장 큰 문제 아닙니까? 저는 사람들이 주변 사건들의 압박에 짓눌려 이렇게 된다고 봅니다. 평범한 이들은 주장합니다. "생각한다고 뭐가 달라집니까? 강대국들을 좀 보세요. 세상의 삶이 얼마나 불확실한지 보라고요. 생각하는 게 뭐 중요합니까? 그냥 먹고 마시며 즐겁게 살면 되지요."

혹 생각을 하는 사람들도 현 세상과 시간의 테두리에서 벗어나지 못합니다. 그런 이들과 토론해 보면 육신의 생존이라는 테두리 안에 갇혀 있음을 알게 됩니다. 죽은 후 몸이 어떻게 될 것 같으냐고 물으면 "우리는 현세의 삶만 걱정해요"라고 합니다. 아벨이나 노아나 아브라함이나 모세나 그 밖의 사람들이 살았던 시대의 불신자들도 똑같은 철학을 가지고 있었습니다. 그날 하루를 위해, 그 순간을 위해, 자기 세대를 위해, 지상의 삶에 대한 자기 신념을 위해 살았습니다. 불신자들의 시각에 항상 나타나는 주요한 특징이 이것입니다. 다시 말해서 세상의 삶을 즐기는 데만 관심이 있는 것입니다. 이것이 그들의 생각하는 삶의 주된 목적이자 목표입니다.

혹시 여러분도 이런 위치에 있는 것은 아닙니까? 사람들이 실제 사는 모습을 보면 어떤 철학을 가졌는지 알 수 있습니다. 불신자는 "세상에 사는 동안 어떻게 하면 인생 최고의 즐거움을 얻을 수 있을까?"를 묻습니다. 물론 그 형태는 아주 다양합니다. 쾌락—술, 춤, 도박—에 열광하는 것도 그중 한 형태입니다. 땅에 사는 동안 재미있게 즐기며 인생에서 얻을 수 있는 것을 최대한 얻고자 매진합니다.

도서관에서 책을 읽는 데 시간을 쓰는 사람들도 있습니다. 그들의 관심은 예술과 음악과 철학에 있습니다. 춤추러 다니는 사람들과 이런 사람들의 기본 철학은 확실히 다르지 않느냐고 물을지 모르겠습니다. 그러나 궁극적으로는 똑같습니다.

모두 어떤 모양, 어떤 형태로든 자기 집에 블라인드를 치고 삽니다. "세상에 문제가 있지만 굳이 보고 싶지 않다. 우리 집에도 곧 들이닥치겠지만, 일단은 블라인드를 치고 즐길 수 있을 때까지 즐기겠다. 괴로운 문제는 생각지 않겠다"라고 합니다. 주 예수 그리스도는 홍수 이전 사람들의 시각과 사고방식도 똑같았다고 하셨습니다. "노아의 때와 같이……사람들이 먹고 마시고 장가들고 시집가고 있으면서 홍수가 나서 그들을 다 멸하기까지 깨닫지 못하였으니"(마 24:37-39). 오늘날 인류에 대한 완벽한 묘사 같지 않습니까? 현재 세상에서 일어나는 일들을 뻔히 보면서도 이런 시각과 철학에 만족하는 것을 보면 정말 놀랍습니다. 그 자리에 멈추어서 "앞으로 어떻게 될까? 죽으면 어떻게 될까?" 묻지 않는다는 것이 놀랍지 않습니까? 사람들은 이생의 삶과 세상과 그 즐거움만 생각하고 싶어 합니다.

히브리서 11장에 기록된 인물들의 첫 번째 특징은 이런 철학을 받아들이지 않았다는 것입니다. 당시에도 대다수 사람들은 오늘날과 같은 관점을 가지고 있었습니다. 그러나 이들은 "그런 관점은 무가치하며 옳지 않다"라고 하면서 다른 인생철학을 옹호했습니다. 이들의 철학은 본문에 나오는 다음 구절로 요약될 수 있습니다. "이 사람들은 다 믿음을 따라 죽었으며 약속을 받지 못하였으되 그것들을 멀리서 보고 환영하며 또 땅에서는 외국인과 나그네임을 증언하였으니 그들이 이같이 말하는 것은 자기들이 본향 찾는 자임을 나타냄이라." 이들은 사람의 철학을 받아들이는 대신 하나님이 주신 메시지를 믿었습니다. 하나님은 옛적에도 자신을 계시해 주셨고, 예수 그리스도 안에서 더 온전히 계시해 주셨습니다. 이들은 그 메시지를 믿었으며 그 메시지에 따라 행동했습니다.

이들이 가장 먼저 믿은 메시지는 하나님의 위격과 성품에 대한 것이었습니다. 하나님을 믿는다고 말하는 사람들은 많습니다. 그러나 그 믿음은 모호한 것으로서, 실제 의도나 목적을 살펴보면 전혀 믿지 않음을 알 수 있습니다. 시편 기자가 말한 그대로입니다. "어리석은 자는 그의 마음에 이르기를 하나님이 없다 하는도다"(시 14:1). 그들의 생각 속에는 하나님이 없습니다. 그러나 여기 기록된 이들은 하나님이 계시며 그가 이 세상과 삶을 만드셨다는 기본 전제에서 출발했습니다. 그는 거룩하고 의로우신 하나님이시라는 것, 세상에 사는 모든 사람이 그의 질문에 대답해야 할 날이 온다는 것을 믿었습니다.

이들의 시각에 나타나는 두 번째 특징은 인간관에 있습니다. 다른 사람들은 인간을 거의 동물—세상에서 주로 하는 일이 먹고 마시는 것에 불과한 동물—에 가까운 존재로 여겼지만, 이들은 그렇게 여기지 않았습니다. 하나님이 그 속에 영과 혼을 두셨다고 믿었습니다. 이 말의 성경적인 의미가 무엇일까요? 이들은 하나님이 죄와 그 모든 폐해를 보셨음에도 세상을 구원하시며 사탄의 속박에서 풀어 주기로 작정하셨다는 말씀을 믿었습니다. 하나님은 예수 그리스도 안에서 성취될 약속을 이들에게 미리 주셨습니다. 처음부터 여자의 후손이 뱀의 머리를 깨뜨릴 것이라고 말씀하셨습니다. 그 후에 아브라함을 불러 약속을 주셨고, 그를 통해 결국 메시아, 구원자가 올 것을 알려 주셨습니다. 구약 시대 내내 그 약속을 반복하셨습니다.

이들의 비결은 그 약속을 믿은 데 있었습니다. 이들은 "하나님이 피할 길을 마련해 주셨다"라고 했습니다. 하나님은 "내 삶을 두고 맹세하건대, 내가 너희를 구원하고 용서하겠다. 때가 차면 내 아들을 보내겠다. 그가 죄를 속하면 내가 사람들을 용서할 것이요 결국 완전케 할 것이다"라고 하셨습니다. 이들은 그 약속을 믿었습니다. 그 약속을 받아들였고, 그 약속에 따라 행동했습니다. 그것이 이들의 특징이요 이들이 옹호한 철학이었습니다. 세상의 철학과 얼마나 다른지 보일 것입니다.

더 나아가 이 믿음의 사람들은 행동으로 자기 믿음의 진정성을 입증했습니다. 히브리서 기자가 14절에서 말하듯이, 이 모든 말씀을 이론으로만 믿는 것이 아니라 실제로도 믿는다는 것을 행동으로 분명히 나타냈습니다. 자신들이 믿는다고 주장하는 바에 부합하는 삶을 삶으로써 그 진정성을 보여주었습니다. 아브라함은 하나님을 믿는다고 말했고, 그래서 고향을 떠나 "갈 바를 알지 못하고 나아"갔습니다. 노아도 하나님을 믿었기에 만인의 비웃음과 조롱 속에서도 "하나님이 세상을 멸하겠다고 말씀하셨다"라고 하면서 방주를 짓기 시작했습니다. 방주가 완성되기까지 120년이나 걸렸음에도 자신이 믿는다고 말한 그 일을 계속 했습니다. 이들은 모두 자신들이 땅에서 외국인과 나그네로 살고 있음을 보여주었습니다. 하나님께 순종했고, 특히 하나님의 말씀에 따라 세상을 바라보았습니다.

그리스도인의 삶은 여느 세상 사람들의 삶과 완전히 다릅니다. 유일무이하고 특별합니다. 신약성경은 "너희는 그들 중에서 나와서 따로 있"는 자들이라고 말합니다(고후 6:17). 우리는 이생의 삶과 물질과 일정 형태의 쾌락만을 위해 사는 삶이 어떤 것인지—그 모든 부도덕함과 술 취함과 도박과 도둑질과 강도질과 거기에서 야기되는 모든 문제를—알고 있습니다. 성경의 인생관을 믿는 그리스도인은 그 모든 것에서 떠난 자들입니다. 그러나 그 믿음의 가치는 나타나는 증거를 통해 입증됩니다. 복음을 진정으로 믿는 자들은 세속적인 삶을 영혼에 위험한 것으로 여기며 "나는 그런 삶이 두렵기에 거기에서 떠나 하나님이 주신 삶을 산다"라고 말합니다. 이처럼 참 신자의 믿음은 반드시 드러나게 되어 있습니다.

더 나아가 지적하고 싶은 사실은, 이들이 믿음을 지키기 위해 모든 대가를 치름으로써 그 진정성을 보여주었다는 것입니다. 박해를 받고 생명의 위협까지 받았지만 개의치 않았습니다. 다른 모든 것을 잃는다 해도 기꺼이 믿음을 지키고자 했습니다. 모세가 어떤 처지가 되었는지 보십시오. 아브라함이나 다른 이들이 무엇을 포기했는지 보십시오. 이들의 특징이 바로 이것입니다. 진리를 진정으로 믿었기에, 자신들의 전부인 그 진리를 포기하거나 잃을 위험에 처했을 때 모든 대가를 치르면서까지, 죽음을 불사하면서까지 그것을 지킨 것입니다. 감사하게도, 세상에는 여전히 그런 그리스도인들이 있습니다. 독일 교회에도 히틀러와 그 도당에게 굴복하지 않은 자들이 있었습니다. 그들은 전혀 흔들리지 않았습니다. 강제수용소와 죽음의 위협 앞에서도 예수 그리스도의 주되심을 결코 부인하지 않았습니다.

히브리서에 나오는 믿음의 사람들이 항상 보여주는 마지막 특징은 지치지 않는 열심과 부지런함으로 하나님의 축복을 구한 것입니다. 이들은 6절을 실천에 옮겼습니다. "믿음이 없이는 하나님을 기쁘시게 하지 못하나니 하나님께 나아가는 자는 반드시 그가 계신 것과 또한 그가 자기를 찾는 자들에게 상 주시는 이심을 믿어야 할지니라."

이들은 하나님을 믿었고, 하나님이 다른 무엇보다 중요한 분임을 알았으며, 그를 부지런히 찾았습니다. 그것이 이들의 특징이었습니다. 이들은 삶에서 승리했고 삶을 이겨 냈습니다. 죽음에서 승리했고 죽음을 이겨 냈습니다.

노아와 아브라함과 모세가 살았던 세상이나 오늘날 우리가 사는 세상이나 다를 바가 없습니다. 그 시각과 철학이 똑같습니다. 여러분은 어떤 인생관을 가지고 있습니까? 어떻게 삶을 직면하고 있습니까? 어떻게 삶을 생각하고 있습니까? 한쪽에는 세상의 관점이 있고, 다른 한쪽에는 예수 그리스도의 복음이 있습니다. 복음은 우리가 불멸하는 영혼을 가지고 있으며, 언젠가 하나님을 대면해야 한다고 말합니다. 모든 사람이 하나님을 거슬러 죄를 지었으며, 자기 힘으로는 그를 만나기에 합당한 자가 될 수 없다고 말합니다. 하나님은 그 무한한 자비와 긍휼로 우리를 구속하시기 위해 독생자를 세상에 보내셨고, 그리스도는 우리 죄를 지고 우리를 위해 죽으셨습니다. 하나님은 그리스도 안에서 우리 죄를 사하시며 용서해 주십니다. 그리스도와 함께 살아가는 새로운 삶, 그리스도와 함께 영원한 세상과 영광에 참여하는 삶을 주십니다.

우리는 둘 중 어떤 관점을 가지고 있습니까? 어떤 삶을 살고 있습니까? 히브리서 기자는 이들이 "본향 찾는 자임을 나타"냈다고 말합니다. 그들은 세상에서 이런 삶을 살았고, 이 세상이 아닌 다른 세상을 사모했습니다. 우리도 세상과 다른 사람들이라는 사실을 주변 지인들 사이에 분명하게 나타내고 있습니까? 우리 삶이 하나님을 믿지 않는 자들, 주예수 그리스도께 무관심한 자들의 관점과 완전히 다른 관점에 기초하고 있다는 사실을 행동을 통해 명백하게 나타내고 있습니까? 바로 이것이 믿음의 시금석입니다.

삶과 죽음에서 승리하는 방법은 하나님을 위해 사는 것입니다. 주 예수 그리스도를 믿고 그에게 복종하는 것이며, 그가 우리를 통제하시고 다스리시게 하는 것입니다. 무엇보다 그를 알고 기쁘시게 하며 따르는 일에 관심을 쏟는 것입니다. 히브리서 11장뿐 아니라 모든 시대에 살았던 성도들의 증언에 근거하여 말하건대, 그런 위치에 있는 사람은 인생에서 무슨 일을 겪든지 넉넉히 이기고 극복하며 승리할 것입니다.

이 모든 것을 믿는다면 그 믿음을 입증해 보이십시오. 여러분 자신과 하나님과 사랑하는 이들과 주변 사람들에게 나타내십시오. 이것이 인류 역사에 영광스럽게 우뚝 솟은 삶을 살았던 하나님의 사람들이 보여주는 특징입니다. 하나님, 우리 모두 그 무리에 속하게 해주옵소서.

19

그들의 하나님 됨을
부끄러워하지 않으심

이러므로 하나님이 그들의 하나님이라 일컬음받으심을 부끄러워하지 아니하시고 그들을 위하여 한 성
을 예비하셨느니라.   히 11:16하

히브리서 11:16은 2:11의 병행구절입니다. "거룩하게 하시는 이와 거룩하게 함을 입은 자들이 다 한 근원에서 난지라. 그러므로 형제라 부르시기를 부끄러워하지 아니하시고." 이 두 구절은 함께 살펴보아야 합니다.

우리가 이 구절들을 살펴보는 것은 문제와 당혹스러운 일들로 가득한 어지러운 세상에서 어떻게 경건하게 살 수 있는지 함께 고찰하기 위해서입니다. 성경 메시지, 즉 복음은 사람들 마음대로 연구할 수도 있고 연구하지 않을 수도 있는 학문의 대상이 아닙니다. 기독교 메시지의 전적인 목적은 어떻게 살아야 하는지 가르치려는 데 있습니다. 특히 삶과 삶에 수반되는 상황에 어떻게 대처할 것인지 가르침으로써 "넉넉히 이기"는 자가 되게 하려는 데 있습니다(롬 8:37).

우리는 현재의 어려운 상황에 어떻게 반응하고 있습니까? 그리스도인은 비그리스도인과 완전히 다른 위치에 있어야 한다는 것이 성경의 전적인 주장입니다. 그러니 이제 자문해 봅시다. 우리는 다른 위치에 있습니까? 하나님의 백성임을 나타내는 방식으로 반응하고 있습니까? 히브리서는 여러 가지 이유로 심한 곤경에 처한 이들에게 보낸 서신입니다. 그들은 박해와 시련을 당했고, 일부는 믿음까지 흔들리기 시작했습니다. 그렇기에 이 책에서 현재 그리스도인을 자처하는 우리 모두에게 긴요하게 필요한 메시지, 현 시대에 부합하는 메시지를 찾아볼 수 있는 것입니다.

히브리서는 "세상 모든 것이 우리를 대적하는 상황에서 어떻게 승리하며 살 것인가?"라는 질문에 대답해 줍니다. 그중 한 가지는 주 예수 그리스도와 우리의 관계에서 찾아볼 수 있습니다. "그러므로 형제라 부르시기를 부끄러워하지 아니하시고"(히 2:11). 기독교 메시지는 일차적으로 이 관계에 대한 것임이 분명합니다. 우리에게 첫 번째로 필요한 일은 그리스도인이 되는 것입니다. 성경은 비그리스도인들에게 어떤 위로도 주지 않습니다. 다만 경고할 뿐입니다. 그러나 그리스도인에게는 많은 위로를 줍니다.

예수 그리스도께서 우리를 형제자매라 부르길 부끄러워하지 않으신다는 것이야말로 모든 위로와 소망과 힘의 토대임을 우리는 알았습니다. 이토록 약하고 무가치하며 죄를 짓고 실패했는데도, 복되신 하나님의 아들이 우리를 위해 내려와 우리의 본성을 입으셨습니다. 혈과 육을 지님으로 우리와 같이 되셨고, 우리와 나란히 서셨으며, 우리의 대표자로 우리를 위해 죽으셨습니다. 하나님의 거룩하심과 율법이 요구하는 바를 만족시킴으로 우리를 하나님과 화목케 하셨고, 우리의 인도자와 지도자로 지금도 우리와 함께하고 계십니다.

주 예수 그리스도께서 세상에 오셔서 이 모든 일을 하신 것은 우리를 하나님 앞으로 이끄시기 위해서였습니다. 오해의 소지가 있음에도 반드시 알아야 할 사실이 이것입니다. 주 예수 그리스도에게서 멈추면 안 됩니다. 그는 중보자이실 뿐, 최종 목적지가 아닙니다. 주님께만 기도하고 아버지께는 기도하지 않으며 아버지에 대한 이야기도 하지 않는 사람들이 많은데, 그것은 비성경적인 태도입니다. 우리는 예수 그리스도를 통해 아버지께 나아갑니다. 그렇기 때문에 주님이 우리를 형제라 부르길 부끄러워하지 않으신다는 진술에서 하나님이 우리의 하나님이라 일컬음받길 부끄러워하지 않으신다는 11:16의 진술로 나아가야 하는 것입니다. 우리는 이 진술을 고찰할 필요가 있습니다.

히브리서 11장은 실제로 세상에 살았던 우리 같은 사람들의 역사에 비추어 이 주제를 설명합니다. 그들의 역사는 우리가 다루는 문제가 단순히 이론적인 것이 아님을 각인시키고 상기시킵니다. 기독신앙에서 중요한 것은 저와 여러분이 교회 안에서 느끼는 감정이 아니라 교회 밖 모든 곳에서 보이는 모습입니다. 교회 안에서 받아들인 진리의 궁극적 가치는 교회 밖에서 보이는 모습이 달라지는 데 있습니다. 그래서 성경이 이처럼 삶의 한복판에 살았던 사람들, 온갖 어려움에 둘러싸여 근심하며 당혹해 했던 이들의 이야기를 들려주는 것입니다. 그들은 우리와 똑같은 세상에 살면서도 승리했습니다.

히브리서 기자가 여기에서 이런 증거를 제시하는 것은, 이제껏 주장해 온 모든 진리가 실제로 효력이 있음을 보여주고 싶었기 때문입니다. 요컨대 "너희는 이 모든 말이 진짜인지 궁금할 것이다. 듣기에는 놀랍고 읽기에도 굉장하지만 과연 실제로도 효력이 있겠느냐?"라는 것입니다. 그는 심지어 구약 시대에도 효력이 있었다고 대답합니다. 구약 시대 사람들은 우리와 다른 위치에 있었습니다. 우리처럼 약속을 받지 못했습니다. 그러나 멀리서 내다보았고, 단지 그 힘만으로도 넉넉히 이기고 승리했습니다. 그 때문에 히브리서 기자가 그들의 목록을 제시하며, 세상에서 가장 위대한 믿음의 영웅들이 어떤 어려움을 견디고 감당해야 했는지, 어떻게 그 모든 어려움을 딛고 승리했는지 상기시키는 것입니다.

이제 우리가 던질 질문은 이것입니다. 그들은 어떻게 이런 승리를 거두었을까요? 다시 말해서, 우리는 어떻게 아벨이나 에녹이나 노아나 아브라함이나 모세나 다윗이나 히브리서 11장에 나오는 다른 사람들처럼 이길 수 있을까요? 구약성경으로 돌아가 그들의 이야기를 읽어 보십시오. 그들이 동화 속 인물이 아니었음을 알게 될 것입니다. 그들 역시 저와 여러분이 사는 세상과 똑같은 세상에 살았습니다. 이 오래된 세상은 하나도 달라진 것이 없습니다. 오늘날도 아주 악하지만, 전에도 늘 악했습니다. 실제로 이들은 사람이 맞닥뜨릴 수 있는 가장 무서운 고통과 고난을 견뎌 내야 했습니다. 그런데도 영광스럽게 살았고 영광스럽게 죽었습니다.

그 비결이 대체 무엇일까요? 모든 사람이 기꺼이 내놓는 대답은 "믿음"이라는 것입니다. 맞습니다. 이들은 믿음의 사람들이었습니다. 그런데 주의할 점이 한 가지 있습니다. 믿음이 이들의 유일한 비결이었다고 결론 짓는다면 진실은 진실이되 반쪽짜리 진실, 사실상 덜 중요한 진실만 아는 것입니다. 이들과 이들의 놀라운 믿음 및 그 믿음에서 나온 용기에만 탄복한다면 모든 진실 중에서도 가장 중요한 진실을 놓치는 것입니다.

제가 이 점을 강조하는 것은 일종의 믿음을 스스로 불러일으키려는 자들, 큰 믿음의 사람이 되고자 진력하는 자들이 있기 때문입니다. 어떤 의미에서는 좋은 태도지만, 또 다른 의미에서는 아주 위험한 태도가 될 수 있습니다. 믿음은 도구와 통로에 불과합니다. 어떤 의미에서 '모든 일을 하시는 분'과 접속시켜 주는 역할을 할 뿐입니다. 믿음 자체를 목적으로 삼으면 절대 안 됩니다. 믿음의 중요성은 하나님을 믿게 하는 데 있습니다. 하나님께로 인도하며 하나님과 관계를 맺게 하는 데 있습니다.

믿음 자체가 아니라 믿음을 통해 우리를 만나 주시는 하나님께 집중해야 합니다. 이 구분이 아주 중요합니다. 이들의 중요한 특징은 믿음이 아니라 하나님과 이들의 관계에 있습니다. "이러므로 하나님이 그들의 하나님이라 일컬음받으심을 부끄러워하지 아니하시고." 그들이 이기는 자가 된 것은 바로 이 관계 때문이었습니다.

히브리서의 이 진술, 즉 예수 그리스도께서 형제라 부르길 부끄러워하지 않으시고 하나님이 그들의 하나님이라 일컬음받길 부끄러워하지 않으신다는 것이야말로 세상에서 가장 중대한 진술입니다. 사람의 지위나 중대성이나 재산은 궁극적으로 중요치 않습니다. 하나님을 아느냐가 중요합니다. 이 말이 무슨 뜻인지 알겠습니까? 이 하나님이 나의 하나님이시라는 것이야말로 나 자신에 대해 알고 있는 가장 중대한 사실이요 나의 가장 큰 특징이라고 정직하게 말할 수 있습니까? 이들은 그렇게 말할 수 있었고, 그것이 승리하는 삶의 비결이 되었습니다. 우리도 이 비결을 적용할 수 있습니까? 이 사실만 확실히 알면 무슨 일이 생겨도 평안할 것이요 어떤 경우에도 패배하지 않을 것입니다.

그러나 "하나님이 그들의 하나님이라 일컬음받으심을 부끄러워하지" 않으신다는 말이 누구에게나 해당되는 것은 아닙니다. 이른바 '하나님의 보편적 아버지 되심'을 믿는 자들이 많은데, 그것은 잘못된 생각입니다. 언제든지 원할 때 하나님께 나아가 원하는 바를 얻을 수 있다고 믿는 것은 위험한 태도입니다. 성경 전체가 인류를 크게 구분하고 있습니다. 이 구분을 명확히 알아야 합니다.

하나님은 모든 사람을 창조하시고 생명을 주어 존재케 하셨으며, 이런 의미에서는 모든 사람의 하나님이신 것이 맞습니다. 그는 만유 위에 계시며 자신의 섭리에 따라 인자를 베푸십니다. 마태복음 5장 산상설교에 그 말씀이 나옵니다. "하나님이 그 해를 악인과 선인에게 비추시며 비를 의로운 자와 불의한 자에게 내려주심이라"(마 5:45). 이처럼 모든 사람과 온 우주를 만드시고 다스리시며 다루신다는 점에서는 보편적인 하나님이신 것이 맞습니다. 모든 사람이 그 선하심의 수혜자입니다. 그러나 우리가 살펴보는 이 진술에는 특별한 의미가 있습니다. 히브리서 기자가 여기에서 말하는 대상은 인류 전체가 아닌 특정한 일부입니다.

이것이야말로 모든 구분 중에서도 가장 기본적인 구분이라고 말하고 싶습니다. 모든 사람이 하나님의 피조물이지만, 이 특별한 축복과 약속이 적용되는 대상은 일부뿐입니다. "이러므로 하나님이 **그들의** 하나님이라 일컬음받으심을 부끄러워하지 아니하시고 **그들을** 위하여 한 성을 예비하셨느니라." 주님은 자신을 박해하며 함정에 빠뜨리려 하는 유대인들에게 "너희는 너희 아비 마귀에게서 났으니 너희 아비의 욕심대로 너희도 행하고자 하느니라"라고 하셨습니다(요 8:44). "하나님이 너희 아버지였으면 너희가 나를 사랑"했을 것이라고도 하셨습니다(요 8:42). 이처럼 구분이 있습니다. 히브리서 11장 본문을 보편적으로 적용하면 안 됩니다. 물론 사람들은 쉽게 그렇게 합니다. 곤경이 닥치면 하나님께 달려가 기도합니다. 수년간 기도하지 않았으면서도 이제 기도했으니 만사가 잘될 것이라고 착각합니다. 그렇지 않습니다! 이 말에는 조건이 붙어 있습니다. 이 말은 일부에게만 해당되는 것입니다.

동일한 진리를 아주 분명하게 설명한 사도 베드로의 말도 들어 보십시오. 그리스도인들에게 보내는 편지에서 그는 이렇게 말합니다. "너희가 전에는 백성이 아니더니 이제는 하나님의 백성이요"(벧전 2:10). 전에는 하나님과 무관했다는 것입니다. 하나님이 그들의 하나님이라 일컬음받길 부끄러워하지 않으신다는 말이 해당되지 않았다는 것입니다. 백성이 아니었다는 것입니다. "하나님의 백성"이 아니었다는 것입니다. 그런데 어떤 일이 일어난 결과 "택하신 족속이요 왕 같은 제사장들이요 거룩한 나라요 그의 소유가 된 백성"이 되었다는 것입니다. "이는 너희를 어두운 데서 불러내어 그의 기이한 빛에 들어가게 하신 이의 아름다운 덕을 선포하게 하려 하심이라. 너희가 전에는 백성이 아니더니 이제는 하나님의 백성이요 전에는 긍휼을 얻지 못하였더니 이제는 긍휼을 얻은 자니라"(벧전 2:9-10). 이처럼 "하나님이 **그들의** 하나님이라 일컬음받으심을 부끄러워하지 아니하시고"라는 말은 모든 사람이 아닌 이 사람들에게만 해당되는 말입니다.

그렇다면 이 관계란 정확히 어떤 것일까요? 왜 이 관계가 귀중한 것일까요? 여기 나오는 위대한 믿음의 사람들은 어떻게 이같이 살다가 이같이 죽을 수 있었을까요? 세상에서 가장 큰 위로와 위안이 여기 있습니다. 고린도후서 6:14-18이 이 진리를 놀랍게 설명해 줍니다. "너희는 믿지 않는 자와 멍에를 함께 메지 말라.……하나님의 성전과 우상이 어찌 일치가 되리요? 우리는 살아계신 하나님의 성전이라. 이와 같이 하나님께서 이르시되 내가 그들 가운데 거하며 두루 행하여 나는 그들의 하나님이 되고 그들은 나의 백성이 되리라. 그러므로 너희는 그들 중에서 나와서 따로 있고 부정한 것을 만지지 말라. 내가 너희를 영접하여 너희에게 아버지가 되고 너희는 내게 자녀가 되리라. 전능하신 주의 말씀이니라."

이것은 우리가 살펴보는 진술의 병행구절이자 더 충분한 설명이기에, 이 가르침에 비추어 히브리서 본문을 해석해 보겠습니다. 하나님은 자기 백성과 특별한 관계를 맺으십니다. 만유 위에 계시며 만유를 심판하실 이로서 그 섭리에 따라 모든 사람에게 인자를 베푸시지만, 자기 백성에게는 그보다 훨씬 더 크고 부요하며 깊은 축복을 내리십니다. 그 축복은 오직 이 백성에게만 해당되는 것입니다. 그 축복이 무엇일까요? 여기 사용된 용어들은 전부 하나님이 이들과 언약의 관계를 맺으신다는 사실을 보여줍니다. 하나님은 이들과 자신을 한데 묶으십니다. 모든 사람과 한데 묶으시는 것이 아닙니다. 불경건한 자들과는 한데 묶지 않으시며 언약의 관계를 맺지 않으십니다. 어떤 계약도 맺지 않으실 뿐 아니라 어떤 특별한 약속도 주지 않으십니다. 오직 이 특정한 백성에게만 약속을 주십니다. "나는 너희 하나님이 되고 너희는 내 백성이 될 것이다. 나는 너희 아버지가 되고 너희는 네 아들이 될 것이다"라고 말씀하십니다.

달리 표현하자면—이것이야말로 성경에서 가장 놀라운 사실인데—이 백성과 자신을 동일시하십니다. 그들 가운데 들어가십니다. "내가 그들 가운데 거하며 그들 안에서 살겠다"라고 확언하십니다. 그들에게 자기 이름을 주십니다. 전능자, 영존하시는 하나님, 땅 끝까지 지으신 분이 자기 자신과 그 크고 영광스러운 이름을 이 백성들과 한데 묶으십니다.

한 가지 예를 들어 보겠습니다. 출애굽기 3장에는 이스라엘 자손을 애굽과 그 속박에서 끌어내 가나안 땅으로 데려가는 중대한 일을 위해 모세를 부르시는 이야기가 나옵니다. 그때 모세에게 어떻게 말을 건네셨는지 주목해서 보기 바랍니다. 그가 최종적으로 밝히신 이름은 크신 여호와, "스스로 있는 자"입니다(출 3:14). 모세가 "그들에게 갔을 때 '네가 말하는 하나님이 누구냐?'라고 물으면 어찌 합니까?"라고 묻자 "스스로 있는 자 여호와라고 하라"라고 하셨습니다. 그런데 그 전에 먼저 밝히신 이름이 있습니다. 처음 하나님의 음성을 들은 모세는 두려워하며 떨었습니다. 일개 목자로 별 볼일 없이 살아온 세월이 이미 40년이나 되었습니다. 하나님은 그런 모세에게 자신을 "아브라함의 하나님"으로 소개하셨습니다. 단순히 "하나님"으로 소개하지 않고 아브라함과 묶어서 소개하셨습니다. 자신의 이름과 아브라함의 이름을 연결시키셨습니다. 말하자면 아브라함과 동역자가 되신 것이며 그의 삶을 공유하신 것입니다. "나는……아브라함의 하나님, 이삭의 하나님, 야곱의 하나님이니라"(출 3:6). 하나님은 그들의 하나님이라 일컬음받길 부끄러워하지 않으셨습니다. 모든 사람의 이름 옆에 자신의 이름을 두시는 것이 아닙니다. 아브라함, 이삭, 야곱 같은 특정한 백성의 이름 옆에 자신의 이름을 두시는 것입니다. 그는 인격적인 언약 관계로 그들과 자신을 한데 묶으셨습니다. 아브라함을 부끄러워하지 않으셨습니다. "이 사람은 나의 벗"이라고 하셨습니다. 아브라함은 "하나님의 벗"이라는 칭호를 얻었습니다(약 2:23).

에녹이라는 사람도 살펴보십시오. 성경은 그가 "하나님과 동행"했다고 말합니다(창 5:22, 24). 말하자면 하나님이 그와 동행하는 모습을 보이길 부끄러워하지 않으셨다는 것입니다. 동행하는 모습을 보이고 싶지 않은 사람들이 있습니다. 여러분은 그런 사람들과 동행할 생각조차 하지 않을 것입니다. 그런데 하나님은 에녹의 하나님이라 일컬음받길 부끄러워하지 않으셨습니다. 이를테면 하늘에서 내려와 그와 동행하셨습니다. 이것이 "그들의 하나님이라 일컬음받으심을 부끄러워하지 아니하시고"라는 구절에 담긴 의미입니다. 하나님은 그들과 특별한 관계를 맺으셨습니다.

하나님은 모든 사람의 아버지가 아니십니다. 개중에는 마귀의 자녀들도 있습니다. 그러나 하나님을 따르는 자들에 대해서는 그들의 하나님이라 일컬음받길 부끄러워하지 않으십니다. 이 사실을 먼저 하나님의 관점에서 살펴보고, 연이어 우리의 관점에서도 살펴보겠습니다. 하나님편에서 하시는 말씀은 이것입니다. "내가 그들 가운데 거하며 두루 행하여"(고후 6:16). 어떻게 보면 요한복음 14장에 나오는 주 예수 그리스도의 가장 놀라운 말씀과 아주 비슷하다고 할 수 있습니다. 주님은 "나를 사랑하는 자는 내 아버지께 사랑을 받을 것이요"라고 하셨습니다. 그가 이어서 하신 말씀에 주목하십시오. "사람이 나를 사랑하면 내 말을 지키리니 내 아버지께서 그를 사랑하실 것이요 우리가 그에게 가서 거처를 그와 함께 하리라"(21, 23절). "내가 그들 가운데 거하며 두루 행하여." 하나님이 우리의 하나님이라 일컬음받길 부끄러워하지 않으신다는 말씀에 담긴 한 가지 의미가 이것입니다. 그는 우리 안에 들어오시며 우리 삶 속에 들어오십니다. 우리 안에 거처를 정하십니다. 우리에게 자신의 이름을 두십니다. 우리 안에 거하십니다. 우리를 살아계신 하나님의 성전으로 삼으십니다. 이것은 성경이 도처에서 가르치는 사실입니다.

이런 말씀들은 우리를 향한 하나님의 특별한 관심을 보여줍니다. 사도 베드로는 "너희는 택하신 족속이요 왕 같은 제사장들이요 그의 [특별한] 소유가 된 백성"이라고 했습니다. 우리는 하나님의 특별한 소유입니다. 하나님은 만물을 소유하고 계시지만, 자기 백성은 특별한 방식으로 소유하시며 특별한 관심을 기울이십니다. 전에 없던 방식으로, 다른 사람들에게는 해당되지 않는 방식으로 우리 삶에 개입하십니다. 아버지가 자식에게 특별한 관심을 보이듯 우리 아버지로서 우리에게 특별한 관심을 보이십니다. 물론 아버지도 이웃의 자녀나 거리의 아이들에게 관심을 보일 수 있으며 많은 친절을 베풀 수 있습니다. 그렇다고 부모자식 관계를 맺는 것은 아닙니다. 부모자식 관계는 아주 특별한 것으로서, 하나님은 우리와 이 관계를 맺으십니다. 항상 우리를 지켜보시고, 함께하시며, 돌보십니다. 더 이상 멀리 계시지 않습니다. 아주 가까이 다가오십니다.

하나님은 하늘에 계시며 "가까이 가지 못할 빛에 거하시"는 분입니다(딤전 6:16). 그러나 우리가 예수 그리스도를 통해 하나님을 알 때 우리 안으로 들어오십니다. 우리 안에 거하시며 우리와 동행하십니다. 에베소서 2:13에 나오는 바울의 말처럼 전에 멀리 있던 우리가 "그리스도 예수 안에서 그리스도의 피로 가까워"집니다. 하나님이 우리와 친밀한 관계를 맺으십니다. 여기에는 다른 누구에게도 허락지 않는 관계와 친밀함을 자기 백성에게는 허락하신다는 의미가 담겨 있습니다. 이것은 현재와 미래를 통틀어 우리가 알 수 있는 사실 중에 가장 보배로운 사실입니다. 하나님이 우리 안에 거하십니다. 이 말은 우리에게 자신을 나타내 주신다는 뜻입니다. 단순히 하나님을 믿고 그에 대한 사실들을 믿는 것과는 다릅니다. 하나님과 친밀하고 인격적인 관계를 맺으면 그가 나의 하나님이시라는 확신, 그가 나의 하나님이라 일컬음받길 부끄러워하지 않으신다는 절대적 확신이 생깁니다. 로마서 8:16은 "성령이 친히 우리의 영과 더불어 우리가 하나님의 자녀인 것을 증언하"신다고 말합니다. 하나님이 우리의 하나님이라 일컬음받으심을 부끄러워하지 않으실 뿐 아니라 그 사실을 친히 우리에게 알려 주신다는 것입니다. 히브리서 11장에 나오는 인물들은 그 사실을 알았습니다. 영광스러운 승리의

마틴 로이드 존스 히브리서 강해

삶을 살 수 있었던 비결이 여기 있었습니다. 하나님이 친히 우리를 향한 사랑을 내비치십니다. 우리에게 관심이 있음을 알려 주십니다. 우리가 그의 자녀라는 것과 이 모든 약속이 우리에게 적용된다는 것을 알려 주십니다.

그가 주신 모든 약속과 맹세를 생각해 보십시오. 사도 베드로는 "생명과 경건에 속한 모든 것"과 "그 보배롭고 지극히 큰 약속"을 우리에게 주셨다고 말합니다(벧후 1:3, 4). 그는 자신의 특별한 백성에게만 이 약속을 주시며, 예비하신 것을 공급해 주십니다. 세상은 이에 대해 아는 바가 없습니다. 그러나 저와 여러분은 알아야 합니다. "그 보배롭고 지극히 큰 약속" 중 하나는 이것입니다. "하나님이 능히 모든 은혜를 너희에게 넘치게 하시나니 이는 너희로 모든 일에 항상 모든 것이 넉넉하여 모든 착한 일을 넘치게 하게 하려 하심이라"(고후 9:8). 이 얼마나 엄청난 약속입니까! 하나님이 능히 모든 은혜를 **넘치게** 주신다는 것입니다! 주변 상황과 가혹한 삶과 지옥에서 풀려 나온 온갖 것들의 공격을 받아 쓰러질 때, 이 하나님, 모든 은혜의 하나님, 무한하신 하나님이 능히 모든 은혜를 넘치게 주신다는 사실을 기억하십시오.

사도 바울이 빌립보 교인들에게 한 말도 들어 보십시오. 옥에 갇힌 죄수로서 네로의 기분에 따라 언제 사형에 처해질지 모르는 상황에서 그는 말했습니다. "내가 궁핍하므로 말하는 것이 아니니라. 어떠한 형편에든지 나는 자족하기를 배웠노니 나는 비천에 처할 줄도 알고 풍부에 처할 줄도 알아⋯⋯내게 능력 주시는 자 안에서 내가 모든 것을 할 수 있느니라"(빌 4:11-13). 사도는 친절하게 선물을 보내 준 빌립보 교인들에게 감사를 표하면서도 "내가 죄수로 갇혀 있지만 아무 부족함이 없다고 말할 수 있어 기쁘다"라고 했습니다. 그러면서 "너희도 미래를 생각하며 걱정할 필요가 없다"라고 덧붙입니다. 왜 걱정할 필요가 없습니까? "나의 하나님이 그리스도 예수 안에서 영광 가운데 그 풍성한 대로 너희 모든 쓸 것을 채우"실 것이기 때문입니다(빌 4:19). "나의 하나님"이라는 표현에 주목하십시오. 여러분은 온 우주의 하나님을 "나의 하나님"으로 독차지할 수 있습니까? 여러분에게는 그럴 권리가 있습니다. 하나님이 친히 여러분의 하나님이라 일컬음받길 부끄러워하지 않으신다고 말씀하셨기 때문입니다.

이것이 사실임을 알 때 미래를 두려워하지 않게 되며 무슨 일이 생길까 염려치 않게 됩니다. 혹시 지금 두려워하고 있다면 이 사실을 모르는 것입니다. 하나님이 여러분의 하나님이라 일컬음받길 부끄러워하지 않으시며 여러분과 자신을 한데 묶으셨다는 사실, 그가 약속하신 모든 복이 여러분에게 해당된다는 사실을 모르는 것입니다. 주님은 하나님이 여러분과 이런 관계를 맺으셨기에 "너희에게는 머리털까지 다 세신 바 되었"다고 하셨습니다(마 10:30). 여러분에게 일어나는 일 중에 하나님과 무관한 것은 하나도 없습니다. 여러분과 하나님의 관계는 은혜의 관계요 부모자식 관계입니다. 그는 여러분의 머리털까지 다 세고 계십니다. 그의 이름이 여러분에게 있습니다. 그가 모르시는 일은 절대 일어나지 않습니다. 그는 약속하십니다. "내가 결코 너희를 버리지 아니하고 너희를 떠나지 아니하리라"(히 13:5). 이 약속은 그가 여러분의 하나님이라 일컬음받길 부끄러워하지 않으시기에 가능한 것입니다.

이사야 46:3-4에는 또 다른 영광스러운 진술, 가장 영광스러운 진술 중 한 가지가 나옵니다. 아무 자격 없는 옛 백성에게 하나님은 말씀

마틴 로이드 존스 히브리서 강해

하셨습니다. "야곱의 집이여, 이스라엘 집에 남은 모든 자여, 내게 들을 지어다. 배에서 태어남으로부터 내게 안겼고 태에서 남으로부터 내게 업힌 너희여, 너희가 노년에 이르기까지 내가 그리하겠고 백발이 되기까지 내가 너희를 품을 것이라. 내가 지었은즉 내가 업을 것이요 내가 품고 구하여 내리라." 하나님은 백성과 자신을 한데 묶으셨고, 그들을 떠나지 않으셨습니다. "네가 물 가운데로 지날 때에 내가 너와 함께할 것이라"(사 43:2).

"내가 너희를 영접하여"라는 은혜로운 말씀도 보십시오(고후 6:17). 모든 능력과 영광 가운데 계시며 보배로운 약속을 주시는 크신 하나님을 생각하면 그저 놀라울 따름입니다. 그런데 그런 하나님이 우리가 곤경에 빠져 허약하고 연약하며 초라하게 느낄 때마다 영접해 줄 채비를 항상 하고 계신다는 것입니다. 이보다 더 위로가 되는 말씀은 없습니다. 이 하나님이 바로 우리 아버지십니다. 온 우주를 보전하시는 분이 우리가 문을 두드리면 곧 열어 줄 채비를 하고 계십니다.

그렇다면 하나님이 우리를 자기 것이라 부르길 부끄러워하지 않으신다는 말이 우리 편에서 의미하는 바는 무엇일까요? 그를 무한히 신뢰한다는 것입니다. 그가 우리를 홀로 버려두지 않으심을 안다는 것입니다. 항상 품에 안고 보살펴 주심을 안다는 것입니다. 우리에게 일어나는 일 자체는 이해되지 않을 때가 많습니다. 그러나 하나님이 일하고 계신다는 사실과 그가 우리의 하나님이시라는 사실은 압니다. "여호와께서 그의 사랑하시는 자에게는 잠을 주"신다는 사실과(시 127:2) "이스라엘을 지키시는 이는 졸지도 아니하시고 주무시지도 아니하"신다는 사실은 압니다(시 121:4). 그는 밤낮을 가리지 않고 항상 우리에 대한 의무를 지키시며 우리를 보호하시고 지켜보십니다. 이 말 역시 언제 어디서든, 어떤 형편과 처지에서든 그에게 나아갈 수 있다는 뜻입니다. 어려움이 닥칠 때 가장 먼저 떠오르는 생각이 이것입니까? 한 찬송에 나오는 표현대로 "모든 것이 우리를 대적하는 듯 절망으로 몰고 갈 때에도 한 문은 열려 있음을" 알며 "한 귀는 우리 기도 듣고 계심을"압니까?* 본능적으로 이 고백이 나옵니까? 하나님의 자녀라면 마땅히 그래야 합니다. 언제 어디서든 그에게 나아가야 합니다. "여호와의 이름은 견고한 망대라. 의인은 그리로 달려가서 안전함을 얻느니라"(잠 18:10).

하나님은 약속하십니다. "나는 그들의 하나님이 되고……너희에게 아버지가 되고 너희는 내게 자녀가 되리라. 전능하신 주의 말씀이니라." 우리의 하나님이라 일컬음받길 부끄러워하지 않으시는 하나님은 "전능하신 주"이십니다. 그러므로 우리도 사도 바울처럼 말할 수 있습니다. "내가 확신하노니 사망이나 생명이나 천사들이나 권세자들이나 현재 일이나 장래 일이나 능력이나 높음이나 깊음이나 다른 어떤 피조물이라도 우리를 우리 주 그리스도 예수 안에 있는 하나님의 사랑에서 끊을 수 없으리라"(롬 8:38-39). 히브리서 13:6은 이렇게 말합니다. "그러므로 우리가 담대히 말하되 주는 나를 돕는 이시니 내가 무서워하지 아니하겠노라. 사람이 내게 어찌 하리요?"

"이러므로 하나님이 그들의 하나님이라 일컬음받으심을 부끄러워하지 아니하시고 그들을 위하여 한 성을 예비하셨느니라." 하나님은 우리의 하나님이라 일컬음받길 부끄러워하지 않으시는 증거로 한 성을 예비하셨습니다. 그 성이 무엇입니까? 장차 올 세상입니다. 그리스도인의 큰

---

* 오스월드 앨런Oswald Allen, 「오늘 주님의 자비가 우리를 부르네」

　　　　　　　　　　　　　　　　마틴 로이드 존스 히브리서 강해

소망이 그 성에 있습니다. 우리를 위해 예비된 곳, "의가 있는 곳인 새 하늘과 새 땅"에 있습니다(벧후 3:13).

우리가 그 성에 갈 것을 어떻게 알 수 있습니까? 히브리서 기자는 이 위대한 서신 6장에서 절대적 증거를 제시해 줍니다. "우리가 이 소망을 가지고 있는 것은 영혼의 닻 같아서 튼튼하고 견고하여 휘장 안에 들어가나니 그리로 앞서 가신 예수께서 멜기세덱의 반차를 따라 영원히 대제사장이 되어 우리를 위하여 들어가셨느니라"(히 6:19-20). 하나님이 우리를 위해 한 성을 예비하고 계심을 알려 주는 사건이 무엇입니까? 부활입니다! 승천입니다! 우리보다 먼저 그 성에 가신 분이 계십니다. 이 땅의 삶을 마치실 무렵 "너희는 마음에 근심하지 말라. 하나님을 믿으니 또 나를 믿으라. 내 아버지 집에 거할 곳이 많도다"라고 말씀하신 그리스도께서 우리를 위해 친히 거처를 예비하고 계십니다. "그렇지 않으면 너희에게 일렀으리라. 내가 너희를 위하여 거처를 예비하러 가노니 가서 너희를 위하여 거처를 예비하면 내가 다시 와서 너희를 내게로 영접하여 나 있는 곳에 너희도 있게 하리라"(요 14:1-3). "이러므로 하나님이 그들의 하나님이라 일컬음받으심을 부끄러워하지 아니하시고 그들을 위하여 한 성을 예비하셨느니라." 하나님의 성은 우리를 위해 마련된 곳입니다.

이 모든 약속이 해당되는 대상이 누구입니까? "**이러므로** 하나님이 그들의 하나님이라 일컬음받으심을 부끄러워하지 아니하시고 그들을 위하여 한 성을 예비하셨느니라." 히브리서 기자는 앞서 한 말에 비추어 이 말을 하고 있습니다. 이 약속이 해당되는 유일한 대상이 누구입니까? 우리가 그 대상임을 어떻게 알 수 있습니까? 몇 가지 시금석이 여기 나옵니다. 우리가 살펴보고 있는 16절은 일종의 요약문입니다. 히브리서 기자는 믿음의 영웅들에 대해 이야기하다가 아브라함을 다루는 부분에 이르러 이렇게 말합니다. "이 사람들은 다 믿음을 따라 죽었으며"(히 11:13). 이들은 모두 하나님께 전적으로 복종했습니다. 하나님께 순종치 않은 가인과 달리 아벨은 순종했습니다. 하나님을 거역한 당대인들과 달리 노아는 그를 믿고 그의 말씀에 따라 행동했습니다. "믿음으로 아브라함은 부르심을 받았을 때에 순종하여 장래의 유업으로 받을 땅에 나아갈새 갈 바를 알지 못하고 나아갔"습니다(히 11:8). 이들은 하나님과 그의 말씀 및 명령에 온전히 복종했습니다. 자신들에게 말씀하신 하나님을 믿었고, 그 메시지를 받아들였으며, 그 메시지에 따라 행동했습니다. 이것이 이 사람들의 특징이며 그리스도인의 요건입니다. 그리스도인은 복음을 믿는 자요, 복음이 죄의 삶을 정죄한다는 사실을 믿는 자입니다. 하나님의 아들 그리스도께서 자신들을 위해 죽으셨음을 믿는 자요, 그리스도 안에 유일한 구원의 길이 있음을 믿는 자입니다.

이 사람들은 하나님의 말씀을 믿었을 뿐 아니라 그 믿음의 증거를 보여주었습니다. 그 증거가 무엇이었습니까? 성경은 이들이 "더 나은 본향"을 추구했다고(히 11:16), "터가 있는 성을 바랐"다고(히 11:10) 말합니다. 이들은 이 세상 삶의 실체를 보았습니다. "삶이 참 멋지지 않은가? 세상이 참 영광스럽지 않은가?"라고 하지 않았습니다. "이 세상은 죄와 수치와 저주로 가득 찬 악하고 나쁜 곳"이라고 했습니다. 더 나아가 세상을 등지고 떠났습니다. 아브라함이 갈대아 우르를 떠나 갈 바를 알지 못하고 나아갔듯이, 더 이상 세상을 위해 살지 않았습니다. 세상에 살았지만 세상을 위해 살지 않았습니다. 세상을 등지고 더 나은 본향을 추구

마틴 로이드 존스 히브리서 강해

했습니다. 히브리서 기자가 사용하는 용어에 주목하십시오. "이 사람들은 다 믿음을 따라 죽었으며 약속을 받지 못하였으되 그것들을 멀리서 보고 환영하며"(히 11:13). 바로 이것입니다!

우리 또한 세상의 실체를 본 사람들이요, 세상을 더 이상 바라지 않는 사람들이며, 세상을 위해 살지 않는 사람들입니다. 우리가 고대하는 곳은 하나님의 성입니다. 더 나은 땅입니다. 우리 눈은 장차 올 영광을 바라보고 있습니다. 이 사람들은 "땅에서는 외국인과 나그네임을 증언" 했습니다(히 11:13). 우리도 그래야 합니다. 그리스도인이면서 동시에 세상 사람일 수는 없습니다. 이들은 하나님을 부끄러워하지 않았기에 하나님도 이들의 하나님이라 일컬음받길 부끄러워하지 않으셨습니다. 우리도 그런 사람들이 되게 해주옵소서. 아멘!